魚柄仁之助

国民食の履歴書

カレー、マヨネーズ、ソース、餃子、肉じゃが

青弓社

国民食の履歴書
——カレー、マヨネーズ、ソース、餃子、肉じゃが

目次

第3章 日本のソース

第4章　日本の餃子……113

第5章 肉じゃがの歴史

デザイン――山田信也［スタジオ・ポット］

まえがき

人に履歴書があるように、食にも履歴書があります。その料理や調味料が、いつ頃、どこで、どのような経緯で食べられる（使われる）ようになったのか。これが食の履歴書です。

今日の日本で、国民食と呼ばれるほど浸透している料理や調味料がいつ頃から食べられるようになったのか、また、今日に至るまでどのように変遷してきたのか、をたどってみました。われわれ日本人が何となく感じている「和食には醬油で、洋食にはソース」とか、「本場中国では水餃子で、焼き餃子は日本の文化」とかも、歴史をたどってみると別の側面が見えてきて、一概にはそう言えないのではと思えるようになりました。

料理の起源や歴史、伝統と呼ばれるものは往々にして後からつけられたものが多いようです。他人から聞いた話、誰かが書いた本の内容などを受け売りし、それを聞いたり読んだりした人が他人に話す……又聞きしたことがいつの間にか定説になっていったのではないでしょうか。

本書の前に書いた『刺し身とジンギスカン――捏造と熱望の日本食』（青弓社、二〇一九年）では刺し身、ジンギスカン、チャプスイなどの料理の履歴をたどってみましたが、本書ではいまや国民食と呼ばれるまで普及したカレー、マヨネーズ、ソース、餃子、肉じゃがなどの履歴をたどってみました。

明治から昭和にかけて出版された料理本や生活雑誌、科学雑誌などに掲載されていたものを資料としました。そこではカレー粉が日本に入ってきた頃の日本人的な料理「カレー椀」を紹介していたり、卵や油を全く使わないマヨネーズが出ていました。イギリス生まれのウスターソースだって日本に入ってくるや、たちまち日本人は醤油的な使い方をし始め、和食化していきました。

現代人から見たら、まさか！と思うような料理も調味料の使い方も多々ありますが、われわれ日本人の先輩方は海外から入ってきた食文化をじょうずに和食化してきたのです。そのような日本人の包丁さばき？を資料を見ながら堪能してくださいまし。

第1章 日本のカレー

1 洋食調味料「御三家」と日本人

明治維新以降、日本に入ってきた洋風調味料はたくさんありますが、その御三家といえば、やはりソース、カレー粉、マヨネーズではないでしょうか。いずれも長い鎖国政策をやめたとたんに日本に入ってきましたが、料理屋では使われていたものの一般家庭の調味料として使われ始めるのは大正時代からだったようです。それから約百年、今日の日本食にとってこれら御三家調味料は欠かすことができない存在になりました。

とはいっても、和食の伝統が舶来のソース、カレー粉、マヨネーズによって破壊されたとは思えません。これら舶来の調味料に侵されるどころか、それらを和食にうまく調和、同化させたのが現在の日本食と言えるでしょう。

インドのカレーがどんなスタイルだろうが、日本には日本のカレーがあり、イギリスのウスターソースと同じものを極東の日本で同じように使う理由もないし、肉とチーズを食べるフランス人のマヨネーズが魚と米を食べる日本人のマヨネーズと違っていても不思議でも何でもありません。

本章では、舶来調味料御三家が家庭料理に顔を出し始めた大正時代から定着した戦後の昭和前半までに出版された料理本から、カレーにまつわるレシピを集めてみました。

仁義なき日本のカレー・無手勝流

大正から昭和にかけて出版された家庭料理の本には必ずカレーライス、またはライスカレーが載っています。レシピに登場するのはごく普通の牛肉カレーや豚肉カレー、うどんを使ったカレー南蛮などがほとんどでしたが、たまに、不思議なカレーが交じっていました。

カレーレシピ百種のなかの一つであれば、それも愛嬌というものです。しかし、その時代の料理本を数百冊読み込んでいくと、そんなカレーがいっぱいたまってきてしまいました。カレーの本場であるインドの人が見たらどう思うのでしょうか。考えただけでも恐ろしいようなカレーもあります。

ま、ともかく、「なに、コレ？」のアンテナに引っかかったカレーを並べてみます。

2 鮑のカレー

なんとも高級感漂う「鮑のカレー」を紹介していたのは、「婦人之友」一九一一年（明治四十四年）八月号（婦人之友社）でした（図1）。一九〇三年創刊の「家庭之友」が〇八年に「婦人之友」に発展して間もない頃の記事です。

「鮑のカレー」の作り方を現代風に書き換えると次のようになります。

・平べったい「へら」で鮑を殻から引き剥がす。
・二、三ミリ厚に薄切りして、煮立った塩湯に三十秒くらい通して引き上げる。
・鍋にバター大さじ一、小麦粉大さじ二、カレー粉小さじ一を入れて炒める。
・水かスープ二百七十CCを入れて、ドロリとなったら牛乳百八十CCを加え、塩で味付けする。
・塩茹でずみの鮑と缶詰のグリーンピースを加えてできあがり。

作ってみた結果の報告です。最も注意すべき点は「茹ですぎると硬くなるから、湯通し程度にすること」です。鮑はよく切れる包丁で二ミリくらいに切りましょう。最後にカレーソースで煮るのも、煮るというよりは温める程度がよろしいかと思います。鮑は高いと思う人は安いトコブシで代用してみましょう。

今日よく言われている「おふくろのカレー」とはずいぶん違っていて、かなり洋食っぽい「鮑のカレーソース煮」です。日本風カレーの特徴でもあるじゃが芋ゴロゴロも見ることができません。レシピの最後を見てください。「御飯をたいて付合はせる」となっていて、決し

図1 「婦人之友」1911年（明治44年）8月号、婦人之友社

二十八日　あわびを殻よりはがし、よく洗ひ薄く短册に切り、鹽湯にざつと入れてかきまぜ、すぐざるにあげておき、大匙に一つのバタをとかし、メリケン粉大匙二つとカレイ粉小匙一つ入れてよくいため、水を一合五勺許り入れ（スープならばなほよろし）どろりとなつた時に牛乳を一合加へ、煮立て、鹽味をつけ、グリンピー四分一鑵と、前のあわびを入れて、一寸あたゝめ御飯をたいて附合はせる。

鮑のカレーの作り方（左）

て「御飯にかける」ではないのです。つまり、これは日本特有のライスカレーではなく、鮑のカレーソース煮という洋食一品料理と付け合わせとしてのライスだったのです。一九一一年（明治四十四年）の鮑のカレーは、まだ洋食カレー料理のコピーだったということでしょう。

3 まずは漆椀のカレー、和食だけに……

明治初年頃、日本人が最初に口にしたカレーは、たぶんイギリス流のルゥを使ったドロリとしたカレーだったと思われます。本場インドではサラッとした「汁カレー」ですが、当時インドを統治していたイギリスではバターで小麦粉を炒めたルゥを使ってドロリとさせていました。そのイギリス船が日本の開国時にやってきて、そこからカレー粉を使うことが広まったのでしょう。イギリス流のドロリとしたカレーこそがカレーであるという意識は今日の家庭料理のカレーにも踏襲されていて、インド的なサラッとしたカレーは専門店で食べるものだと認識されています。

明治―大正―昭和の料理本で紹介している「カレー料理」は、大きく分けると二つのパターンがあります。一つはイギリスのコックから教わったカレーに忠実なカレー、そしてもう一つは鰹出汁や糠床食文化にどっぷりつかったカレーでした。後者をいくつか、紹介しましょう。

カレー煮

ライスカレーでもカレーライスでもない、カレー煮というところが和食なのでしょうね。これはスプーンではなく箸で食べなければいけないでしょう。

一九一五年（大正四年）の月刊誌「家庭雑誌」九月号（家庭雑誌社）（図2）で紹介していたのが、この「カレー煮」です。

【作り方】

1、薄切り豚肉を二十分茹でてザルで水を切っておく。（豚肉の脂っ気が完全に抜けます）
2、皮をむいた里芋を食べやすい大きさに切り、茹でた後ぬめりを洗い取っておく。
3、皮をむいたニンジンも茹でておく。
4、食べやすい大きさに切った葱を洗って水けをふき取っておく。
5、1―4を鍋に入れ、鰹節の出汁と醬油、微量の砂糖を加えて火にかける。
6、落し蓋をして煮えてきたら水溶きカレー粉を加えてしばらく煮る。

大正時代のレシピを現代風に書き直すと同時に、家で再現してみました。その感想は……。下ごしらえがいかにも昔の和食という感じで豚肉はあっさりしすぎるくらいに淡泊だし、里芋、ニンジンのアクもありません。そこまで下茹でしておき、和風味全開の鰹節の出汁で煮るわけです。隠し味程度の砂糖の甘さよりも葱から出る甘みのほうが強く感じました。ここまでやると豚肉よりも「椀だね」と呼んだほうがいいくらいに和風です。そして鰹出汁と醬油味の汁に水で溶いたカレー粉です。古典料理屋のせがれとして生まれ育ったボクは「反則だろう」と思いました。思いはしたが「研究であり、実験である」とい

図2 「家庭雑誌」1915年（大正4年）9月号、家庭雑誌社

う鑑識魂をかきたてて口に入れてみたところ、これが「うまい！」のでした。朱色の蓋付き椀にマッチするんです、これが。蓋が付いた漆椀でいただくカレー味の煮物ですね。大正時代の日本人はお吸い物とカレーとをあっさりくっつけて煮物にしていたのでした。

カレー椀

カレー煮を本当に作って食べていたのだろうかと怪しんでいると、同じようなカレー吸い物がもう一つ見つかりました。その名もズバリ「カレー椀」。こちらは一九二四年（大正十三年）発行の服部茂一『手軽でうまい拾弐ヶ月珍料理』（服部式茶菓割烹講習会）（図3）に出ていた「豚肉馬鈴薯人参のカレー椀」という料理です。

その作り方はだいたい前の「カレー煮」と同じです。大きく異なるのは味付けが醤油から塩味になっていることと、最後に加える水溶きカレー粉がこちらの場合は水、カレー粉、メリケン粉になっていることでしょう。また、こちらは仕上げに生姜の搾り汁を加えて臭みを消しています。レシピにメリケン粉の分量が書いていなかったのでどの程度のとろみがつくのかは不明ですが、レシピ全体の感じから察するに微量だろうと思われます。若干とろみがつく「治部煮」のようなものではないでしょうか。

これまた、漆塗りの蓋付き木椀に盛り付けるとピタッとはまる「お吸い物」という感じですね。

以上の二品が大正期の料理本から見つけたカレー煮物ですが、その後、これらに似た、とろみがほとんどついていないカレー風味の和風出汁吸い物（または汁物）が頻繁に登場してきます。たいがい○○カレー汁という名前になっていました。戦時中は牛肉や豚肉が不足していたので「ウサギ肉カレー汁」なども出てきますが、いずれもサラッとしたカレーです。日本の和風カレーは最初はイギリス風のルゥを使ったドロリとしたカレーだったのが、発展

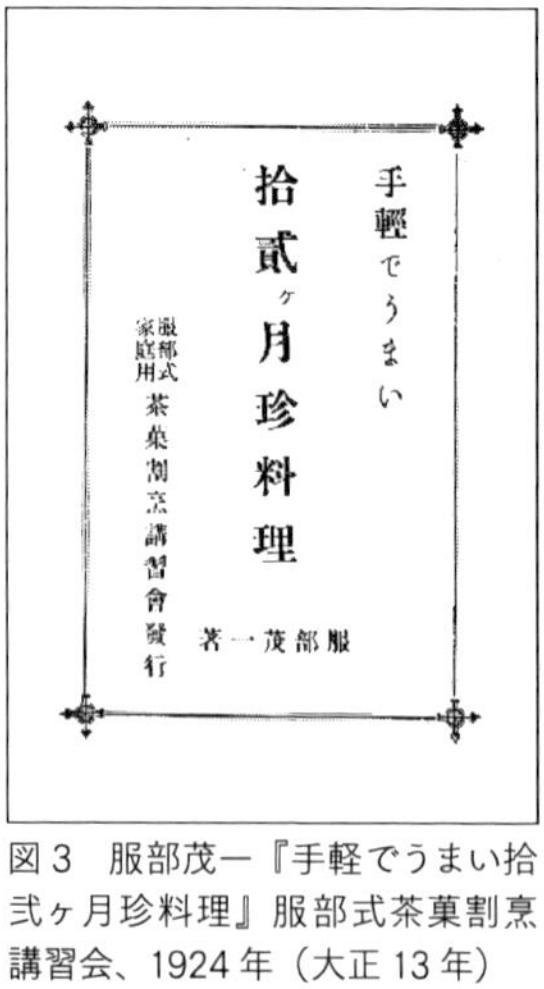

図3　服部茂一『手軽でうまい拾弐ヶ月珍料理』服部式茶菓割烹講習会、1924年（大正13年）

の過程ではインド風の汁が多いサラッとしたカレーに近いものも多くなってきました。もっとも、当の日本人はそれが本場インドのカレーに近い料理だったなどとは知らなかったのでしょうが。

4 油揚げライスカレー

蓋付き椀のお吸い物にカレー粉を使った日本人は、お米の国の人ですから、やはりご飯にかける「汁物」にもカレー粉を使ったのでした。といっても、チキンカレーやビーフカレーなどではなく、「油揚げカレー」です（図4）。

この料理本の版元は東京割烹講習会という古風な名称ですが、和食を基本とした和洋中家庭料理を伝授するいわゆる料理学校で、その教本にはこのようなカレー料理も入っていたし、生揚げのシチューや卵の花メンチボールなどもありました。そのような豆腐料理本で紹介していた「油揚げのライスカレー」の作り方はどんなものだったでしょう。

まずはカレーのスープから見てみましょう。五合（九百CC）の水に一羽分の鶏の骨を入れて火にかけ、三分

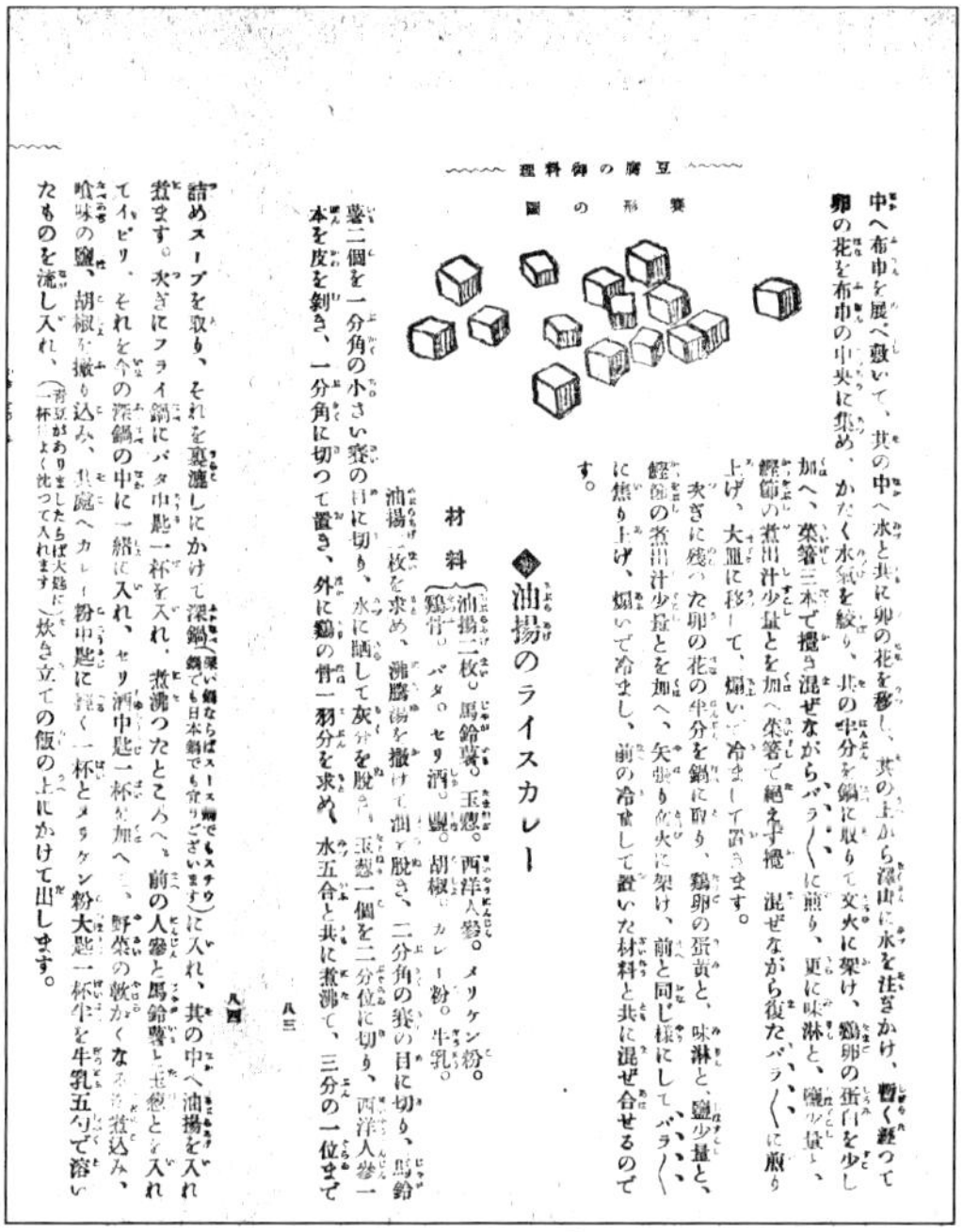
豆腐の御料理

中へ布巾を展べ敷いて、其の中へ水と共に卵の花を移し、其の上から澤山に水を注ぎかけ、暫く經つて卵の花を布巾の中央に集め、かたく水氣を絞り、其の半分を鍋に取りて文火に架け、鷄卵の蛋白を少し加へ、菜箸三本で攪き混ぜながらバラバラに煎り、更に味淋と、鹽少量と、鰹節の煮出汁少量とを加へ菜箸で絶えず攪 混ぜながら復たバラバラに煎り上げ、大皿に移して、煽いで冷まして置きます。

次ぎに殘つた卵の花の半分を鍋に取り、鷄卵の蛋黄と、味淋と、鹽少量と、鰹節の煮出汁少量とを加へ、矢張り文火に架け、前と同じ様にしてバラバラに煎り上げ、煽いで冷まし、前の冷まして置いた材料と共に混ぜ合せるのです。

賽形の圖

八三

◆油揚のライスカレー

材料｛油揚二枚。馬鈴薯。玉葱。西洋人參。メリケン粉。鷄骨。バタ。セリ酒。鹽。胡椒。カレー粉。牛乳。

油揚一枚を求め、沸騰湯を撒けて油を脱き、二分角の賽の目に切り、馬鈴薯二個を一分角の小さい賽の目に切り、水に晒して灰汁を脱き、玉葱一個を二分位に切り、西洋人參一本を皮を剝き、一分角に切つて置き、外に鷄の骨一羽分を求め、水五合と共に煮沸て、三分の一位まで詰めスープを取り、それを裏漉しにかけて深鍋（深い鍋ならばソース鍋でもスチウ鍋でも日本鍋でも宜うございます）に入れ、其の中へ油揚を入れ煮ます。次ぎにフライ鍋にバタ中匙一杯を入れ、煮沸つたところへ、前の人參と馬鈴薯と玉葱とを入れてイビリ、それを今の深鍋の中に一緒に入れ、セリ酒中匙一杯を加へ、野菜の軟かくなるまで煮込み、唯味の鹽、胡椒を撒り込み、其處へカレー粉中匙に軽く一杯とメリケン粉大匙一杯半を牛乳五勺で溶いたものを流し入れ、（青豆がありましたらば大匙に一杯位よく洗つて入れます）炊き立ての飯の上にかけて出します。

八四

図4　東京割烹講習会／野出義清編『豆腐の御料理』東京割烹講習会、1919年（大正8年）

の一まで煮詰めてスープを取るということですから、これは西洋料理的な「チキンスープ」(鶏がらスープ)です。

次にカレーの具の作り方です。このカレーのメイン食材になる「油揚げ」に熱湯をかけて油を抜き、六ミリ角のさいの目切りにして鶏のスープに入れて煮込みます。馬鈴薯、ニンジン、玉葱を細かいさいの目切りにしてバターで炒め、すでに油揚げを煮込んでいる鶏がらスープに加えます。セリー酒(シェリー酒)、塩、胡椒で味をつけ、カレー粉とメリケン粉を牛乳で溶いて流し入れます。

作ってみました。

鶏がらスープに関しては、ごく普通の西洋料理的スープストックでした。馬鈴薯、ニンジン、玉葱のバター炒めはいかにも日本のカレー的なイメージです。

普通のカレーでしたらここで小麦粉とカレー粉をバター炒めにしてカレールゥを作るのですが、ここではバター炒めをせず、小麦粉とカレー粉を牛乳に溶かして流し込んでいます。それがこの「油揚げライスカレー」の特徴なのでしょう。バター炒めをせずに牛乳や水で溶かした小麦粉とカレー粉を使うと、ドロリとしたカレーではなく、ちょっととろみがついたようなユルユルのカレーができました。まるで牛乳&カレー味の治部煮みたいなものでしたから、これをご飯にかけるとご飯粒のなかにサラ〜ッと染み込んでいき、まるで「スープカレー」のように食べられるのです。

明治維新から約五十年後の家庭料理の本で紹介していたライスカレーとは、今日的な日本のカレーではなく、洋食気分にさせてくれる「カレー汁かけご飯」のことだったと言っていいのでしょう。

5 身欠きニシンカレー

冷蔵庫なき時代に山奥にまで流通できた海水魚の一つが「身欠きニシン」でした。身欠きニシンを甘辛い甘露煮にしてかけそばにのせた「ニシンそば」は京都の名物ですが、一九二四年（大正十四年）にニシンそばならぬ、ニシンカレーがあったのも何ら不思議ではありません。チキン、ポーク、ビーフなどが手に入らなくても、身欠きニシンなら身近にあったのです。

「ニシンのライスカレー」を掲載していたのは、国立栄養研究所が食生活改善のために作った『美味栄養経済的家庭料理日々の献立 其調理法』（文録社、一九二四年〔大正十三年〕）という本でした（図5）。「国民の保健衛生に関する事の重大なるを慮り（略）栄養価、美味、経済に十分な考慮を」と前書きにありました。

◇ニシンのライスカレー

（調理法） 予め米とぎ水にて所理（ママ）したる乾ニシンを三分位に切り、ニンジンとジャガイモはうす皮をむき稍大なるラン切りとなし玉葱は小口切りとなしおく、シチユー鍋にラードを入れ煮とけたる時ニシンとニンジンを入れてよくいため次に煮出汁約二合を加へ煮え立ちたる時トロ火にし二時間位の後ジャガイモ及玉葱を加へ水とぎしたるメリケン粉をソロ〳〵注ぎコゲ付かぬ様静かに煮つめジャガイモの軟かになれる頃塩、コショウにて味加減をなし火よりおろし皿に盛り青豆の煮たるものなどを

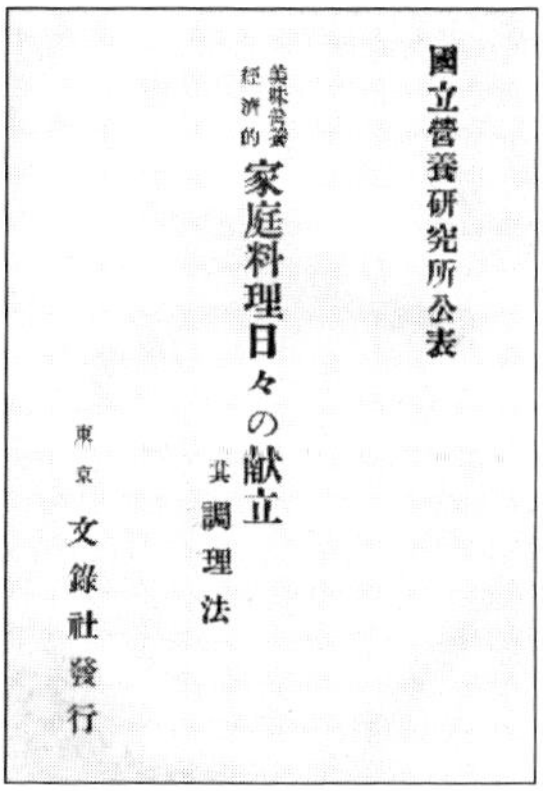
國立營養研究所公表
美味營養 經濟的 家庭料理日々の献立
其調理法
東京 文錄社發行

図5　国立栄養研究所公表、村田三郎編『美味栄養経済的家庭料理日々の献立 其調理法』文録社、1924年（大正13年）

上に載せて供す
(注意)小麦は牛乳にてとけば一層可なり。

作ってみました。まず「米のとぎ汁で処理した身欠きニシン」とあります。かつての身欠きニシンはカチンコチンになるまで天日で乾燥させましたから、米のとぎ汁に一晩浸けておいてから水を替えて茹でこぼし、またも水を替えて……のような「処理」が必要でした。しかし、最近のいわゆる「ソフト身欠きニシン」は電気乾燥や風乾が主流なので乾燥していても結構軟らかく、水に浸けておかずに調理できるものもあります。いずれにせよ、「戻した状態の身欠きニシン」にしておけばいいということでしょう。

戻した身欠きニシンを約一センチ大に切り、乱切りのニンジンと一緒にラードで炒めます。炒めたらそこに「煮出汁約二合(三百六十CC)を加える」と書いていますが、問題は「煮出汁」です。和食でいう出汁は昆布、鰹節、煮干し、干し椎茸などが主なものですが、ここには明記されていません。この本全体を読んでみると、たぶん「鰹節」か「煮干し」と推測されます。しかし、使う材料がニシンという魚ですから、もしかしたら植物系の昆布出汁、椎茸出汁かもしれません。いろいろ考えましたが、当時の家庭料理で最もポピュラーだった出汁ということで「煮干し」を使ってみました。

煮出汁(二合)を加えて二時間煮ると、硬い身欠きニシンも相当軟らかくなります。そこに乱切りのじゃが芋と小口切りの玉葱を加え、水溶きメリケン粉も加えます。このメリケン粉の分量は十匁(三十七・五グラム)と書いてあります。三百六十CCの出汁で煮ているところに三十七・五グラムのメリケン粉を水溶きして入れるのですから、「コゲ付かぬ様静かに煮つめ」なければホントに焦げてしまいそうです。

そして、じゃが芋が軟らかくなったら塩、胡椒で味付けをして皿に盛り付けるとなっていますが、何か一つ抜けているような気がして……。そう、カレー粉が登場していません。調味料は「塩、コショウ」だけしか表記されていません。これはいったいどういうことでしょう。書き忘れたのか、塩と胡椒だけでもカレーと呼んでいたのか、カレー粉を入れるのは当然のことなので書く必要なしと判断したのか。

実際に作ってみた感想で言うと、このとおりカレー粉抜きで作ったものは「ニシンとジャガ芋の餡とじ」でした。

肉じゃががニシンジャガになってとろみがついた料理といったところでしょうか。

いくらなんでもこれを「ニシンのライスカレー」と呼ぶことはできませんから、やはりカレー粉は必要だったという結論になり、塩と胡椒を入れるときにカレー粉も小さじ一杯程度入れてみると、たしかに「ニシンのライスカレー」らしきものができました。

カレー粉さえ入れれば一応カレーと呼べる料理にはなりますが、「ライスカレー」と呼ぶには違和感があります。たしかに身欠きニシン特有の脂っぽいにおいがカレー粉の刺激と風味でかき消されるので万人受けしそうではありますが、「ニシンそば」に慣れているせいか、このニシンカレーはご飯よりもうどんやそばのような麺類に向いているような気がするのです。それにこのニシンカレーも先の「油揚げカレー」同様、メリケン粉を油脂で炒めずに水や出汁または牛乳で溶かして流し込んでいるので、カレーと言ってもとろみがつく程度でドロリとはしていません。そう、スープカレーっぽいのです。とろみがついたカレースープ（汁）のなかにご飯粒が漂っている感じは否めません。だったらご飯ではなく、麺類にしたほうがしっくりくるのではないかと思うのでした。で、やってみたのがご飯をうどんにした「身欠きニシンカレーうどん」。これは当たりでした。

なにせ国立栄養研究所が作った本ですから、日本国民の体位向上や衛生促進などに貢献しなくてはならなかったのでしょう。当時豊漁が続いていたニシンも干した身欠きニシンにすれば保存も輸送も簡単だから、国民の栄養状態を向上させるのにうってつけでした。保存もできてビタミンも豊富なニンジンやじゃが芋、カロリー豊富なラードなどを組み合わせれば栄養学的には申し分ないでしょう。たぶん、このような考えから生まれた献立ではないでしょうか。身欠きニシンとカレー粉の相性がいいとか悪いとかはあまり考えていなかったのではないかと、勘繰ってしまいます。

しかしはっきり言えることは、ライスカレーやカレー粉を使った料理はすでに日本人の口に合った日本食になっていたということです。今日のような「インド風カレー」とか「イギリス風カレー」のような外国の料理のコピーではなく、日本人が勝手にカレー粉を使って作り出した日本のカレーを一九二四年（大正十三年）に先輩方は家庭料理として紹介していました。これが和食の力だったのでしょう。

6 蓮根カレー

そもそもカレーってどこの国の料理？と聞かれると日本人の場合、たぶん「インドあたり？」と答えると思います。ちょっと気の利いた人ならば「でも、日本に伝わったのはインドからイギリス経由なんだよね」と答えるでしょう。しかし、カレーの故郷がインドであれイギリスであれ、日本に来るまでに作られてきたカレーのなかに「蓮根カレー」はなかったのではないでしょうか。

たぶん日本人が考えついたと思われる「蓮根のカレー煮」という料理を、「婦人倶楽部」一九三三年（昭和八年）九月号付録「家庭西洋料理全集」（大日本雄弁会講談社）で紹介していました（図6）。しつこく繰り返しますが、この資料は「家庭西洋料理」の手引書ですよ。

さつぱりして口当りがよく、地方向の変わつたカレー煮です。

材料（五人前）蓮根小一本、バタ小匙一杯、メリケン粉大匙一杯、カレー粉小匙山盛一杯、スープ又は煮出汁二合、酢大匙二杯、青豆少々、塩、胡椒。

その「西洋料理」の作り方はこうなっています。

［作り方］

- 皮をむいて三ミリ厚の輪切りにした蓮根を茹でる。
- それをフライパンでバター炒めにする。
- スープ（たぶんチキンスープ）か煮出汁（たぶん煮干し出汁）で煮込む。
- 塩、胡椒、うまみ調味料、カレー粉で煮込み、水溶きメリケン粉を流し込む。

つまり、茹でてバター炒めにした薄切り蓮根をカレー味のスープで煮込んだ煮物です。これを西洋料理と呼んでいいのだろうかと現代人は思うのですが、一九三三年頃は十分西洋っぽかったのでしょう。でも、西洋料理というよりは漢方に基づいた薬膳料理の範疇に入るのではないかと睨んでいるのです。カレー粉に使われているウコンには肝機能改善効果があるようだし、蓮根も薬膳では咽喉にいいとされています。

香辛料がきいたとろみつきの和食とみるのか、漢方に基づいた薬膳的料理とみるのか、バターやチキンスープで煮込んだ西洋料理とみるのか、掲載されていた料理本の表紙を眺めながらご自分で判断してください。

図6 「婦人倶楽部」1933年（昭和8年）9月号付録「家庭西洋料理全集」、大日本雄弁会講談社

7 魚の骨のカレー

本場インド風カレーでもなければ、イギリス流のカレーでもない日本風カレーですが、いくら「栄養料理」と言っても、魚の骨のすりつぶしカレーはなかなかないでしょう（図7）。

レシピを見ると、カレールゥの作り方はイギリス流を踏襲しているようです。フライパンにバターを煮溶かしてメリケン粉を弱火で炒める、玉葱とカレー粉を加えてよく炒めたら湯でのばしてカレールゥを作る、となっていますが、カレーにつきものの「肉」＝動物性食品が具にありません。

そのかわりに魚の骨三百七十五グラム（百匁）を煮てすりつぶし、裏ごししたものを入れています。

この「カレー汁」を紹介していた「栄養料理の作方」（「主婦之友」一九三四年〔昭和九年〕五月号付録、主婦之友社）が出版された頃は戦時体制だったことを考えると、食糧事情は軍事優先だったのでしょう。同じ時代の料理本では魚の骨から揚げとか、すりつぶした骨の骨味噌などを紹介していましたが、「魚骨すりつぶしカレー」は珍しい例です。

たしかに魚の骨にはカルシュウムが含まれていますが、すりつぶしたとはいえどのくらい体内に吸収できるのでしょうか。そのあたりのことには触れていませんでした。何はともあれ、どんな味がするのかが気になって、よせ

◇カレー汁

▲材料＝魚の骨百匁、馬鈴薯百五十匁、西洋人參三十匁、玉葱五十匁、バタ大匙二杯、メリケン粉大匙二杯、カレー粉茶匙二杯、鹽、味の素少量。

▲作り方＝骨は軟かく煮て擂りつぶし、裏漉に一度かけておき、野菜は三分くらゐの賽目に刻んでおきます。

フライ鍋にバタを煮熔かし、メリケン粉をふり入れ、弱火でかき混ぜながら、薄狐色になるまで炒め、更に玉葱を加へて炒め、カレー粉を手早く混ぜ合せ、五合の湯でのばします。

それを改めて深鍋にうつし、人參、馬鈴薯を加へて充分煮込み、魚の骨の裏漉を混ぜ、極く弱火にして尚ほ暫く煮込み、鹽と味の素で味よく調へます。（▲カロリー　一人前で約三七六）

図7　「主婦之友」1934年（昭和9年）5月号付録「栄養料理の作方」、主婦之友社
魚の骨で作った「カレー汁」のレシピ（左）

ばいいのにやってみました。

その結果、作りやすいがおいしいとは言えないのは鰯とサンマの骨、作りにくいけれどそこそこおいしいのは鯖、たちうお、鮪、鰹の骨、すごく作りにくいがおいしいのはフグと鯛の骨でした。

その実験内容は次のとおりです。

- 三枚におろした魚の骨をコトコト茹でて軟らかくする。
- 骨を取り出してミンサー（ひき肉器）でひく。
- ひいた後、すり鉢でとことんすり、口当たりをよくする。
- すった骨を茹で汁に戻す。

こうして作った「骨汁」に、レシピにある野菜やカレールゥを加えます。

鰯やサンマの骨は細いから簡単にすりつぶせますが、青魚特有の臭みが強いから生姜やにんにくなどで臭み消しをする必要があります。

鮪と鰹も臭みが強いですが、アクをしっかり取ればウマミは出ます。しかし、何と言っても「ウマミの宝庫」なのはフグの骨でしょう。すこぶる硬くてすりつぶすのが大変ですが、「いったい何のスープで作ったの？」と言われるほどのウマミでした。

この料理本が出版された一九三四年（昭和九年）頃に「フグ骨カレー」を試した人はたぶんいなかったと思われますが、ここまでやるとカレー料理も洋食か和食かの域を超えて「カレー道」になりますね。

8 里芋と竹輪のカレー餡

この料理は「里芋と竹輪のカレー餡かけ」であることを最初に断っておきます。自ら「珍しい料理」と宣言している料理テキストに載っていたくらいですから、普通のカレーとは思わないでください（図8）。

材料（四人前）
里芋…二合半
焼き竹輪…一本
生姜…一個
カレー粉…少々
調味品…（醤油、片栗粉）
作り方
- 皮をむいて乱切りにした里芋を軟らかく茹でる。
- 六ミリ厚の輪切りにした焼き竹輪と茹でた里芋、出汁、砂糖を鍋に入れて煮る。
- 煮立ったら醤油で薄く味をつけ、里芋と竹輪だけをすくい上げて器に盛る。
- 残った汁に片栗粉、カレー粉、生姜の搾り汁を加えてドロリとさせ、器の里芋と竹輪にかける。

図8　東京料理献立研究会『素人に出来る珍しい料理十二ヶ月』啓文社、1937年（昭和12年）

この料理は、出汁を干し椎茸と昆布で取るとまるで精進料理の餡かけみたいでなかなかおいしく、今日フツーに食べているカレーライスとは別物です。もともと茹でればとろみが出て、それがおいしい里芋です。椎茸や昆布の出汁に砂糖と醤油で甘辛く味付けして小鉢にでも盛り付けてみてください、お銚子の二、三本はすぐに空いてしまいます。ここまでだったら和食も和食、小料理屋のおかみさん的和食ですが、ここにカレー粉が入るというところがきっと「珍しい料理」なのでしょう。

明治の初頭、イギリス人はターメリックやクミン、チリペッパーなどをブレンドしたカレー粉を日本に持ち込み、カレー粉と小麦粉を油で炒めて作るカレーソースを披露しましたが、わが日本人はそれにとらわれることなくとことん和風な「餡とじ料理」にカレー粉を使いました。これも日本風カレーの一つの形なのです。

＊日本のカレー参考資料：カレーソースの作り方

日本でカレー汁やカレー煮などを作る場合には、イギリス風の小麦粉とバターとカレー粉を炒めたいわゆる「カレールゥ」の作り方を簡素化した「カレーソース」を使っていました。

そのカレーソースの作り方を一九三八年（昭和十三年）の料理本で紹介していました（図9）。

煮汁にカレー粉・水・片栗粉を加えるだけの和風カレー煮もあれば、このカレーソースのようにカレー粉・油・小麦粉・水で作るような、少しだけ洋風のカレー煮もあったのです。

図9 「婦人倶楽部」1938年（昭和13年）4月号付録「春夏秋冬家庭料理大全集」、大日本雄弁会講談社

9 カレー粉入り味噌汁

大正時代のレシピでは漆椀に入ったお吸い物風カレーだったのが、戦後はカレー粉が毎日の味噌汁にまで進出しました。

「婦人朝日」一九五二年（昭和二十七年）二月号（朝日新聞社）に「みそ汁とわたし」というアンケート企画があり、各界の著名人に味噌汁に関する三つの質問をしています。

1：あなたは味噌汁を食べますか。
2：毎日、何時頃ですか。又は一週間にどれくらいですか。
3：何か独特の味噌汁がおありでしょうか。

このような質問に答える著名人が二十四人。そのなかの一人、女優の細川ちか子さんの回答に「カレー粉を入れた味噌汁」というのがありました。

細川ちか子さんの回答全文はこうなっていました。

1：あなたは味噌汁を食べますか。
答：大好物で食べます。
2：毎日、何時頃ですか。又は一週間にどれくらいですか。

図10 「婦人朝日」1952年（昭和27年）2月号、朝日新聞社

答：朝は必ずですが、あれば三度々々も結構です。
3：何か独特の味噌汁がおありでしょうか。
答：時折はカレー粉を入れます。独特といわれません。子供等が学校給食でおぼえて来て、台所嬢に伝授したのですから。

三つ目の質問＝「何か独特の味噌汁がおありでしょうか」に対する答えが「カレー粉入り味噌汁」となっています。このアンケートに答えた著名人のなかでは唯一の「カレー粉入り味噌汁」でした。これが何を意味しているのか、ここが日本風カレーを考えるうえで大切なことではないかと考えています。読み解く鍵は細川ちか子さんの答えのなかの「子供等が学校給食でおぼえて来て、台所嬢に伝授した」にあります。

一九四五年（昭和二十年）の敗戦以後、極端な食糧不足を救ったのはＧＨＱ（連合国軍総司令部）などからの援助食糧でした。特に学校給食は援助食糧の小麦粉、トウモロコシ粉、粉ミルクなどが中心だったから、洋食的な献立が多くなりました。それまで主食の中心だった米がなかったために、小麦粉を使ったパンや麵類（マカロニやスパゲティ）が主食になったわけです。食べ慣れていないシチューやチャウダーなどの洋食を子どもたちに食べさせるために、「カレー味」は強い武器になりました。戦後の学校給食の献立や「婦人之友」で紹介していた一カ月間の献立表などを見ると、カレー粉を使った料理がたくさん目につきます。細川ちか子さんが言う「カレー粉入り味噌汁」も実際に作ってみると、カレー粉の存在が前面に出てきていてもはや「味噌汁」ではなくなっていました。「味噌を隠し味に使った和風カレー汁」と呼ぶのが正しいわけです。しかし、こうすることでパン食に適した味噌汁になったことも確かでしょう。

このアンケートがおこなわれたときの時代背景はどんなものだったのでしょうか。敗戦のショック、食糧不足、ちまたにあふれるアメリカ文化と食生活。日本人がアメリカの生活文化をまるで崇拝するかのように取り入れようとしていた時代でした。朝食だってパンにコーヒーが「文化的」と思われていた時代でしたから、反対に味噌汁離れに危機感をもつ人々も多かったと思われます。だから、このような「あなたは味噌汁を食べますか」アンケートがおこなわれたのでしょう。

そんな時代でしたから、元来ご飯向きに作られていた味噌汁をパン向きの味噌汁に変化させたのではないでしょうか。そこで力を発揮したのがカレー粉でした。

戦後の料理本を見ると、カレー味の○○が戦前よりも増えてきています。

10 牛肉のカレー味噌焼き

戦後にも、カレーの本場の人が見たら「なに？コレ」と思うような料理がたくさんありました。例えば一九五六年（昭和三十一年）の料理本「夏の一品料理」（「婦人倶楽部」六月号付録）には、「牛肉のカレー味噌焼」なる料理もありました（図11）。

牛肉にカレー粉と味噌が大変よく合い、酒の肴にも結構なものです。野菜の甘酢和えとレモンを添えて、レモン汁をかけていただきましょう。

【材料】（五人前）

牛肉百匁、にんにく半個、キャベツの葉二枚、うど半本、トマト小一個、カレー粉、レモン、サラダ油、酒、

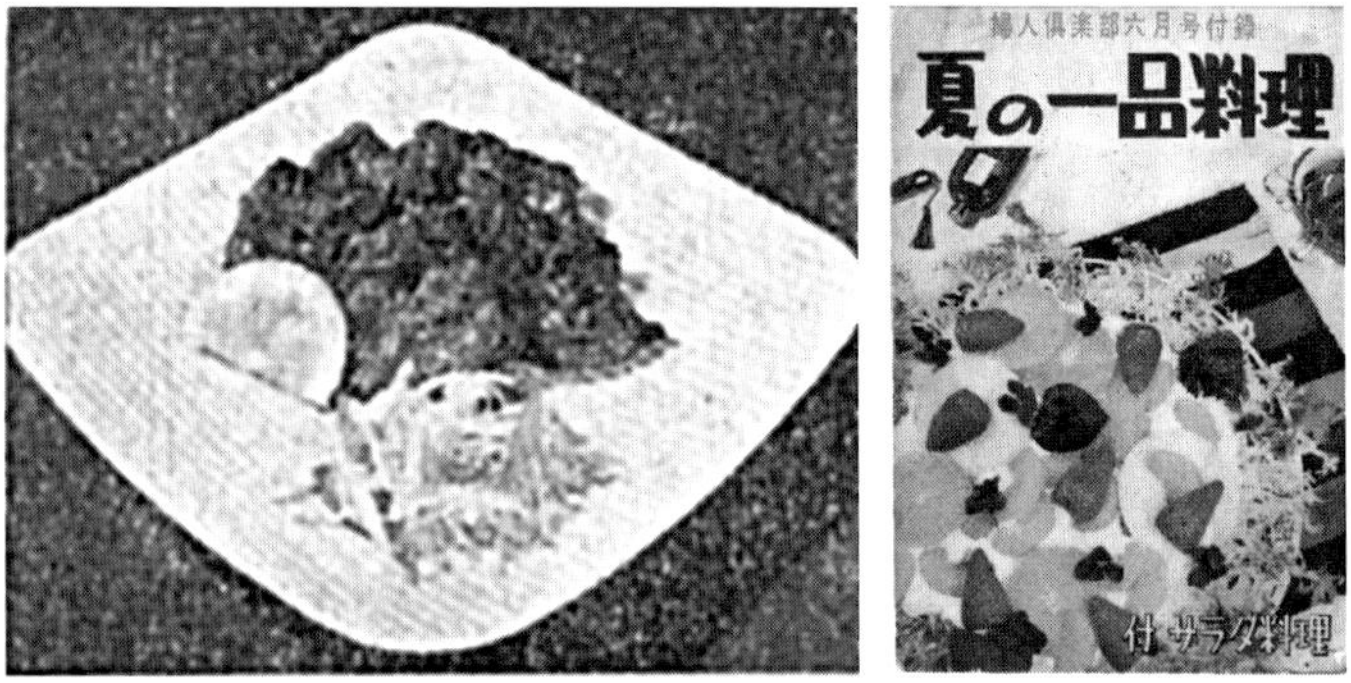

図11 「婦人倶楽部」1956年（昭和31年）6月号付録「夏の一品料理」、大日本雄弁会講談社

調味料

［作り方］

・牛肉ブロックを五ミリ厚に切って、塩、おろしにんにく、酒、サラダ油をかけて三十分から六十分置く。
・肉をフライパンで炒めた後、串焼きにする。
＊串焼きのときに使うカレー味噌タレの作り方は、味噌、酒、カレー粉、化学調味料を一度煮立てる。
・金串に刺した牛肉にカレー味噌タレを塗り付けて強火で焼く。

酒でゆるめた味噌を塗りながら直火で焼くというのは、いわゆる「味噌田楽」の手法ですね。田楽味噌だったら柚子を練り込んだり、えごま、クルミ、山椒などを入れたりしますが、それがカレー粉に代わってもおかしくはありません。こんなところでも味噌とカレー粉は仲良くしていました。

カレーではないけれどカレー粉を使ったカレー味料理に、こんなものがありました。

・カレー味噌おでん…『おでん』（雄鶏社版実用叢書）、雄鶏社、一九五六年（昭和三十一年）
・カレーちらし寿司…「主婦の友」一九五五年（昭和三十年）五月号付録「お寿司とサンドイッチ」、主婦の友社

おでんにしてもちらし寿司にしても、カレー粉が入ると全くの別料理になるようです。すし飯の酸味を嫌う子どもがいますが、カレー粉が入ったカレーちらし寿司なら酸味も気にならないでしょう。大人にはちょっと違和感がありますが、子どもにとってはカレー粉は何に入っても食欲のもとなのかもしれません。

学校給食では、たとえまずい食材でも、たとえ好き嫌いがあろうとも、どの子どもにも「平等に」食べさせなければなりませんでした。そんなとき、カレー粉は役に立ったのです、硬くてにおいも強い鯨肉にカレー味をつけて揚げ物にして、ふにゃふにゃしたソフト麵にはカレー味の野菜のごった煮をかけて、子どもたちの「大好物！」に変身させていました。そのような学校給食で覚えた味を、子どもたちは家に帰ってママに教えたりおねだりしたりしていたのでしょう。細川ちか子さんのカレー入り味噌汁もその口ですね。

今日予定調和のように語られている「私にとってのカレーとは、母が作ってくれたじゃが芋ゴロゴロの黄色いカレーです」ばかりが日本風カレーではないのです。

11 生節のカレーライス

生節……「なまぶし」ではありません。ナマリと読みます。簡単に言うと、鰹節の乾燥させていないものです。生の鰹を柵取りにして茹でて、干して燻すまでは鰹節と同じですが、鰹節はその後「カビ付けをして乾燥」を数回繰り返すことでだんだん硬くなっていきます。しかし、生節はその工程を経ていないのであまり硬くはなりません。包丁やナイフで簡単に削れる程度の硬さです。普通はこの生節を薄く削ってキュウリや茗荷などの薄切りと和えて食べます。いかにも日本人が好きな鰹出汁満載の食材と言えます。

その生節を肉のかわりに使ったカレーが一九三五年（昭和十年）の料理本に出ていました（図12）。

作り方を見ると、生節は削るのではなく「さいの目」に切っています。玉葱、ニンジン、馬鈴薯などをバターで炒め、肉のかわりに鰹の生節を入れてカレーを作っています。

鰹の生節＝鰹＝魚介類だから、これは魚介系カレーということになるのでしょうが、今日言うところの魚介系カレーとはかなり違っていて「鰹出汁のカレー汁」といったほうがいいようなカレーでしたから、「カレーライス」よりも「カレーうどん」向きですね。

この「生節カレー」は身欠きニシンカレーと同類になると思います。ほかに、似たレシピとしては「干鱈のカレー」とか「干しほたてカレー」「干しエビカレー」なども日本独特のカレーと言えるでしょう。

12 王者エスビーが放つ絶対的ニッポンカレー

日本風カレー料理には、カレー料理の母国インドやカレーを日本に伝えたイギリスではありえなかったいろいろなものがありましたが、「そこまでやらなくてもいいだろ！」的な日本風カレー料理を紹介した本が一九五一年（昭和二十六年）にカレー粉製造会社であるエスビー食品から出版されていました。全国カレーの日まで作ってしまうほどカレー好きな日本人とはいえ、この本に書いてある「カレー粉を使った料理」はいささか度を超えています。あくまでもカレー粉メーカーによる宣伝用の料理本だということを踏まえてごらんください。非売品ですから、よそではなかなか見られないと思いますので一見の価値があります。

日本のカレー粉の老舗といえばエスビー食品です。この本はそのエスビーがカレー料理普及のために作った「非売品」の料理本で、一九五〇年と五一年に合わせてカレー二万部発行されていました。わが国で入手可能な食材という食材がすべてカレー

◆生節のカレー・ライス

風變りな、カレー・ライスです。（口繪色刷寫眞十頁の（6）を參照）

材料と調味品 五人前として、生節腹側半分、馬鈴薯三箇、人參半本、玉葱一箇、鹽、胡椒、バタ、カレー粉、メリケン粉など。

作り方 生節の骨や皮をとつて、小さく賽目に切つておき、人參も馬鈴薯も、四五分角の賽目に切つておき、玉葱は薄切にしておきます。

フライ鍋にバタを熔かして玉葱を炒め、湯をさして、鍋を洗ひながら深鍋に移し、人參を入れて茹でますが、少し軟かくなつたら馬鈴薯を入れ、半煮えくらゐのとき生節を入れて、鹽、胡椒でお味をつけます。

別に、フライ鍋にカレー粉茶匙一杯（鹹いのをお好きな方は二杯）と、メリケン粉大匙一杯、バタ大匙一杯を一緒に入れて、弱火でよく煉り混ぜ、煮汁か湯で伸して、深鍋に移し、蓋をして弱火で煮込みます。

御飯は附け合せないで、これだけをお菜として召上つても、美味しうございます。

図12「主婦之友」1935年（昭和10年）7月号付録「魚の洋食一品料理」、主婦之友社

味、カレー風味になるという比類なきカレー料理テキストでした。参考のためにその目次の一部をごらんください（図13）。

ただしこのような資料を見るときに注意しなければならないのが、「掲載されていたということは事実であっても、それが実際に作られていた、食べられていたということを裏付けるものではない」ということです。考えてみればすぐわかることですが、カレー粉メーカーはカレー粉を売りたいからこの本を作っているわけで、もし世の中の人々がすでにこのようなカレー料理を日常的に作って食べていたとしたらこんな本を作る必要がないのです。だから、この本に載っているから「その頃の日本人はこんなカレー料理を食べていたんだ」と安易に思ってはいけません。もしこの本で紹介されているカレー料理でその後の料理本にもよく出てくるものがあれば、それはこの時代の人々に人気があったカレー料理なのだと言えますが。

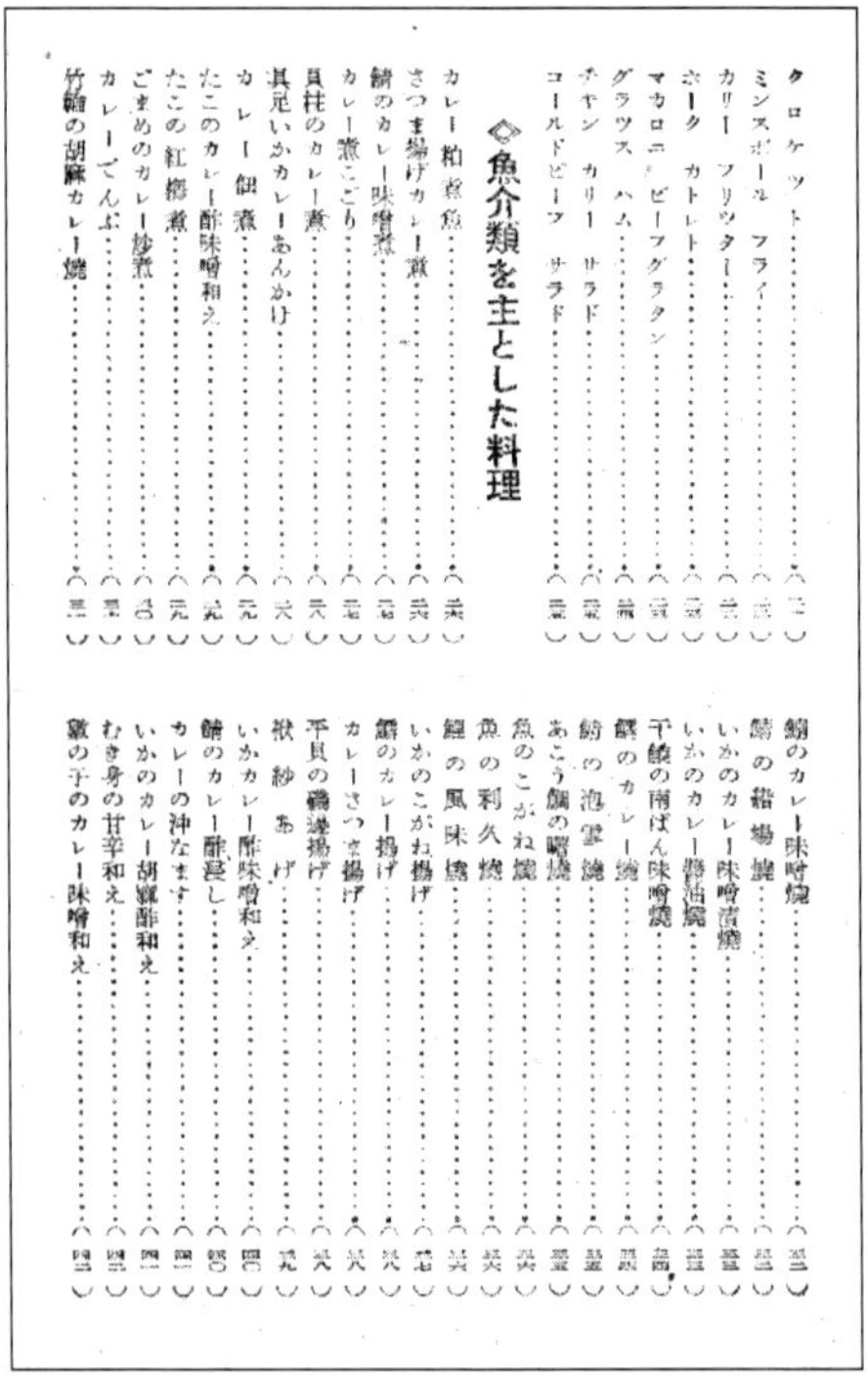
クロケット
ミンスボール　フライ
カリー　フリッター
ポーク　カトレット
マカロニ・ビーフグラタン
グラウス　ハム
チャン　カリー　サラド
コールドビーフ　サラド

◇魚介類を主とした料理

カレー粕煮魚
さつま揚げカレー煮
鯖のカレー味噌煮
カレー煮こごり
貝柱のカレー煮
貝足いかカレーあんかけ
カレー佃煮
たこのカレー酢味噌和え
たこの紅梅煮
ごまめのカレー炒煮
カレーでんぶ
竹輪の胡麻カレー焼
鯛のカレー味噌焼
鯖の鞘場焼
いかのカレー味噌漬焼
いかのカレー醤油焼
干鰊の南ばん味噌焼
鰈のカレー焼
鯖の泡雪焼
あこう鯛の曙焼
魚のこがね焼
魚の利久焼
鰻の風味焼
いかのこがね揚げ
鯖のカレー揚げ
カレーさつま揚げ
平貝の磯辺揚げ
狀紗あげ
いかカレー酢味噌和え
鯖のカレー酢浸し
カレーの沖なます
いかのカレー胡麻酢和え
むき身の甘辛和え
數の子のカレー味噌和え

図13『日華洋風S＆Bカレー料理全集決定版』エスビー食品、1951年（昭和26年）、非売品

この本に登場する料理を可能なかぎり作ってみました。無類のカレー好きでなくても、カレー味の料理ってそこそこ食べられるんですね。でも、何でもかんでもカレー味にするとさすがに食傷ぎみになります。だから、普通の味付けに飽きた頃にやってみるカレー味というのがいいでしょう。醤油煮の豆料理に飽きがきたときに食べる「カ

レー煮豆」とか。しかし、もし食の開拓精神に満ち満ちていれば、やってみる価値がある、というか話のタネになるレシピを二つ選んでみました。「不気味」と言われるかもしれませんが、ものはためしです。

蒸しカステラに、カレー粉と塩で締めた生の鰯、鯖、鯵をカレー粉入りの酢で和えたなますは一見ミスマッチのようですが、カレー粉は使い方ひとつで美味のもとになるようです。

まずは「カレー入蒸カステラ」です（図14）。カレー粉と甘みは結構相性がいいのです。甘みを隠し味として使ったカレーがおいしいのは周知のことでしょう。例えば「りんごとはちみつとろ～りとけてる」というコマーシャルソングにあるように、果物の甘みを隠し味に使うとカレー粉の引き立て役になります。またその逆もアリで、甘いカステラに隠し味としてのカレー粉を使うとカステラの甘さが引き立ってきます。だから、このカレー粉入りの蒸しカステラもカレー粉を入れすぎなければおいしいスパイシーカステラになるのです。

もう一つ、「カレーの沖なます」（図15）。なますにカレー粉酢を使うのは七味や粉山椒を使うのと同じことでしょう。こちらも入れすぎると「カレー風味なます」ではなく「生魚カレー」みたいになってしまい、これはあまりおいしくはありませんが、微量のカレー粉だといい風味のなますになります。

◎カレー入蒸カステラ

材料　メリケン粉五十匁に對して、フクラシ粉大匙二杯、卵二個、鹽小匙二杯、S・Bカレー粉小匙二杯、炒り胡麻大匙四杯、サツカリン少々。

方法　(1)粉ものをまぜて二回程篩にかけます。(2)卵の黄身と白身を分け、白身の方は固く泡立てゝ置きます。(3)黄身の方に水大匙八杯と鹽とサツカリンをよくまぜ合せ、(1)の材料と胡麻を加え、泡立白身を入れてまぜ合せます。(4)蒸箱に丈夫な紙を型通りに敷きこみ、一旦水を入れて出してから(3)の材料を流しこみ、よく沸湯した蒸器で三十分間程蒸します。

備考　一旦蒸したのを油を塗つた鍋で兩面燒目をつけて切分けると燒いたカステラの樣になります。

図14　「カレー入蒸カステラ」の作り方（出典：同書）
注意…メリケン粉50匁＝188グラム
　サッカリンは使用禁止。砂糖をお使いください

◎カレーの沖なます

材料　鰯、鯖、鯵などいづれでもよい、取合せは大根、かぶら、人參、昆布など適宜に用いる、別に鹽、酢、S・Bカレー粉。

方法　(1)魚は三枚に卸して小骨をとり、鹽をふりつけて三、四十分經てから、更にそのまゝを酢に浸して、一時間位置きます。(2)昆布を取合せる時は、水で軟らげて線切とします。(3)大根、かぶら、人參などはいづれも線切とし、鹽と酢をふりまぜて、落蓋と一寸した重壓をして、一時間位置きます。(4)別に酢大匙五杯に鹽とS・Bカレー粉小匙一杯づゝの割合をまぜます。(5)そこで魚の汁氣をきり、薄皮をむいて細目に切り、取合せの材料の汁氣をきつて、(4)の調味で輕く和えるよう致します。

図15　「カレーの沖なます」の作り方（出典：同書）

この二つのレシピでわかるように、この本に書いてあるカレー粉の使い方は「素材を引き立てる香辛料」というポジションをきちんと守っています。日本食でのカレー粉のありようを示している料理本だと思いました。

13 ひもかわのカレーチャプスイ

三題話的国籍不明（?）料理のような名前です、「ひもかわ・カレー・チャプスイ」。

この三つを簡単に説明します。

- ひもかわ…きしめんに代表される平べったいうどん
- カレー…多種の香辛料を使ったインド料理の代表的存在
- チャプスイ…アメリカ生まれの中華

ひもかわのカレーチャプスイ

図16　主婦の友社編『冬の献立とおかず』（主婦の友レディースクック）、主婦の友社、1972年（昭和47年）

ひもかわのカレーチャプスイ献立

献立

◆ひもかわのカレーチャプスイ
中華風白菜漬け
酢ばす

◆材料（3人前）

ひもかわ	200g
肉（一口切り。ハム、ソーセージでも）	60〜100g
にんじん	5cm
たけのこ	適宜
玉ねぎ	¼個
しいたけ	小2個
さやえんどう	少々

買いおきのめんとあり合わせの野菜で
ひもかわのカレーチャプスイ

①めんはたっぷりの熱湯にぱらぱらと入れ、さし水をして、透き通るまでゆで、サラダオイル少々をまぶす。
②①がゆで上がる間に、にんじんはせん切り、たけのこ、玉ねぎは薄切り、もどしたしいたけはせん切りにする。
③中華なべに油大さじ1を熱して肉をいため、野菜を順に入れていため、カレー粉小さじ1を振り込んで水1カップをさし、塩で調味する。さやえんどうを加え、かたくり粉小さじ2の水どきでとろみをつける。
④ひもかわの熱いうちに皿に盛り、③をたっぷりかける。

ひもかわのカレーチャプスイの作り方

風とろみつきごった煮的お惣菜

日本のひもかわとインドのカレー、そしてアメリカ生まれの疑似中華、チャプスイを合体させた料理を紹介していたのは一九七二年（昭和四十七年）に出版された『冬の献立とおかず』（「主婦の友レディースクック」、主婦の友社）でした（図16）。

写真で見るとイタリアの平べったいパスタ料理のようですが、レシピには「買いおきのめんとあり合わせの野菜で」とありますから、たぶん乾麺で売っているきしめんを使っているのでしょう。

作り方を見ると、チャプスイの基本的な作り方とほぼ同じでした。小さく切った野菜類と肉類を油で炒め、塩味をつけてから水溶き片栗粉を流し入れてとろみをつけています。普通のチャプスイとの違いといえば、塩味にカレー粉を加えているという点ですね。

ただのカレーうどんなら一九三二年（昭和七年）の「家庭向来客向冬のお料理」（「婦人倶楽部」一月号付録）にカレー南蛮というカレーうどんが出ていましたし、大正時代の婦人雑誌でも紹介していましたから、大正時代にはすでに食べられていたと思われます（図17）。

このカレー南蛮と一九五二年（昭和二十七年）の料理本で紹介していた「チャプスイうどん」が合体した料理が七二年に登場した、ということでしょう。

「カレーはご飯にかけて食べる「汁かけ飯」の一種である」という形で進化してきた日本のライスカレー文化に、和食や中華風料理が交ざって生まれたもの

カレー南ばん
材料（一人前）蕎麦一玉、蕎麦汁一合、葱一本、鳥獣肉何れか十匁、片栗粉、カレー粉。
拵へ方 蕎麦汁を鍋に入れて煮立て、葱を斜め切にしたのと、鳥獣の肉何れかを入れて煮込みます。

図17 「カレー南ばん」
（出典：「婦人倶楽部」1932年〔昭和7年〕1月号付録「家庭向来客向冬のお料理」、大日本雄弁会講談社）

と考えられます。

14 カレーロークス・コロッケ

カレーコロッケなら誰でも知っていますが、カレーロークス・コロッケとなると、何のことやら……ではないでしょうか。「主婦の友」一九五四年（昭和二十九年）十一月号「青春の味覚探訪」という企画のページで見つけたいわゆるカレー味ポテトコロッケなのですが、昨今のカレーコロッケとはちょっと違います。

カレーコロッケは、ふつう、とき玉子か、水溶きの小麦粉をつけるところを、水溶きしたカレーロークス（即席カレーを粉末にしたようなもの）にくぐらせて、カレー味に仕立てたものだとのこと。

（「主婦の友」一九五四年〔昭和二十九年〕十一月号、主婦の友社、三一八ページ）

どこがどう違うのか、時代背景を知らないと説明できませんので、このカレーロークス・コロッケを出していた社員食堂をのぞいてみましょう（図18）。

集団就職で地方から上京してきた青年たちは社員寮に住み、電線を作る工場で働いて、食事は八百人収容の大食堂でとります。すきっ腹を抱える若者に人気の献立の一つがこのカレーロークス・コロッケだそうで、その材料はこのようなものでした。

【材料】（一人前）

豚ひき肉……二十グラム
玉葱……十グラム
ニンジン……五グラム
馬鈴薯……二百グラム（一人あたり馬鈴薯二個）↑すごく多い！
パン粉……三十グラム
カレーロークス……十グラム（なんだかわかります？）
揚げ油……二十―二十五グラム

［作り方］
・馬鈴薯は茹でてつぶしておく。
・みじん切りのニンジンと玉葱、豚のひき肉は炒めておく。
・これらを混ぜ合わせて丸め、小判形にするところまでは単なる芋のコロッケと同じ。
・普通のカレーコロッケではこの段階で馬鈴薯にカレー味をつけますが、ここではつけません。

ではどうやってカレーコロッケにするのか、ここがポイント。

コロッケを揚げるときには、小麦粉・溶き卵か水・パン粉をつけて油で揚げるというのが常道ですが、ここでは水溶きした「カレーロークス」とパン粉をつけて油で揚げるとなっていました。

図18 「主婦の友」1954年（昭和29年）11月号、主婦の友社

作ってみました。懐かしの美味、肉屋の店頭で買い食いをした「昭和のおやつコロッケ」の味でした。強烈なカレー味の分厚い衣のなかに芋コロッケ……。コロッケカレーの「ライス抜き」みたいです。さて、問題はこの「カレーロークス」です。これは今日市販されている固形カレールゥ（ジャワカレーとかバーモントカレーとか）を刻んで水溶きしたものです。固形カレールゥが市販され始めたのが一九五〇年頃（昭和二十年代後半）で、それまでは油を引いた鍋に小麦粉を入れて炒め、そこにカレーパウダーを加えてカレールゥを作っていたのですが、ルゥが市販されるようになると家庭で作るカレーはますます簡単になりました。この固形カレールゥを包丁で刻んで粉々につぶし、ぬるま湯で溶かしたものがコロッケの衣になるわけです。市販のカレールゥには小麦粉も含まれているのでコロッケの衣に適していますが、衣をうまく作るためにはある程度ドロッとした粘りっ気が必要です。だから、ぬるま湯の量もあまり多くしてはいけません。とはいっても、市販のカレールゥには塩味がついていますから結構しょっぱいので、それも困ります。で、考えました。衣に塩味がついているから中身の馬鈴薯にはあまり味をつけないようにしよう。もう一つ、衣のしょっぱさを緩和するためにカレールゥに小麦粉を少し加えてみよう。ということで、刻みカレールゥ、小麦粉、ぬるま湯でドロッとした衣を作り、コロッケ種全体にたっぷりと付けてからパン粉をまぶして揚げてみました。揚げ時間一分ちょっとでサックサクのカレーコロッケのできあがりです。

昭和の揚げ物はコロッケもエビフライも衣が分厚いものでした。小麦粉をたっぷり使った衣がボリュームを膨ませていました。それが高度経済成長期を支えた若者たちの胃袋を満たすのにぴったりでした。その分厚い衣が誰もが好きなカレーでできているのだから、この料理は人気が出ないわけがありません。この工場で作っていたレシピどおりに作ってみると、ご飯のおかずどころか還暦おじさんにとってはこれ一個でお腹いっぱいのボリュームでした。

そんな分厚い衣の揚げ物が消えていったきっかけは、一九七〇年代に冷凍エビフライの衣が厚すぎるのがやり玉に挙げられたことだったと記憶しています。見かけは特大の冷凍エビフライなのに、中身のエビはとっても小さい。衣ばかりが異様にでかい。「これ、嘘つき食品じゃなくって？」と消費者側からの告発があったのです。しかも世間ではお腹いっぱいになることよりもダイエットすることのほうに人々の関心が集まりだした頃ですから、分厚い衣はダイエットの敵になりました。薄い衣だから揚げ油の吸収も少なく、ローカロリーでヘルシー。やれやれ、時代がこのように変化すれば、衣が分厚いカレーロークス・コロッケをおかずにしてグリーンピースご飯をかき込むような社員食堂は敬遠されますね。

第2章 日本のマヨネーズ

1 和食のなかのマヨネーズ

明治時代の日本に、ウスターソースやカレー粉と一緒に入ってきた舶来調味料がマヨネーズでした。ウスターソースは、醬油の領域にうまく入り込んで和食に溶け込みました。カレー粉は、その強烈な個性(刺激ある味と香り)で伝統的な和食を抱き込み、和風カレーというカレー料理が誕生するくらい目立っていました。それに比べるとマヨネーズは伝統的な醬油や味噌の領域を侵すでもなく個性を押し出すでもなく、控えめに食を支えるにとどまりながらもその存在は多くの日本人の味覚をとらえてきました。そんな舶来調味料御三家のなかで最もおとなしいマヨネーズは、この日本にやってきてからどのような変遷をたどってきたのでしょうか。これがなかなかのもので、いかにも日本的な経緯でした。そもそも卵の黄身とサラダ油という、本来混ざるはずがない水と油を混ぜるというむちゃなことをやってみせたのがマヨネーズです。それだけに、マヨネーズ作りはコツがいる難しいものです。ここに日本人お得意の改良が加えられ、欧米のマヨネーズとは異なる日本独自のマヨネーズが生まれたのでした。

日本人が「日本のマヨネーズ」を作っていく道のりを追いかけてみましょう。

マヨネーズの規格ができるまで

マヨネーズが「自分で作るもの」から「買ってくるもの」になったのは戦後のことです。市販のマヨネーズは戦前からありましたが、結構高価なものだったから自分で作るほうが主流でした。しかし、一九四五年（昭和二十年）の敗戦以降、日本人の食生活にマヨネーズが溶け込んでいったのは市販のマヨネーズの存在が大きかったようです。マヨネーズがこんなに普及した理由として、①工業的生産能力が向上して腐敗しにくい長持ちする作り方ができるようになった、②原料の卵の価格が安値安定してマヨネーズ価格も下がった、などが挙げられるでしょう。

マヨネーズが洋食の「ソースの一種」として日本で使われ始めたのは明治時代で、その頃の料理本には「マイナイソース」などとも記載されていました。まだまだ日本人にはなじみが少ないソースだったようで「とろりとした口当たりで、大変おいしゅうございます」というような感想が書かれています。マイナイソースを使った西洋料理を食べようと思えば上野精養軒とかどこそこの○○亭といった西洋料理専門店にでも行くしかなかった時代に、「御家庭で作れるマイナイソース」というレシピが載った料理本は上流階級のご婦人方に喜ばれたものと推測されます。

マヨネーズというソースが上流階級のハイカラさんだけのものだった時代から百年以上たった今日、日本のJAS（日本農林規格）ではマヨネーズをこのように規定しています。

マヨネーズ

半固体状ドレッシングのうち、卵黄又は全卵を使用し、かつ、必須原材料、卵黄、卵白、たん白加水分解物、食塩、砂糖類、はちみつ、香辛料、調味料（アミノ酸等）及び香辛料抽出物以外の原材料を使用していないものであつて、原材料に占める食用植物油脂の重量の割合が六五％以上のものをいう。

（農林水産省「ドレッシングの日本農林規格」〔http://www.maff.go.jp/j/kokuji_tuti/kokuji/k0000991.html〕）

小難しい言葉が並んでいますが、わかりやすく言うと、①植物油が全体の六五パーセント以上入っている、②ここに挙げた必須原材料以外の材料は使ってはならない、ということです。ダイエット向きの「オイルゼロマヨネーズ」などは規格に当てはまりませんから、ＪＡＳ規定から言うとマヨネーズにあらず、ということになります。卵アレルギー対策としての「卵不使用マヨネーズ」も規格外です。

なぜ、そんなややこしい規格が作られたのか。いや、必要だったのか。その答えは、日本人が作ってきた日本仕様マヨネーズの製法を見ればわかります。今日のＪＡＳ規格に当てはまらないユニークなマヨネーズが、かつては生活の知恵と工夫のたまものとしていろいろ開発されていたからです。

日本のマヨネーズの歴史は、今日のＪＡＳ規格で言うところの「規格外」の積み重ねでした。しかし、それらのマヨネーズ（もどき）が二十一世紀の今日、アレルギー対策やダイエット対応などとして見直され始めています。そんな「ＪＡＳ規格不適合マヨネーズ」の歴史を見てください。

2 敗戦後の規格外マヨネーズたち

先に引用したマヨネーズに関するＪＡＳ規格は一九七五年に施行されたものです。それ以前は「マヨネーズはこうでなければならない！」というような厳しい決まりはありませんでした。薄めの黄色で、酸味と塩味がして、とろりとしていれば「マヨネーズです」と言えて、マヨネーズ御本家（フランス）での正しい作り方がどうであれ、日本人のマヨネーズ観に即したものを、よく言えば工夫を凝らし、悪く言えば好き勝手に作っていたのです。
特に食糧物資が不足していた戦中・戦後は、卵未使用や油未使用の、マヨネーズとは言い難いようなマヨネーズもどきも「マヨネーズ」として作っていました。いまだったらニセモノ、まがい物呼ばわりされるにちがいない規格外マヨネーズに日本食文化のたくましさを読み取ってみましょう。

大豆粉マヨネーズ

国立栄養研究所と国民栄養振興会が編集した『栄養食の作り方――配給食品の栄養と調理』(杜陵書院、一九四八年〔昭和二十三年〕)(図19)で大豆粉のマヨネーズを紹介していて、表記は「代用マヨネーズソース」となっていました。代用クリームと代用マヨネーズのレシピを、実際に作った経験を踏まえて今風に書き直すとこうなります。

【作り方】
第一段階は「代用クリーム」作りです。
・鍋に大豆粉と水を入れて弱火にかけて練り、とろみがついてクリーム状になったら塩と甘味料で味をつけ、冷めてから香料を加える。
＊「大豆粉」とは、乾燥した生大豆を粉にひいたものです。ちなみに乾燥大豆を炒ってから粉にひいたのがきな粉ですが、きな粉ではマヨネーズは作れません。きな粉と水を弱火にかけてもとろみが出ませんから。
第二段階が「代用マヨネーズ」(大豆粉マヨネーズ)作りです。
・第一段階の「代用クリーム」に入れる調味料に胡椒、西洋辛子、酢、

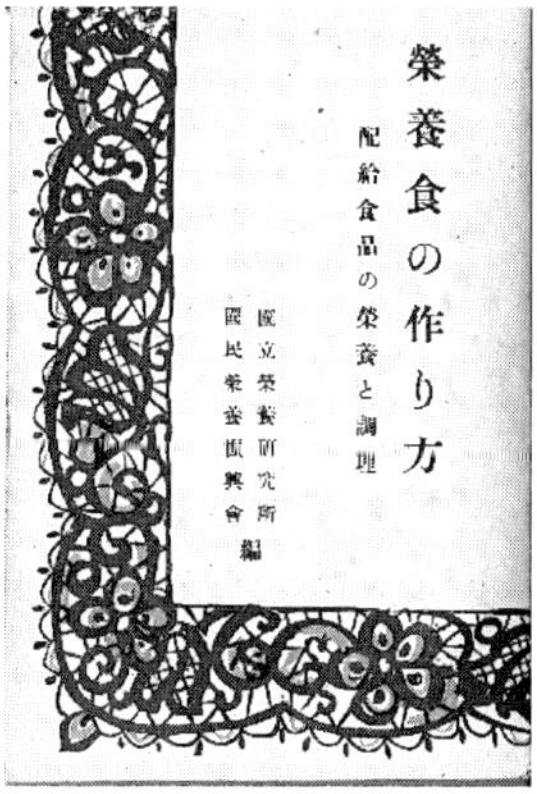

図19　国立栄養研究所／国民栄養振興会編『栄養食の作り方――配給食品の栄養と調理』杜陵書院、1948年(昭和23年)

を追加します。

＊もし油を使えるのだったら、最初に大豆粉を油で色付かない程度に炒めてから水を加えて火にかけて練るそうです。

実際に試した感想は次のとおりです。

大豆に植物性蛋白質や脂肪分がたくさん含まれているのはよく知られています。だから卵に含まれる動物性蛋白質や油のかわりに大豆を……というつもりなのでしょうが、いざ実験してみると、とろみはつくものの、大豆「粉」というだけあって滑らかさに欠けます。ややざらつきがあるマヨネーズという感じです。サラダ油やはちみつ、練り辛子などでドレスアップを試みましたが、ざらつき解消とはいきませんでした。味のほうはさすがは大豆だけにコクがあるし、最初に使う水を出汁に替えたりするとずいぶんおいしくなります。

この大豆をベースにしたマヨネーズは、昨今では卵アレルギー対策マヨネーズとして注目されて商品化もされています。私も一九九〇年頃、食物アレルギーの子どもをもつ親たちの会に依頼されて「非卵マヨネーズ」を作ったことがあります。そのときは大豆を使って豆乳を作り、その豆乳をベースにしてマヨネーズを作りました。これはざらつきがなく滑らかに仕上がりましたが、四八年（昭和二十三年）頃はまだ豆乳を作る余裕もなかったのか、生大豆粉で作っていたのです。

同じような大豆マヨネーズのレシピを別の本でも紹介していましたが、こちらは「生大豆粉」ではなく、「脱脂大豆粉」を使っていました。

大豆粉マヨネーズ

脱脂大豆粉を同量ぐらいの水でとき、弱火（とろび）にかけて焦げつかないように火をよく通します。火をとめてから、卵黄、芥子、塩、酢を加えてまぜ合わせます。（「婦女界」一九四九年〔昭和二十四年〕七月号付録「夏の味覚料

理」、婦女界出版社、九ページ）

脱脂大豆粉というのは大豆油を搾った後の「搾りかす大豆」で、主に家畜の飼料にしていたものですが、脱脂後でも蛋白質は含まれていますから醤油造りの原料として使えます。しかし、このレシピを見ると「卵黄」を使っていますが、普通使うはずの「植物性油脂」は使っていません。脱脂大豆粉が手に入らないので作ってみる実験はできませんでしたが、この作り方ではマヨネーズ特有のとろみが出ない気がします。

図20 「婦女界」1949年（昭和24年）7月号付録「夏の味覚料理」、婦女界出版社

粉ミルクマヨネーズ

このマヨネーズも、敗戦後の先輩方が入手可能な食料品を駆使して開発した代用マヨネーズの一つです。「婦人之友」一九四八年（昭和二十三年）九月号（婦人之友社）に載っていました。

【作り方】

- ごくごく細かなみじん切りにした玉葱を水洗いする。
- 玉葱と同量の粉ミルクを加える。
- 酢、塩、砂糖を加える。

これが「婦人之友」に載っていたレシピですが、いささか疑問点があります。

まず一つめは「粉ミルク」です。一九四八年（昭和二十三年）のレシピですから、赤ちゃん用の「粉ミルク」ではなく、ＧＨＱやララ物資（ＬＡＲＡ〔アジア救援公認団体〕が提供していた日本向けの援助物資）の脱脂粉乳のこととみるのが妥当ではないでしょうか。もう一つの疑問が、「玉葱と同量の粉ミルク」というのはお湯で溶かしたものなのか、溶かす前の「粉」なのか、でした。やってみたところ、やっぱりお湯で溶かさなければ無理でした。卵も油も使わずにマヨネーズを作る……しかし、ここで使うのは玉葱と粉ミルクです。はたしてどんなものになるのでしょう。

まずはレシピどおりにみじん切り玉葱を使ってみました。かなり細かなみじん切りにする自信はありましたが、それをもってしても所詮みじん切りはみじん切り、口に残るツブツブ感は否めません。そこで口当たりを滑らかにすべく玉葱をすりおろし、ギュッと絞って使ってみました。若干の辛みは出るものの、口当たりは滑らかになります。これで玉葱のほうは一応クリアして、次は粉ミルクです。今日入手できる「スキムミルク」をお湯で溶いて使いましたが、普通に飲むときのように溶かしたのではマヨネーズ特有のとろみが出ず、サラサラとしたドレッシングになってしまいますので、ここはひとつ、思いっきり濃厚なミルクでなければなりません。まず、ボウルにスキムミルク大さじ四、五杯を入れます。そこに六〇度くらいのお湯を大さじ一、二杯ふりかけ、泡立て器で攪拌します。あまりにお湯が少なすぎてスキムミルクが溶けないのではないかと疑問が湧きますが、我慢して攪拌し続けると、粘りがあるホイップクリーム状になります。結構「固練り」になったところで、先のおろし玉葱を加え、レシピどおりに塩と酢、砂糖を味見しながら入れてみると、「とろみがあって、コクがあって酸味と甘みが付いた」マヨネーズのようなものができました。たぶん欧米の料理本に何かしらの名称で出ているソースに似ているのではないかと思われますが、「代用マヨネーズ」と言えなくもないものでした。

片栗粉マヨネーズ

「婦人之友」一九四八年（昭和二十三年）九月号に、卵の黄身を使ってはいますが、片栗粉でとろみをつけるというマヨネーズがありました。

［作り方］

- 鍋に水と片栗粉を入れて火にかける。
- とろみが出てきたら、卵黄とバターを加えてかき混ぜる。
- 卵黄に火が通ってきたら、酢、塩、辛子、砂糖を加える。

このレシピだと片栗粉になっていますが、これを「葛粉」に置き換えるとわかりやすくなります。やや粘りっ気がある濃厚な葛湯を作り、そこに卵黄とバターを足してこってり感をつけようというのでしょう。

作ってみると、片栗粉：卵黄：バターのバランスが決め手でした。片栗粉が少なすぎるとさらさらしてしまうし、多すぎると固まって「葛もち」になってしまいます。また、バターも多すぎるとくどくなってとてもマヨネーズとは言えなくなるので、せいぜい卵黄の三分の一程度でしょう。

味は「粉ミルクマヨネーズ」よりはやや粉っぽいものの、卵黄が入っているしバターも使っているのでコクはあります。しかし、いちばんの長所は、マヨネーズ作りで苦労する「分離して混ざらない」心配がいらないことでしょう。普通にマヨネーズを作るときには、溶きほぐした卵黄を攪拌しながらサラダ油を一滴ずつ落とさなければなりません。この作業が結構めんどくさいのです。だからといって、横着をして一度に油を加えたりすると卵と油が混ざらずに分離してしまいます。その点、片栗粉ベースのマヨネーズでしたら分離の心配なしで作れます。

ただ、熱してとろみがついた片栗粉葛湯に卵黄を入れるタイミングが鍵でした。片栗粉葛湯が熱いときに卵黄を入れるとすぐに固まってしまうので、いったん四〇度以下に冷ましてから溶きほぐした卵黄とバターを入れてよく混ぜ合わせます。その後弱火にかけて攪拌し続けますが、沸騰させず、七〇度から八〇度程度で火から下ろします。半熟卵を作るような感覚ですね。

この代用マヨネーズは、和食の「黄身酢」や「葛餡」などの技法を取り入れた和洋折衷マヨネーズの一つと言えるでしょう。

小麦粉マヨネーズ

規格外マヨネーズ、今度は小麦粉ベースのものです。

一つは「婦人生活」一九四九年（昭和二十四年）七月号（婦人生活社）掲載のレシピで、「水溶き小麦粉」がベースになっています。

【作り方】（水溶き小麦粉）…「婦人生活」版

- 鍋に小麦粉と水、牛乳を入れて火にかけ、三分間煮る。
- 冷ましてから溶き辛子、酢、塩、胡椒で味を整える。

もう一つは主婦之友社編『家庭料理』（「家庭講座」第一輯）、主婦之友社、一九四八年（昭和二十三年）（図21）掲載のもので、「油炒め小麦粉」ベースです。

【作り方】（油炒め小麦粉）…「主婦之友」版

- 大さじ一杯の油で大さじ一杯半の小麦粉を炒める。
- 大さじ二杯の出汁を加えてドロリとしたソースを作る。
- 酢、塩、胡椒、辛子、おろしニンジンで味を整える。

図21　主婦之友社編『家庭料理』（「家庭講座」第１輯）、主婦之友社、1948年（昭和23年）

どちらのマヨネーズも小麦粉を液体に溶かして加熱していますから、基本的にはホワイトソースの作り方をまねたものでしょう。ホワイトソースとの違いは「酢が入っている」という点ではないでしょうか。酸味と甘みが加われば、ホワイトソースもマヨネーズに変身すると考えたのかもしれません。

一九五一年（昭和二十六年）の『家庭料理』のレシピには「ビタミンAを添へるために、おろしニンジンを入れると、色も本ものゝマヨネーズのやうになります」と書いてありますが、ちょっと無理があります。わさびをおろすときに使う「鮫皮」のおろしくらいにきめが細かいおろし金でないとざらつきが残るし、ニンジンによっては苦みが出ることもありました。時代が時代でしたから、栄養を取ること、つまりニンジンのカロチンを取ることもこのレシピの目的の一つだったのでしょう。

馬鈴薯マヨネーズ

茹でた馬鈴薯をつぶしてマヨネーズで和えたポテトサラダはいまでもお惣菜の定番ですが、馬鈴薯をベースにしてマヨネーズを作るというのは珍しいものです。レシピ自ら「変りマヨネーズ」と名乗っているのもナルホドです。

> これも玉子を使はずにできるマヨネーズです。
> 馬鈴薯を軟く茹でゝ、熱いうちに突きつぶし、その中に油を加へ混ぜ、酢を少しづゝたらしながらかき回して、どろ〴〵のソースを作り、塩と胡椒で味を調へます。
> （主婦之友社編『家庭料理』〔「家庭講座」第一輯〕、主婦之友社、一九四八年〔昭和二十三年〕、一六〇ページ）

このレシピをどう読み解けばいいのでしょう。作り方を簡単に言うと、「茹でた馬鈴薯をつぶし、酢、油、塩、胡椒を加えてどろどろにした」ものを「変りマヨネーズ」と呼んでいるわけですが、それって、マッシュポテトではないのでしょうか。一九四八年（昭和二十三年）頃はまだ、このようなものまでマヨネーズと呼ばなければならないほど食糧物資が不足していたのでしょう。しかし仮にこれをマヨネーズと呼んだとして、茹でてつぶした馬鈴薯をこのマヨネーズで和えたらそれはやっぱり「マッシュポテト」と呼ぶのでしょうか。なんとなく「共和え」のようですが。

油なしマヨネーズ

ＪＡＳ規格によると、マヨネーズというものは「食用植物油脂が重量比で六五％以上なければならない」となっていますから、油なしマヨネーズと明言しているこのマヨネーズはまさに規格外でしょう。

「主婦之友」一九五二年（昭和二十七年）六月号付録「おいしい夏のお手軽料理」（主婦之友社）に掲載されていた「油なしマヨネーズ」です。

［作り方］

- 大さじ二杯の小麦粉を大さじ一杯のバターで炒める。
- 牛乳百八十ＣＣを少しずつ加えながらかき混ぜる。
- 冷まして、卵黄一個、酢大さじ一杯、塩小さじ一杯、胡椒少々で味を整える。

油なしと言いながらバターを使っていますが、バターは植物性ではないから油ではなく脂です。だから「油なし」は間違いではないのでしょう。しかし、この

図22 「主婦之友」1952年（昭和27年）6月号付録「おいしい夏のお手軽料理」、主婦之友社

マヨネーズも先の小麦粉マヨネーズ同様、ホワイトソースの作り方を流用したものです。やはりこの時代の日本人には「ホワイトソースにお酢を入れたらマヨネーズ」という認識が定着していたようです。

全卵使用のマヨネーズ

これはＪＡＳ規格外マヨネーズではないのですが、参考までに紹介します。「黄身だけを使った」マヨネーズこそ本物で高級なマヨネーズ、いいマヨネーズという固定観念があるようですが、貧乏性的本音を吐きますと「白身がもったいない」です。そこで本音で問いかけてみます、「白身入りの全卵マヨネーズで何か問題でもあるの？」と。昔の人も同じようなことを考えたのでしょうか、全卵マヨネーズの作り方を書いた料理本がありました。

大岡蔦枝『西洋料理一般――料理研究』（大岡蔦枝、一九二九年〔昭和四年〕）に載っていた「全玉子を用ひて造るマヨネイズソース」を要約すると――。

材料…全卵、塩、辛子、胡椒、酢またはレモン汁、サラダオイル

作り方（要約）…卵黄だけのマヨネーズと異なるのは、卵黄が全卵であることだけである。

ボウルに入れた全卵を泡が立たないように気をつけながら泡立て器で攪拌する。次に、オイルを一滴ずつ落として攪拌する。オイルを大さじ一、二杯入れたら、辛子、塩、胡椒、酢を加えて攪拌する。

材料も作り方も卵黄だけのマヨネーズ作りとほぼ同じでした。説明文は「家庭、その他、多人数のところでは普通はこれでよいと思う。即ち白身の無駄を防ぐためで、著者等の寮舎では常にこの方法で造り、寮生パン食のサラド等に用いている」と書いています（著者の大岡蔦枝は日本女子大学出身ですから、寮舎というのは日本女子大学の寮でしょう）。

全卵マヨネーズを実際に作って食べてみました。卵黄だけのものとの違いはやや味が淡泊かなというくらいのもので、オイルや辛子で調整すればほとんど気になりませんでした。できあがったマヨネーズの分量は卵黄で作ったときよりもやや多い程度ですから白身まで使うと分量が相当増えるというわけではありませんが、白身を無駄にしなくてすんだ……という満足感はあります。大人数を対象とした学生寮で作る場合でも、マヨネーズの量を増やすためというよりは残った白身を持て余して困るので白身まで使ってマヨネーズを作った、と考えるのが自然ではないでしょうか。ということは、白身まで使って全卵マヨネーズを作るメリットはあまりないということになります。たいして増量できるわけでもないし味はいささか淡泊になることを考えると、結局は卵黄だけでマヨネーズを作り、白身はフリッターやお菓子作りに回したほうがいいように思える全卵マヨネーズの作り方検証実験でした。

規格外マヨネーズのまとめ

ＪＡＳ規格などなかった時代、しかも敗戦後の食糧不足だった時代に日本人が家庭で作っていたマヨネーズのなかには、ヨーロッパ生まれのマヨネーズとはかけ離れたものがいろいろあったようです。本来のマヨネーズとは、卵黄と酢と塩に植物性油脂を分離しないように混ぜて「乳化」（エマルジョン）させたソースです。この乳化というものがマヨネーズ最大の特徴と言えるでしょう。水と油という、混じり合うことができずに分離してしまうものを混じり合った状態で安定させることが「乳化」です。マヨネーズを作る場合は卵黄と酢を混ぜ合わせたところに油を加えて「乳化」させなければなりません。そして水と油を分離させずに乳化するには、油を一滴一滴落としながら攪拌しなければなりません。手間暇がかかるし、気が短い人には向かない作業です。それに対して、敗戦後の規格外マヨネーズのレシピはどれを見てもその「乳化」作業の必要がない作り方が多いので、調理技術がない人でも、調理道具があまりない台所でも、限られた食材しか手に入らないような条件でも、マヨネーズに似たようなものが作れたのではないでしょうか。

そもそも一般の家庭でマヨネーズを自作することは難しかったから、マヨネーズはウスターソースや醤油同様、既製品が流通していました。つまり戦前からマヨネーズは、料理屋でない一般家庭では自宅で作るよりは既製品を買って使うほうが多かったのです。しかし、戦中・戦後は食品メーカーもマヨネーズ作りどころではありませんでした。醤油や味噌でさえ不自由していたのですから、卵や油を使うマヨネーズ製造工場が従来どおりに稼働できるはずがありません。既製品のマヨネーズが買えなければ自作するしかないのですが、素人に「乳化」は難しいものです。そこで日本人は考えました。「トロッとすればいいんだろ？　とろみがつけば……」。このように考えた台所の人は、GHQが放出した援助食糧物資である小麦粉などの粉類に目をつけたのです。葛粉、小麦粉、片栗粉などを水に溶かして火にかければとろみがついた葛湯などが作れることは知られていたので、「これでマヨネーズのとろみはOK」だったのでしょう。とろみ以外のマヨネーズの成立要因である①塩味、②酸味、③ウマミとコク、これだけの条件が整えばそれはマヨネーズなのである……という思いが戦後十年間の規格外マヨネーズレシピには見られるのでした。この頃の規格外マヨネーズはあくまでも家庭用マヨネーズだったから、厳しい規格なんて必要なかったわけです。卵が入ってなかろうが油を使っていなかろうが、自分で作って自分の家族が食べるのだから誰に迷惑をかけるわけでもありません。

しかし、食品加工メーカーが大量に製造して販売するとなると一定の基準が必要になります。卵を使っているようなふりをして、実はでんぷんと着色料（黄色二号など）でごまかす輩も出てきだしたから「規格」が作られ、規格に適合しなければマヨネーズと表示することができなくなりました。そのJAS規格が作られた一九七五年以後、消費者はマヨネーズにはJASで決められた原材料しか含まれていないという安心感をもって商品を買うことができるようになりました。しかしその半面、JAS規格で認められていない原材料が一つでも含まれていたらマヨネーズという表示はできず、マヨネーズ風調味料とでも表示しなければならないのです。スーパーマーケットのマヨネーズ売り場に行ってみれば、見た目は容器もパッケージもマヨネーズそのものなのによくよく見ると「マヨネーズタイプドレッシング」だったり「オイルゼロ・マヨドレ」のような表示がたくさんあります。裏ラベルにも、マヨネーズではなくドレッシングなどと書かれています。でも、容器の形もパッケージのデザインも普通のマヨネーズとほぼ同じだから、消費者もそれがJAS規格適合のマヨネーズかどうかなんてあまり考えずに買っているようです。これが昨今のマヨネーズ売り場事情でしょう。そして、そのような規格外マヨネーズをニッポンの先輩方は自分で作っていたのでした。

本物のマヨネーズと言ったところで、それは最初に作られたものがそうだったというだけのことで、そうでなければマヨネーズではないとは言えません。とりわけ家庭で作って家族が食べる「家庭料理」では、家庭内規格があっていいのではないでしょうか。それがニッポンのマヨネーズでしょうし食文化なのですから。ちなみにうちでは白味噌、全卵、りんご酢、ごま油で作ったマヨネーズを「ぬた」に使っていますが、人によってはそのマヨネーズのことを「酢味噌」と言います。

3 マイナソースと呼ばれていた頃の初期マヨネーズ

ごく一部の外国にだけ門戸を開いていた鎖国時代には入ってくる外国の食文化も少なかったのでしょうが、明治維新以降は大量に入ってくるようになりました。鎖国時代に付き合いがあった外国というとポルトガルや清でしたが、明治維新以降はイギリス・アメリカ・フランス・ロシアなどが中心になり、それまで日本人が知らなかった缶詰やカレー粉など、欧米で加工された洋食の食材がどんどん入ってくるようになります。これらの洋食食材は、一般的な日本人にとって目新しく魅力的な「新食品」だったのでしょう。味噌や醤油、わさびや山椒に慣れていた日本人は、意外と柔軟で、その新しい珍味に興味をもち、片っ端から日本食に取り入れ始めます。最初は教わった洋食のコピー（まね）から始まりますが、すぐに独自の使い方をし始めました。

マヨネーズも最初は上流階級の選ばれた方々しか行けないような洋食専門店で料理人が作るものであって、一般庶民がレシピを見て作るというものではありませんでした。家庭料理の手引書にその作り方が掲載されるようになるのは日清・日露戦争以後、つまり明治末期になってからのことです。といっても、この時代に「家庭料理の手引書」を読むのは一般庶民ではなく、お金持ちや知識階級のご婦人に限られていたようですから、今日言うような「家庭料理」とは違っていますけどね。

ではまず、明治の洋食コピー時代のマヨネーズレシピをいくつか紹介しましょう。

築地精養軒のマヨネーズ

日本で最初の西洋料理店が築地精養軒（のちの上野精養軒）だそうです。その精養軒の主人が「西洋料理を家庭でも作れるようにしたい」と依頼されて口述したものを本にしたのが、一九〇八年（明治四十一年）刊の『厨の友――家庭手軽 西洋料理』（求光閣書店）です。このなかに精養軒流のマヨネーズ製法が書いてあります（図23）。

材料は、①卵の黄身、②塩、③酢、④芹（エシャロットの代用かも？）、⑤サラダ油、だけです。

図23　精養軒主人口授『厨の友――家庭手軽 西洋料理』求光閣書店、1908年（明治41年）

第三節 Mayonnaise Suce.

原料

（一）卵　二個　（二）鹽及胡椒

（三）通常の酢　茶匙一杯　（四）芹　茶匙半杯

（五）Tarragon酢又は佛蘭西酢　茶匙一杯

（六）「サラダ」油　一「ジル」（我七勺八才許）

時間　凡十分間

さてMayonnaise Sauce.を拵へるには

《第一》　二個の卵を取つて黄分を鉢に入れる、

《第二》　木の匙を取つて黄分を鳥渡攪き砕す、

《第三》　之に鹽匙一杯の鹽と半杯の胡椒とを加へる、

《第四》　「サラダ」油の瓶を取り、拇指を瓶口に半分掛けて滴々油を注ぎ入む、但斷えず攪箸で善く攪き回はさねばならぬ、油は一「ジル」で充分である、

《第五》　そこでTarragon酢又は佛蘭西酢を茶匙一杯、通常の酢を茶匙一杯、又嗜好に從つて芹の調理へたのを茶匙半杯程徐ろに攪き和ぜる、

《第六》　これで此注汁は供用へるのである、

精養軒流マヨネーズソースの作り方（左）

作り方をわかりやすくしてみるとこうなります。

- ボウルに入れた二個の卵黄をつぶす。
- 塩と胡椒を加える。
- ボウルのなかを泡立て器でかき混ぜながら、百三十CCくらいのサラダ油を一滴ずつ落としていく。
- 茶さじ二杯の酢と細かく刻んだ芹を加える。

このマヨネーズの製法は、日本に伝えられたヨーロッパ式のマヨネーズ製法そのままでしょう。ほかの人が書いた西洋料理指南書を見てもだいたい同じでしたから、このあたりが洋食コピー時代のマヨネーズ製法とみていいのではないでしょうか。この製法で作れば、先ほど紹介した今日のJAS規格にもパスするマヨネーズになります。

村井弦斎夫人のマイナイソース

料理小説の元祖とも言われている『食道楽』（報知社、一九〇三年〔明治三十六年〕）を明治時代に書いたのが村井弦斎。西洋料理を広めるきっかけにもなったベストセラー小説でした。その夫人の村井多嘉子も、料理や食養の指導をしていました。一九〇六年（明治三十九年）に創刊された「婦人世界」（実業之日本社）では、Q＆A形式で料理や食養の質問に答えるコーナーを担当していました。一九二〇年（大正九年）七月号では、マイナイソースの作り方についての記者の質問にこのように答えています。

マイナイスソオスの拵らへ方は、一個の玉子を堅く茹で、（煮立ってから十分間）黄味だけを裏漉にかけます。その中へ生玉子の黄味を一つと、塩小匙一杯、砂糖小匙半分加へて、茶筌形の玉子まはしでよくかき回し、玉子が交つて白くなつた所へ、サラダ油を大匙一杯入れますが、初めは極く少しづつ落してよく交ぜ、玉子と油と交ざつた所で、また油を少し入れるといふ風にします。油を入れ終わつたらば西洋酢をこの通りにして大匙半分入れます。両方がよく交ざつたところで、また大匙一杯のサラダ油と少しの酢を加へます。全体でサラダ油大匙三杯と、酢を一杯半入れればできますが、油や酢の都合で少しづつ加減いたします。

（「婦人世界」一九二〇年〔大正九年〕七月号、実業之日本社、一三〇ページ）

明治時代に書かれた精養軒のレシピとの違いは、生卵だけでなく「茹で卵の黄味」を使っているところです。レシピのいちばん最初に「玉子を堅く茹で、黄味だけを裏漉にかけます」とありますが、これはマヨネーズ初心者にはありがたいアドバイスだったのではないでしょうか。マヨネーズ作り最大の難関は、油と水の混和＝乳化、エマルジョンです。つぶした生卵の黄身に油を一滴ずつ垂らして攪拌し続けないと乳化は難しいものです。ところが、茹で卵の黄身と生卵の黄身をブレンドすると混ざりやすくなるのでした。このような茹で卵ベースのマヨネーズ製法は村井弦斎の『食道楽』でも紹介していますが、よく読んでみると、マヨネーズとタルタルソースの中間のようなものにも思えます。村井多嘉子は、素人にもたやすくマヨネーズが作れる方法として、この茹で卵の黄身を使ったマヨネーズ製法を教えようとしたのかもしれません。

原文中に出てくる「茶筌形の玉子まはし」という表記は「泡だて器」ですね。次項の板垣退助伯爵夫人のマヨネーズの資料に載っているイラストに登場しているようなものでした。

図24 「婦人世界」1920年（大正9年）7月号、実業之日本社

板垣伯爵夫人が主宰の料理講習会で教えたマイナイソース

明治末期に「割烹講義録」（東京割烹講習会）という雑誌が創刊され、その後「家庭料理講義録」に名前が変わります。その「家庭料理講義録」牡丹の巻（一九二〇年〔大正九年〕）で紹介していたマイナイソースの作り方です（図25）。

まず茹でた馬鈴薯をつぶして冷ましておき、続いてドイツ式のマイナイソース作りへと進みます。要約すると――。

【作り方】

- 酢、卵黄、砂糖、塩、胡椒を大皿に入れ、フォークかスプーンですり混ぜる。
- サラダ油二滴落として二分間混ぜる。
- サラダ油三滴落として二分間混ぜることを四回繰り返す。
- サラダ油大さじ二分の一杯を入れて二分間混ぜることを八、九回繰り返す。
- 泡立て器で硬くなるまでかき混ぜた白身を卵黄ソースに加えて混ぜ合わせる。

これで滑らかなソースができるが、硬すぎたら酢を加え、軟らかすぎたらサラダ油を加えて調整する。

この作り方は茹で卵を使わない、難しいほうの作り方ですが、このレシピを書いた人は非常に気配りが行き届いた方でしょう。サラダ油の加え方を、ほかのレシピに比べて細かく指示しています。ほかのレシピでは「油を一滴ずつ落としながら、ずっと攪拌し続ける」ように書いています。書くのは簡単、読むのも簡単ですが、実際にやっ

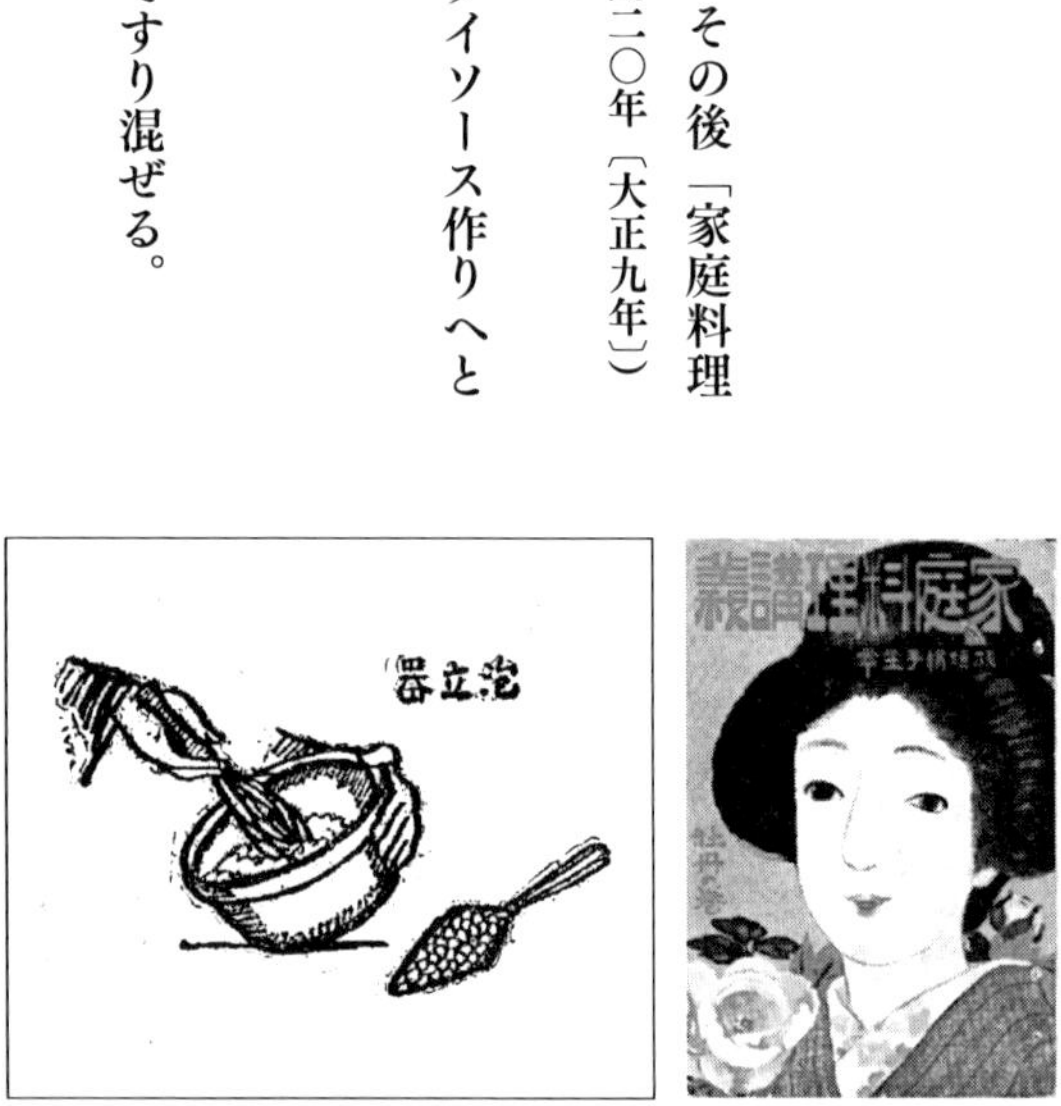

図25　東京割烹講習会編「家庭料理講義録」牡丹の巻、東京割烹講習会、1920年（大正9年）

てみるとこの方法では一人ではやりづらいのです。誰かお手伝いする人がいてサラダ油をポタリポタリと落とし続けてくれれば、自分はボウルを片手で押さえてもう片手で泡立て器を使えますが、これを一人でやるとなると難しいものです。その点、このレシピだと「サラダ油二滴落として、二分間混ぜる」を繰り返すのですから、一人でもできます。私が初めてマヨネーズを作ってみた十九歳のときも「独り造り」でしたから、ほぼこれと同じ作り方をしたものです。手軽とか簡単とかは謳っていませんが、いたって親切なレシピだったのです。

東伏見宮妃殿下のマヨネーズ

一九一九年（大正八年）五月二十九日、目白の日本女子大学に東伏見宮妃殿下が招かれたそうで、家政学科料理部の学生たちが「午餐を差し上げた」と「婦人世界」七月号に出ていました。

そのときの献立は前菜とスープに始まり、コーヒーとキャンディーで締めくくる西洋料理でした。その「午餐」の三番目に出されたのが「蒸した小鯛の冷製メヨネエズソオスかけ」です。

これは三枚におろした小鯛の身を蒸して冷まし、その上に作りたてのメヨネエズソオス、つまりマヨネーズをかけるという料理でした。

ここでは学生が共同で作りますから、油を少しずつ入れる人、卵黄を木杓子で攪拌する人が連携できたのでしょう。油を落としながら攪拌しています。ただゼラチンを加えているところがちょっと変わっています。マヨネーズをゆるくしないため

メヨネエズソオスを作るには、鹽小匙一杯、辛子一杯、胡椒を小匙の五分の一、**サラダ**油を一合五勺、西洋酢を五勺、**ゼラチン**三匁くらゐ、卵の黄身一つ分を用意します。初めに鹽胡椒辛子を丼に入れて少量の酢で溶いて、卵の黄身を交ぜ、油を少しづつ入れて木杓子で交ぜて行くのですが、油は少しづつ入れないと、油と他のものとが別れてしまひます。（もし分れた時には酢を入れるとよくなります）。かうしてゐるうちに濃厚したものができますから、そこへ**ゼラチン**を入れます。**ゼラチン**は最初水につけて柔らかくしたのを鍋にとり、強くない火にかけて木杓子で攪交ぜながら煮溶かし、冷えきらぬうちに用ゐます。**メヨネエズソオス**に**ゼラチン**が交りましたら、直ぐ前の小鯛の皮を剝いだところへ、黄色く**トロリ**と塗ります。

図26 「婦人世界」1919年（大正8年）7月号、実業之日本社

だったら油を増やすだけでいいのですが、ゼラチンを使ったということはよっぽど「ソースが垂れること」を恐れていたのではないでしょうか。妃殿下のお召し物にソースが垂れでもしたら大変と考えたのかもしれません。

もう一つの理由として考えられることは、サラダ油の品質と卵の鮮度の問題でしょう。一九一九年（大正八年）頃のサラダ油の製法では今日のような「ノルマルヘキサンによる抽出法」はまだおこなわれていませんでしたから、昔ながらの「圧搾法」で搾った油でした。搾った油を濾過してはいましたが不純物が多かったし、酸化防止剤も使われていなかったので劣化したサラダ油もあったようです。卵にしても、東京で手に入るものは近郊の農家で鶏が産んでから消費者の手元に届くまでに三週間以上かかるのが普通だったという資料もあります。そのような品質が劣化した油や卵を使った場合、マヨネーズが硬くならず、サラッとしたものになることもあります。そのような場合にゼラチンやでんぷんなどを乳化剤として使うことは料理の常識でした。これがもし今日おこなわれたとしたら、「ゼラチンで増量したにせものマヨネーズ」などと消費者団体に叩かれるのでしょうね。与えられた状況下で最大の成果を得るために準備万端、臨戦態勢をとっていた日本女子大学家政学科料理部の学生たちのマヨネーズ、学ぶべきところはあると思います。

満蒙開拓団女子訓練所で教えるマヨネーズ

「中国残留日本人孤児」という言葉をのちに生み出すもとになった戦前の移民政策で、多くの男女が満蒙の地に渡りました。未知の異国に移住する人たちは

図27 「糧友」1939年（昭和14年）4月号、糧友会

卵黄一個、酢大匙三―四杯、食油一合、食鹽大匙一杯半、胡椒茶匙三分ノ一、砂糖大匙一杯、芥子大匙一杯

丼又は深皿に卵の黄味を入れ、食鹽、砂糖、胡椒を入れてよく攪ぜながら、食油を少しづゝ流し入れ、固くなりすぎた時酢を入れて緩るめ、更に油を少しづゝ流し込んで酢と油を交互に入れて泥和する。

これはマヨネーズ・ソースといつて、キャベツ、白菜等を生の儘刻んだもの、茹でゝ冷やした馬鈴薯、茹でゝ冷やした菠薐草等にかけて用ひる。

まず、国内の訓練所で満州での生活訓練を受けてから移住します。その訓練で使うテキストに載っていたマヨネーズの作り方です。

「酢油ソース」と呼ばれたマヨネーズの作り方

日本陸軍糧抹廠の外郭団体である糧友会が出していた月刊誌「糧友」一九三九年（昭和十四年）四月号に載っていた「酢油ソース」と表記されたマヨネーズのレシピです（図27）。これから酷寒の地・満蒙に移住しようとしている若い女性に満蒙開拓地に行っても食べていけるような技術を身につけさせるために書かれたものですが、「食油を少しづゝ流し入れ」ではあまりに不親切というものです。初心者にはこの「少しづゝ」がまさか「一滴、一滴落として」とは思わないでしょう。これから満蒙の地に行く少女たちにこのレシピで言いたかったのは「生白菜や茄で馬鈴薯などにマヨネーズをかけるとおいしい」の部分だったのでしょうが、これはレシピとしては不完全ですから、多くの失敗分離マヨネーズを生み出したと思われます。

戦争末期になると、満蒙開拓団も大人だけではなく青少年や少年・少女までが対象になっていきます。次に紹介するのは満蒙開拓青少年義勇軍訓練所が出版した『日本農村と栄

イ、マヨネーズソース（十人分）

材料

卵（黄味）　一ヶ　酢　二〇cc内外
大豆油　九〇瓦　鹽　一五瓦内外
胡椒　少し

調理

卵黄味を底の圓い器にとり、大豆油を少しづゝ入れて强くかきまはす、途中酢を1/3入れ、次に油を入れ次に酢を入れる。手を休めることなくかき廻すと、トロリとする。之に鹽、胡椒を入れる。

注意

かき廻す途中で、又出來上つて暫くして卵と油と分離することがある。これは酢と油の量が調和しないときに起き易い。又油など一度に入れるとよく混和しないこともある。之を直すには殘した卵の白味を少量か又は更に別の卵の黄味を一ヶ器にとり、酢を少し入れ分離した品を少しづゝ入れながら强くかき廻せばトロリとして來る。

よく出來たマヨネーズソースはクリーム狀をなし、なめてみると僅に酸味があるが强くはない。鹽を效かして冷暗所に細口の瓶に入れておけば可なり貯へられるから少しづゝ出して野菜など和えて頂くとよい。油は香味のクセのないのがよい。

図28　酒井章平『日本農村と栄養』満蒙開拓青少年義勇軍訓練所、1944年（昭和19年）

養』（一九四四年〔昭和十九年〕）で紹介していたマヨネーズのレシピです（図28）。

この『日本農村と栄養』を執筆した酒井章平の肩書は「満蒙開拓青少年義勇軍訓練所栄養課」となっていましたから、これから大陸に渡って満蒙開拓団で活躍する青少年たちの訓練所で栄養指導、調理指導をしていたのでしょう。同じ満蒙開拓団用のレシピながら、先の「酢油ソース」のレシピよりは親切に書かれていました。「卵と油が分離した時の対処法」や「長期保存の仕方」などにも触れているので、かなり初心者向きと言えます。

満蒙開拓団向けに書かれたマヨネーズレシピ二つを取り上げましたが、この一九三九年（昭和十四年）頃から四四年（昭和十九年）頃になると、満州で稼働していた大豆油の工場では従来の圧搾法製油から有機溶剤を使った抽出法製油に切り替えられています。圧搾法と抽出法とでは油の質に違いが出るのです。

- 圧搾法：大豆を加熱する→油圧で押しつぶして油を搾る→濾過して不純物を取り除く。
- 抽出法：大豆を加熱する→有機溶剤（ノルマルヘキサンなど）で溶かす→六〇度に加熱すると有機溶剤だけが蒸発し、大豆油だけが残る→大豆油以外の不純物を取り除くために、十種類以上の濾過材を用いて純度が高い大豆油を作る。

当時の圧搾法では、濾過しても不純物がかなり残ります。保存しているうちに油が酸化したり劣化したりしやすかったのです。

また抽出法という搾り方は大正時代に開発されましたが、実際に製油工場で稼働させて作るようになったのは昭和になった頃の大連の製油所が最初だったようです。一九三九年（昭和十四年）頃から四四年（昭和十九年）頃なら、その大連の工場で作られた純度が高い大豆油を使ってマヨネーズを作っていたとしたら、なめらかで分離しにくいマヨネーズも作れていたとも考えられます。

参考までに、今日の植物油はほとんど抽出法で作られていますが、その濾過過程で使われる「濾過材」の安全性を疑問視する向きがあるのも事実です。圧搾法の油も市販されています。価格は少し高いですが、昔の圧搾法に比べて濾過方法も進化して油の品質は非常によくなっています。

戦時体制ということでもう一つ、当時のマヨネーズのレシピを紹介しておきましょう。陸軍の兵隊向けに書かれた調理テキスト『軍隊調理法』（糧友会編、糧友会、一九三七年〔昭和十二年〕）にもマヨネーズのレシピがありました。

『軍隊調理法』に書かれたマヨネーズの作り方

五四、マヨネーズの作り方（五人分）

材料

卵黄	一個
西洋酢	大匙半杯
サラダ油	一〇〇瓦
食塩、胡椒	各々少量
砂糖	少量
味の素	少量

作り方

丼或は深皿に玉子の黄味を入れ食塩、砂糖、胡椒を入れてよく掻き混ぜ、サラダ油を少しづゝ流し固くなり過ぎたる時酢を少し入れて緩るめ、更にサラダ油を少しづゝ流し込んで酢と油を交互に入れて混和す。

さすがは軍隊、分量も手際もきっちりとしています。明治時代に日本人がまねした洋食の作り方そのものです。

ただし、この作り方は二人以上で作るときのものでしょう。「サラダ油を少しづゝ流し固くなり過ぎたる時」と書いていますが、これを一人でやるとどうしても油が一度にたくさん入ってしまいがちです。マヨネーズ作りは「油を入れる」「混ぜる」を繰り返すのではなく、「油を誰かに入れてもらいながら混ぜ続ける」ことが求められるのです。軍隊の厨房ではそのような「共同作業体制」が当たり前でしたから、わざわざ「誰かに混ぜさせながら油を少しずつ注ぎ入れて……」とは表記していなかったのでしょう。

この『軍隊調理法』の初版は大正時代です。その頃にはマヨネーズがカレー粉やウスターソースと同様、日本の代表的な調味料の一つになっていたということではないでしょうか。

4 「わたし、失敗しないので」マヨネーズ

スピード・マヨネーズ

生野菜のサラダやマッシュポテトなどに使う調味料としてマヨネーズは日本人の食生活に溶け込みましたが、家庭で手作りするにはちょっと難しすぎました。フレンチドレッシングや二杯酢、ポン酢などは、使用する材料をブレンドするときの「割合」が表記されていればだいたい作ることができます。が、マヨネーズの場合はそうはいきません。油の加え方や攪拌の仕方がわかっていないと油は分離したままです。西洋料理とともに日本に紹介されたマヨネーズの味は、日本人にもすばらしい美味だったのでしょう。家庭料理の手ほどき本はその作り方を取り上げてきたのですが、じょうずに作れる人は少なかったと思われます。そこで知恵ある人が考えたのでしょう、絶対にいいいいいい油が分離しないいいマヨネーズの作り方が家庭料理の本に出ていたのです。戦前の「主婦之友」が自信をもって送り出

した「失敗しないマヨネーズ」こそ「家庭で出来る食料品の作方三百種」（「主婦之友」一九三六年〔昭和十一年〕八月号付録）に載っていたこのスピード・マヨネーズでした（図29）。味の好き好きはあるでしょうが、何はともあれ、失敗なく誰でもマヨネーズらしきものが作れるというのですから、一度やってみる価値はあります。現代の料理ビギナーにもいいとっかかりになるのではないでしょうか。

サラダ油を一滴ずつ……なんてことはしません。イラストに描いてある材料を瓶に入れて蓋をし、その瓶をシェイクするだけで油が分離しないマヨネーズが作れるという画期的な製法です。

材料（イラスト右から）

- 酢…コップ四分の一杯
- サラダ油…コップ四分の一杯
- 練乳（コンデンスミルク）…コップ三分の二杯
- 卵黄…一個
- 西洋芥子…小さじ一杯
- 塩…小さじ半杯

作ってみると、以上の材料をすべて瓶に入れて二十秒から三十秒間振るだけで、とろりと乳化したマヨネーズができます。このイラストでは細長い瓶を使用していますが、使いやすいのは四百五十CCくらいの広口瓶でした。そのまま保存容器になるし、広口だからスプーンで取り出しやすいのです。作った後、一カ

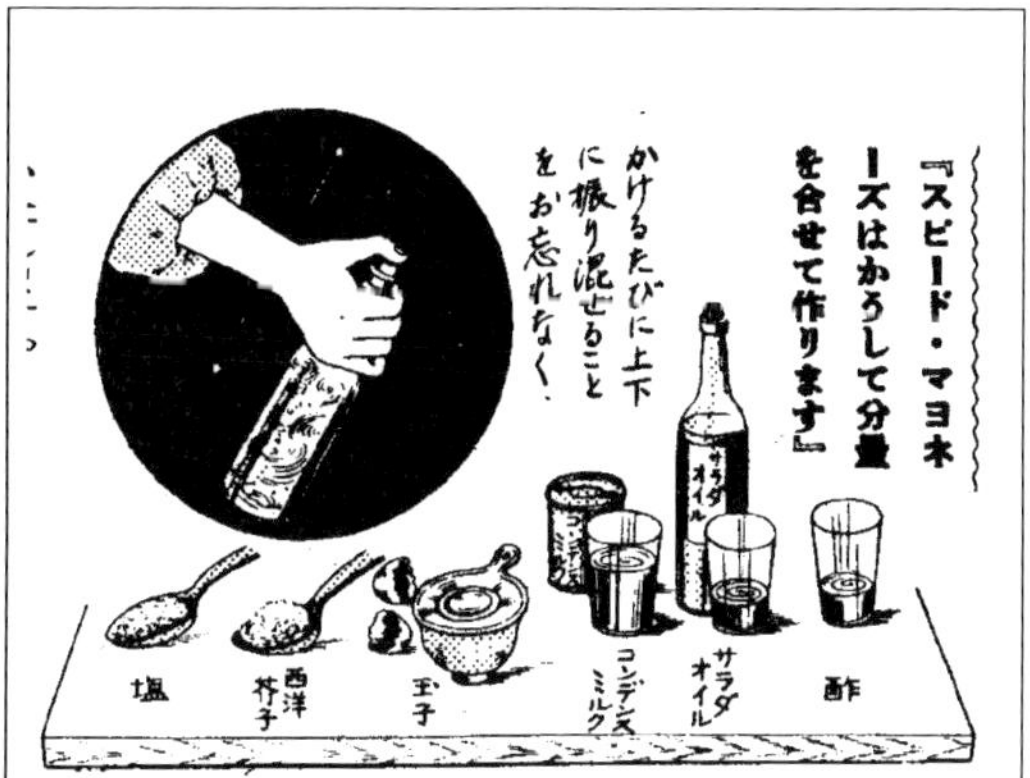

図29 「主婦之友」1936年（昭和11年）8月号付録「家庭で出来る食料品の作方三百種」、主婦之友社

月くらい使い続けましたが、油が分離することもありませんでした。このスピードマヨネーズの鍵は練乳にあります。練乳が乳化剤の役割を果たしていて、油の分離を防いでいるのです。これでしたら初心者にも難なく作れます。しかし、一つ問題もあります。練乳＝コンデンスミルクには砂糖がたっぷり入っていますから、このマヨネーズは「甘い」のです。フルーツサラダなどにはいいかもしれませんが、普通のマヨネーズに慣れている人はちょっと甘ったるいと感じるでしょう。フルーツマヨネーズとかスイーツマヨネーズとか言ってごまかしてください。

味噌マヨネーズ

「生きの良い小鰺を酢でしめて、マヨネーズ代りの味噌ソースを添へた思ひつきで……」。このような文章で始まるレシピが一九四〇年（昭和十五年）の家庭料理本にありました（図30）。

作り方を簡単にまとめるとこうなります。

- 生きのいい小鰺を三枚におろして塩と酢で締める。
- 鰺の色が白く変わったら皮をむく。
- 塩と酢で味付けしたキュウリと櫛形に切ったトマトをあしらって盛り付ける。
- 味噌フレンチ（味噌ソース）を添えて出す。

その「味噌フレンチ」とは――。

白味噌十五匁……五十六グラム
砂糖大さじ二杯……三十CC
芥子茶さじ一杯……五CC

これらをよくすり混ぜたら、サラダ油大さじ十杯（百五十CC）を少しずつ加えなが

図30　「主婦之友」1940年（昭和15年）1月号付録「一年中の経済料理の作方六百種」、主婦之友社

ら混ぜ、好みの量の酢を加えて仕上げます。

これが一九四〇年（昭和十五年）の味噌マヨネーズですが、マヨネーズと酢味噌が同類であることの証明になりますね。

マヨネーズ：卵黄（蛋白質）＋サラダ油（油脂）＋ビネガー（酢）
味噌フレンチ：味噌（大豆蛋白質）＋サラダ油（油脂）＋穀物酢（酢）

マヨネーズと味噌フレンチの構成はそっくりです。この味噌フレンチは、和食で言うところの酢味噌にサラダ油を加えたものと言えます。一九四〇年（昭和十五年）のレシピでは「サラダ油を少しずつ加えながら混ぜる」となっていましたが、実際には油を一気に全量入れても問題ありません。卵黄を使ったマヨネーズだったら油を少しずつ入れないと乳化できなくて分離してしまいますが、大豆蛋白質の場合はレシチンが含まれているため分離せずに乳化します。マヨネーズ作りの最大の難関と言われた「乳化」の壁は、味噌を使えば楽々超えることができたのでした。

バターマヨネーズ

キリスト教徒で女性教育者でもあった櫻井ちか子が一九二五年（大正十四年）に出した『楽しい我が家のお料理』（実業之日本社）（図31）という料理本で、「マヨネーズ代用ソース」という名称で紹介していたのがバターマヨネーズでした。「マヨネーズソースは旨（おい）しいものですが、熟練しないと作りにくいものです」と櫻井先生が最初から説明しているくらい、マヨネーズ作りは難しいというのが社会一般の常識だったのでしょう。

図31　櫻井ちか子『楽しい我が家のお料理』実業之日本社、1925年（大正14年）

材料の欄には卵が書いてありませんでしたが、製法を読んでいくと「玉子の黄身一個を小鍋に入れて」とあるので、卵黄を使っていることがわかります。

作り方をわかりやすく書き直してみました。

・バター以下の材料すべてを鍋に入れて、ごく弱い火にかけて煮立ったら火を止める。
・別の鍋に卵黄を入れて溶きほぐしたところに、煮立てたバター以下の材料を加える。この鍋は直火でなく、湯煎にかけて、煮すぎないように加熱する。
・冷まして保存すれば一週間はもつ。

こちらのマヨネーズは、サラダ油（いわゆる植物性油脂）を使わずバターを使っています。バターと酢、砂糖を加熱して溶け合ったものが溶き卵と合体して湯煎で温められるとクリーム状になっていきます。酢を入れずに砂糖をうんと増やして冷やせばアイスクリームみたいになるでしょう。酢が入っていることでマヨネーズのカテゴリーに入っているという感じの、マヨネーズ風ソースなのでした。バターを使っているせいか、マヨネーズよりもこってりしていて生野菜のサラダにはあまり使いたくない感じがしましたが、サンドイッチなどでパンに塗ると結構いけます。

二倍に増えるマヨネーズ

図32は二倍に増える！と、失敗しない！の二枚看板を掲げたマヨネーズレシピです。しかし、戦後九年たって食糧事情もよくなってきた頃ですから「二倍に増やす」必要もなかったと思われますので、メインテーマは「失敗のないマヨネーズ・ソースの作り方」のほうだったのでしょう。

作り方を書き出してみました。

- いきなりサラダ油と湯を混ぜ、そこに小麦粉を加えて弱火で煮ると、小麦粉が乳化剤の役割をして油の分離を妨げる。
- 弱火で煮つづけると、とろみがついた透明のホワイトソースというか、糊みたいなものができる。
- 冷ましてから芥子、塩、砂糖、胡椒と全卵を加えて混ぜる。
- その後はかき混ぜながらサラダ油を少しずつ加えるとソースが固まってくる。
- 仕上げに酢を加えて固まったソースを緩める。

最初に小麦粉と湯、サラダ油を混ぜていますが、この小麦粉をもっと多くすれば西洋料理で揚げ物の衣などに使う「バッター液」になります。ここでは小麦粉が乳化剤となって油の分離を防いでいます。ここでもし水のかわりに牛乳を使えば、ホワイトソースっぽいクリーム状になるでしょう。そういうところは第2節の「小麦粉マヨネーズ」の作り方と似ています。

「わたし、失敗しないので」マヨネーズのまとめ

トロリとした口当たりのマヨネーズソースは、日本人が

図32 「婦人倶楽部」1954年（昭和29年）6月号付録「夏のお惣菜料理」、大日本雄弁会講談社

「ぬた」を食べるときに使っていた「酢味噌」の酸味を抑えて甘みやコクを強くした新しいタイプの「和え物のたれ」でした。洋食屋では洋皿に盛り付けたフライ類やサラダ類にかけて食べるものだったはずですが、日本人はこれまで酢味噌や酢醤油で食べていたお浸しやなますなどにも使い始めたのでした。植物油を使っているだけあって酢味噌や酢醤油などよりもコクがあり、淡泊な和食が洋食っぽくなるところが目新しかったのではないでしょうか。

しかし、憧れのマヨネーズを作ってみようとしても「乳化」という高いハードルがなかなか越えられなかったはずです。油を一滴一滴加えながら、ひたすら泡が立たないようにかき混ぜなければ失敗する。それが現実だったから、当時の婦人雑誌や料理テキストでは「失敗しない」＝分離せず、簡単に乳化できる作り方を載せていたのでしょう。そこに戦時の食糧不足も加わって、「卵がなくても作れる」とか「油がなくても作れる」マヨネーズが注目されました。

昭和の初期から戦後の一九六五年（昭和四十年）頃までの料理本で紹介していたような、いわゆる規格外マヨネーズが存在した理由は、①誰でも失敗せずに乳化できる方法、②卵や油などがなくても代用品で作れる方法、などが必要とされたからだと考えられます。

そしてこのようなマヨネーズの作り方こそ、正統派とか正しいマヨネーズとかを「へ」とも思わない日本食文化のたまものだったのでしょう。

日本食は、このようにして進化してきたのではないでしょうか。マヨネーズ生誕の地ではきっと正しいマヨネーズの定義なるものがあるのでしょうし、それは尊重すべきだと思いますが、だからといってその定義から外れるマヨネーズは作っちゃダメ！ということではありません。日本で使われている漢字だって、漢字が誕生した中国での読み方以外はダメ！ということはないでしょう？　日本独自の読み方があるように、日本独自のマヨネーズがあってもいいのです。

しかし、結局日本人はたとえ失敗しないようなマヨネーズであっても、家庭で自分で作ることよりも既製品を買うことを選択したのでした。卵や油を使わないマヨネーズを自分で作っていたのがかつての日本人で、現在の日本人はそれらをスーパーマーケットの棚で探すのです。

5 マヨネーズの広告集

自分で作るのはなかなか難しいマヨネーズですから、大正時代には食品会社が作った既製品が販売されていて、婦人雑誌にも広告を載せていました。

キューピー印マヨネーズの広告

大正末期の雑誌に出ていた瓶入りキューピー印マヨネーズの広告です（図33）。同じ囲みのなかに並んでいる食品類には、「粉紅茶」「豆を焙煎して挽いたコーヒー豆」「濃縮果実飲料の素」「サラダ油」「葡萄酒」などが見られます。国産の果物作りを奨励していた頃で、山梨の葡萄でメドック葡萄酒、レモンなどの果実を使ったフジスカッシなどが作られていました。世界最大の大豆生産地だった満州で採れた大豆を大連の製油工場で抽出法によって製油できるようになったことで、サラダ油を大量に安価で使えるようになったのもこの頃です。このような新しい製油技術が純度の高いサラダ油の製造と低価格化を可能にし、マヨネーズの普及に役立ったと考えられます。

図33 「婦女界」1926年（大正15年）5月号、婦女界社

ダンス印マヨネーズソースの広告

マヨネーズソースの文字の下に「応用料理法　一個毎に添付」とありますね（図34）。

マヨネーズを使った料理法を書いたリーフレットを商品に付けて販売して、マヨネーズの普及を図っていたのでしょう。

タマゴマヨネーズとスポーツマン印マヨネーズの広告

婦人雑誌に載ったものだけでもいろいろなマヨネーズ広告を見ることができます。ダンス印とかタマゴマヨネーズ（図35）、スポーツマン印（図36）、ウサギ印など、昭和初期には瓶入りマヨネーズのメーカーもたくさんあったようです。

メランジーの広告

その一方で、安さを求めてか「家庭用カンタン廉価マヨネーズ手作りセット」みたいなものも発売されていたのです。それがこの「メランヂー」です。宣伝文句によると「マヨネ

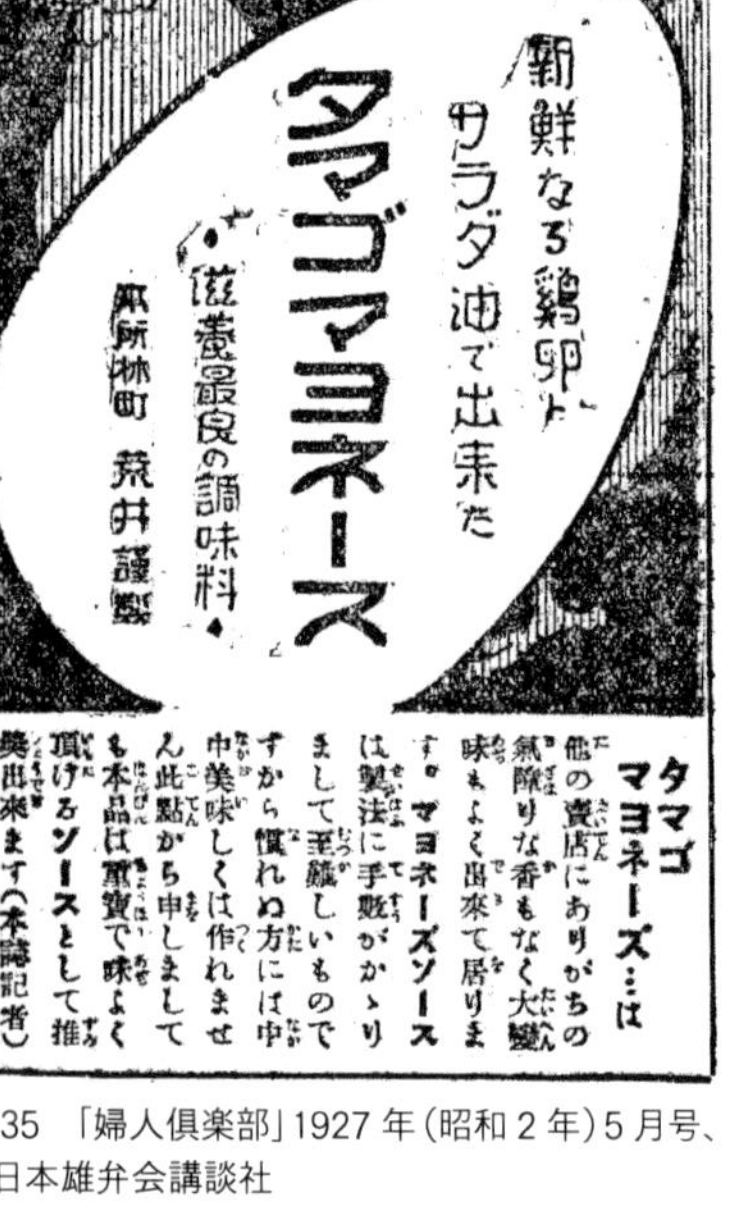

図35　「婦人倶楽部」1927年（昭和2年）5月号、大日本雄弁会講談社

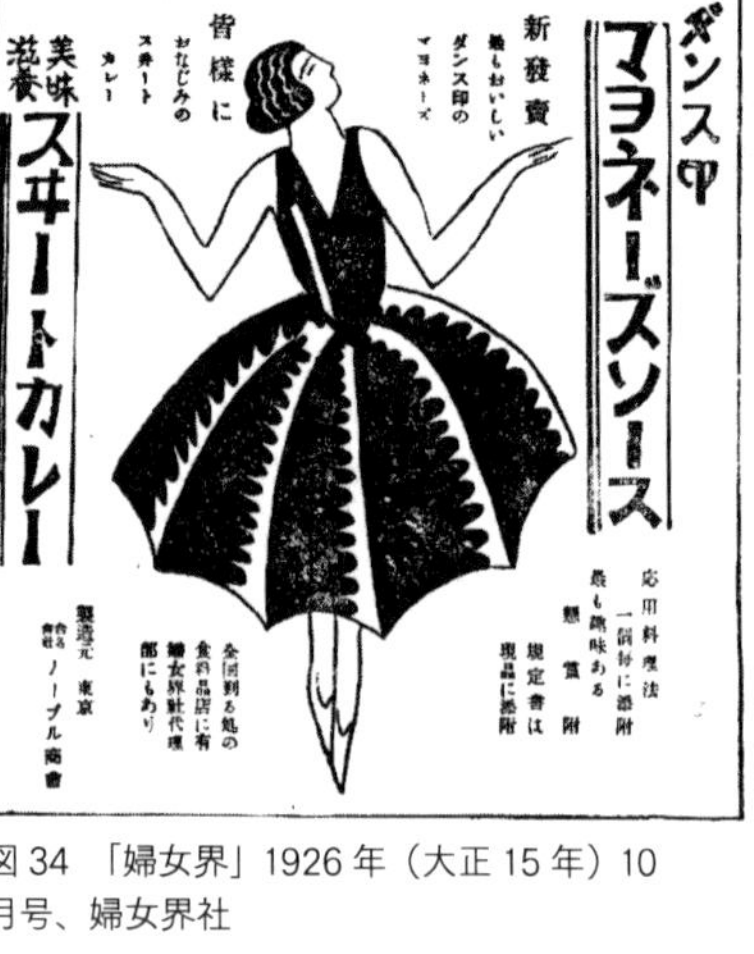

図34　「婦女界」1926年（大正15年）10月号、婦女界社

ーズ界ノ一大革命！」です（図37）。

「驚ク程安価！　従来市価ノ五分ノ一」「市販のマヨネーズは高価である！が、メランヂーならその五分の一の安さだ！」とその安さを謳っています。広告文の最後の部分にはメランヂーのほかに「小出サラダオイル二〇〇Ｇ入」と表記していることから推測すると、メランヂーとは、マヨネーズ製造過程の「サラダ油を一滴一滴落とす」前段階まで作ったものだと考えていいのではないでしょうか。すなわち、「卵と塩、酢、胡椒、などはぜんぶメランジーに入っていますから、あとは別売りの小出サラダ油を入れて混ぜるだけですよ」というのがこの商品なのでしょう。でも、もし生卵を使っていたらすぐに腐敗してしまいますから、生卵のはずはありません。とすると、すでにこの頃市販されていた乾燥「粉卵」を使っていたのではないでしょうか。現代人には信じられないかもしれませんが、全卵の粉卵も卵黄だけの粉卵もすでに市販されていた証拠が図38の広告です。

図36 「料理の友」1936年（昭和11年）10月号、料理の友社

図37 「料理の友」1936年（昭和11年）10月号、料理の友社

粉末鶏卵の広告

「粉末鶏卵（こなたまご）と云ふ大そう重宝なもの」と広告文の最初に謳っています。使い方は「少量の水で練り潰してからだんだん水を増やして練ると生卵同様になる」と書いてあります。今日だったらフリーズドライで作るところでしょうが、当時は電熱乾燥で粉末にしていたようです。この乾燥粉卵は水分を抜いているから長期保存ができ、軽量化されているから輸送しやすかったので、戦場へ送る兵食として重宝されていました。広告文にも玉子焼き、茶碗蒸

し、オムレツ、お菓子作り、炒り卵などにも使えると書かれています。二十一世紀の今日でも、食品加工メーカーでは安い輸入粉卵を使ってこれらの加工食品を作っているケースもあります。日本のマヨネーズを掘り下げていっているうちに、現代加工食品製造の裏側にまでたどり着いてしまったようです。

「キューピーマヨネーズ」——節米とマヨネーズとの関係

「節米」という言葉が使われたのはせいぜい一九五〇年（昭和二十五年）頃までのことで、七〇年を境に日本の米はだぶつき始めるので米を節約する必要はなくなりました。しかし、満蒙に出兵し大東亜共栄圏構想をもっていた当時の日本はとにかく米が足りなかったのです。その頃のマヨネーズ広告です（図39）。マヨネーズの広告に「節米」という文字が見られるのは、この時代ならではのことです。

一定の広さの農地で収穫できる農産物のカロリーを計算すると、米よりも芋類のほうが高かったので、米よりも芋を作ったほうが「腹の足し」になったわけです。戦中・戦後には、日本中で米のかわりに芋を作ることが奨励され「節米には芋料理の普

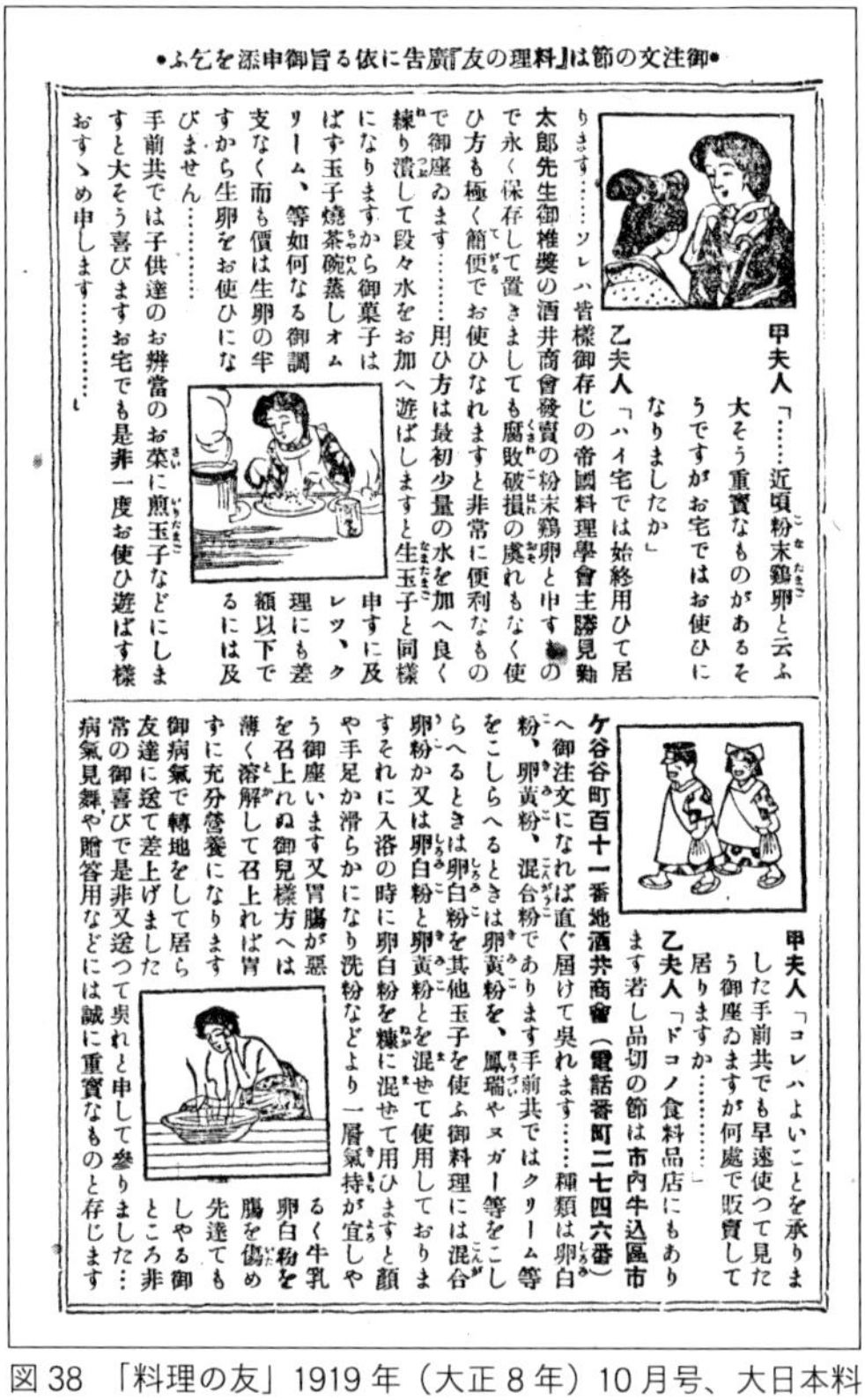

図38　「料理の友」1919年（大正8年）10月号、大日本料理研究会

図39　「同盟グラフ」1941年（昭和16年）8月号、同盟通信社

及」が必要でした。とはいえ、広告に書かれているように、茹でたじゃが芋とマヨネーズで作ったポテトサラダをご飯のかわりに主食にしていたかというとそんなことはしていませんでした。日本人は長い間米を腹いっぱい食べることに憧れ続けてきたので、ペーストのようなポテトサラダではなく、つぶつぶの米粒＝炊き上がったご飯を食べなければ収まらなかったのです。それが「食習慣」というものです。いくらお上が「マヨネーズを使ってポテトサラダを作ればめしの代わりになる」と号令をかけても、そうはいきません。せっかくの広告もあまり効果はなかったようで、日本人はポテトサラダを作って食べることよりも、じゃが芋（馬鈴薯）から「コメもどき」を作ることを目指したのでした。馬鈴薯を細かく切って固茹でにした後、天日で乾燥させた「馬鈴薯米」製造法を婦人雑誌でも紹介していて、「料理の友」一九一九年（大正八年）十月号の広告には馬鈴薯米製造器が出ていました（図40）。「てこ」応用の馬鈴薯みじん切り器です。この「剪理器」で細かく切った馬鈴薯を水に晒す。その水を天日で乾燥させると、でんぷん粉（今日市販されている片栗粉がこれです）が採れます。そして、晒した馬鈴薯を茹でて干すと馬鈴薯米ができる……という仕組みです。

この方法で、たしかに米粒状のみじん切り馬鈴薯が作れますが、所詮固茹で馬鈴薯の乾燥品ですから、米を炊くのとは違ってちょっとコツがいるようです。馬鈴薯米を単独で炊くと、ぼろぼろに壊れてしまって失敗します。せいぜい米：馬鈴薯米＝7：3程度の混合比で炊くのが関の山でしょうか。米の増量剤の域を超えていませんでした。

そんな馬鈴薯米から見たら、マヨネーズを使ったポテトサラダはお金持ち的ご馳走だったのかもしれませんが、それでも日本人は米粒の呪縛から逃れることができなかったようです。結果、せっかくのマヨネーズも国策の節米には役立たなかったということでしょう。

図40 「料理の友」1919年（大正8年）10月号、大日本料理研究会

第3章 日本のソース

1 ニッポンのソース道

日本のソースとは新醤油のことだった

刺し身にソースはいけないのか？　天麩羅をソースで食べてはいけないのか？　和食は醤油で洋食はソース、と決まっているのだろうか。

昔ながらの伝統食を誇りにしているとかいっても、日本人は外国から入ってきた食文化をわりにすんなりと受け入れ、すぐさまそれを同化させる食生活を営んできたのです。もし「伝統」というのだったら、すんなり同化させることが「伝統」だったのかもしれません。

明治維新以降、外国から入ってきた洋風調味料御三家がソース、カレー粉、マヨネーズで、日本人はこれまでの伝統よろしくそれらを見事に同化させてしまったようです。

ウスターソースが日本に入ってきた明治時代といえば、江戸時代には高級品だった醤油が一般家庭でも普通に使えるくらいに普及した時代です。刺し身に醤油、煮物にも醤油、焼き物、漬物、生卵、なんにでも醤油をかければおいしくなる。これが明治時代の日本の食常識でした。

と、そこに現れたのが、見た目は醤油にそっくりのウスターソースでした。西洋料理では一つの料理に対して一つのソースを作りますから「ソースはそのつど作るもの」でしたが、ウスターソースはすでに瓶詰の市販品があり、それが日本に入ってきたので、日本人に「ソースとはウスターソースのことである」という認識を植え付けたのでしょう。イギリス・ウスター地方で生まれたウスターソースが日本でどのような進化を遂げて、今日の「ソース」にたどり着いたのか。食の鑑識家はイギリス流のウスターソースからニッポンのソースに至るまでの証拠物を集め回ったのでした。

和食はショーユで洋食はソースなのか？

「目玉焼きには醤油ですか？　ソースですか？」

「天麩羅を食べるときにソースをかけるなんて……」

「○○地方ではソースカツ丼が名物なんですって」

これらは、私が食文化に関心を持ち始めた一九七〇年代によく言われていたことです。その背景を考えると、醤油で食べるのは和食、ソースで食べるのは洋食という、いたって単純な分け方による認識があったのではないかと考えられます。

今日ではそれほど見かけなくなりましたが、街の食堂に行くとテーブルの上に醤油さしとソースさしが対になって並んでいました。醬油もソースも同じ容器で、違いといえばキャップ（注ぎ口）の色が赤と青になっていることくらいでした。それをまねたのか、家庭の食卓にも同じように醬油さしとソースさしがひな人形よろしく鎮座ましましていたものです。

生まれたときからこのような食卓環境で食事をしていたら、◯◯には醬油、××にはソース、を判断する基準はどうやって身につけるのでしょうか。親がやかましくしつければ子どもは学習してそれに慣れていきますが、子どもの好きに任せていたら刺し身にソースという組み合わせも全然不思議ではないはずです。

しかし、ウスターソース発祥の地イギリスで、テーブル上にソースさしを置いているなんてことはたぶんないでしょう。イギリス生まれのウスターソースですが、日本では本国とはずいぶん違った育ち方をしたようです。

明治維新以来、欧米のテーブルマナーまでそっくりコピーしようとした洋食屋の洋食と庶民レベルの洋食とでは、ウスターソースの扱い方が異なっていました。庶民レベルの洋食では、醬油と同じような使い方でウスターソースを使っていたのです。庶民レベルでいう洋食はソースをかけた料理と言ってもいいくらい、日本人は「洋食＝ソース」と感じていたようです。それを表しているのが昭和前半にはやった「一銭洋食」でしょう。水溶き小麦粉を鉄板で薄焼きにして、ソースで味付けをする……そう、あのお好み焼きの「具がないバージョン」です。これを洋食と呼んだのはソース味だったからでしょう。同じ水溶き小麦粉でも、蒸したり茹でたりして、あんこや味噌味、醬油味にすると「まんじゅう」「団子汁」「五平餅」などの和食になります。つまり、日本の庶民の食事ではソース味が洋食の条件だったのではないでしょうか。

日本に洋食文化が広まり始めてから百五十年くらいたちます。その間に、この日本でソースはどのような進化を遂げたのでしょうか。明治から昭和の料理本、生活雑誌、婦人雑誌などに書かれていたソースの作り方や使い方などから、日本人とソースとの付き合いを調べてみました。

ウスターソースの定義

フランス料理などでいうソースは、それぞれの料理ごとに作られる「液体調味料」のことです。しかしわが日本の人々は、そのソースの一種類であるイギリス・ウスター地方のウスターソースだけが「ソース」であると認識してきたようです。オイスターソースとかベシャメルソースとかデミグラスソースなどは特殊なモノであって、単にソースといえばウスターソースのこと……というのが日本の常識になり、そしてこのソース（あくまでもウスターソースです）こそが洋食の証しであり、和食＝醤油、洋食＝ソースという図式が根付きました。

日本人にとってのソース（あくまでもウスターソースです）は日本国内でどんなふうに作られてきたのでしょうか。ソースが和食に与えた影響はどんなものだったのでしょうか。

まず、日本で一般的にソースと呼ばれているウスターソース、現在その定義はどうなっているのでしょうか。ＪＡＳ規格によると――。

ウスターソース類

次に掲げるものであって、茶色又は茶黒色をした液体調味料をいう。

1　野菜若しくは果実の搾汁、煮出汁、ピューレー又はこれらを濃縮したものに砂糖類（砂糖、糖みつ及び糖類をいう。以下同じ。）、食酢、食塩及び香辛料を加えて調製したもの

2　1にでん粉、調味料などを加えて調製したもの

このようになっていました。そして、ウスターソースに使ってもいい原材料は次のものです。

次に掲げるもの以外のものを使用していないこと。
1、野菜及び果実
2、砂糖類
3、はちみつ
4、食酢（醸造酢に限る。）
5、食塩
6、香辛料
7、調味料
8、酒類
9、でん粉

これを見るかぎり、ウスターソースの主たる原材料は「野菜及び果実」で、それ以外は砂糖や酢などの調味料ばかりです。たしかイギリスのウスターソースはにんにくや玉葱などとともに塩漬け鰯（アンチョビ）などを発酵させて作っていたと思うのですが、日本のウスターソースにはアンチョビが使われていません。イギリスのウスターソースでは鰯の塩漬けを発酵させ、そこで生じるウマミの素であるアミノ酸がソースの味を形成しますので、これを使わなければウマミがないソースになってしまうのではないでしょうか。

このような実に単純な疑問から日本のウスターソースの作り方を調べてみると、ウスターソースの作り方は大きく分けて二通りありました。一つは工業的製造法、つまり販売を目的として工場で大量生産するソースです。もう一つは家庭で作る自家用ソース。この二種類のうち、工業的製造法のほうはいたって専門的であり、専門性が高い分野だから書かれた資料の数も少ないのです。反対に家庭で作る自家用ソースの作り方のほうは食糧物資が不足した戦中・戦後などにたくさん書かれていたので手に入りやすかったため、まずは家庭で自家用に作るソースのほうから話を展開しますが、これがなんと、醤油ベースで作るソースだったのです。

2 醤油からソースを作る日本人

終戦直後の家庭でできるソース作り

一九四五年（昭和二十年）の敗戦から八カ月後の「主婦之友」一九四六年（昭和二十一年）四月号（主婦之友社）の裏表紙がこれでした（図41）。「家庭で手軽に出来る醤油とソースの作り方」と書いてありますが、よく読んでみると醤油もソースも「の・ようなもの」であることは一目瞭然です。何がビックリと言っても醤油の作り方には驚きました。

まず醤油の作り方を読み解いてみるとこうなります。

- ベースになるのは「海水」。
- こんがり焼いた昆布や若芽などの海藻、炒った大豆、ニンジンなどのくず野菜を海水に入れて煮込む（可能であ

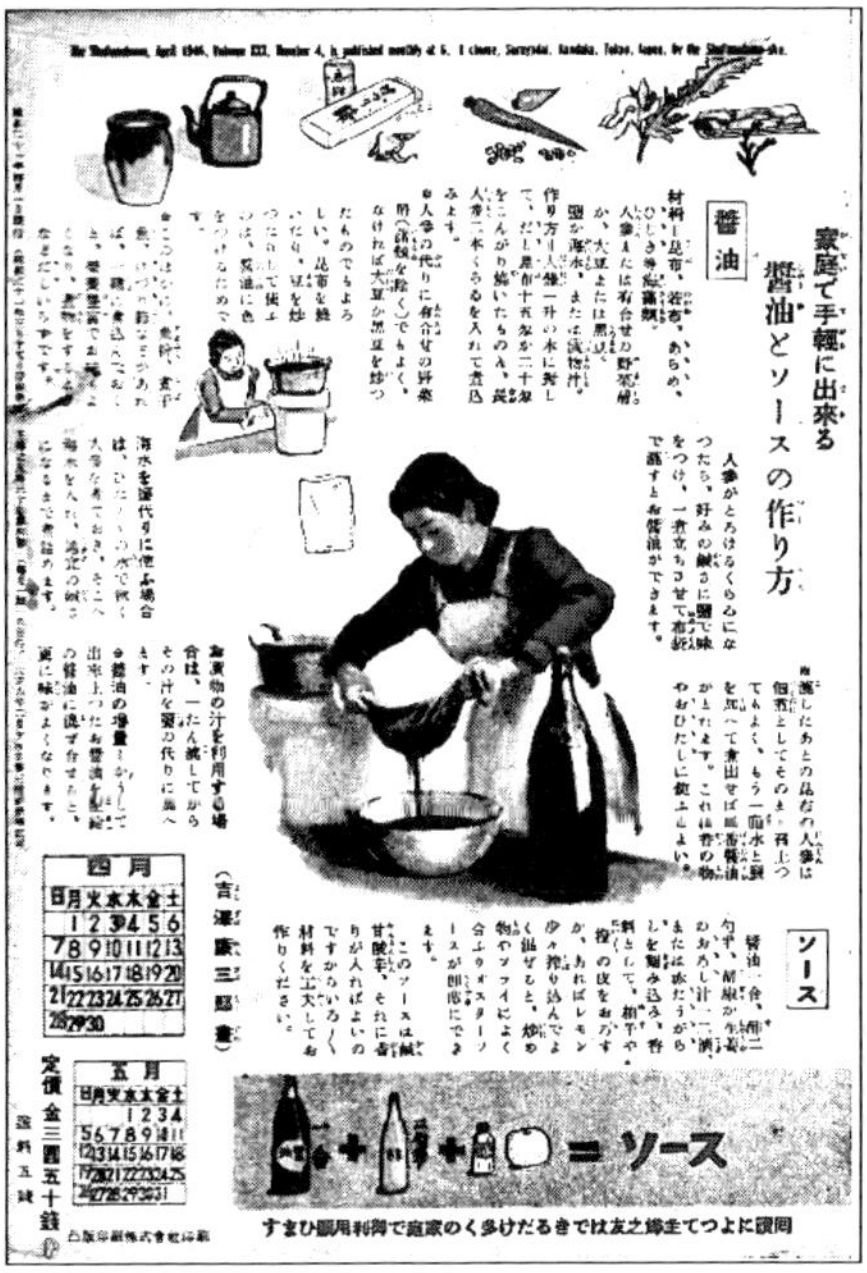

図41 「主婦之友」1946年（昭和21年）4月号、主婦之友社、裏表紙

れば、魚粉、煮干し、けずり節を入れるといい)。

• 醬油らしいしょっぱさになるまで煮詰めたら布で濾す。

こうしてできた液体が一九四六年(昭和二十一年)の手作り醬油でした。大豆や昆布などはウマミをつける目的ではなく、醬油の「色付け」として使っていたようです。

本来の醬油造りは蒸した大豆と炒った小麦に麴菌を混ぜて寝かして「こうじ」を作り、そのこうじに塩水を加え、酵母を加えて発酵させるのですが、発酵から熟成に六カ月から十二カ月以上かかります。この「主婦之友」で紹介している「手軽に出来る醬油」はこうじも醗酵も熟成もありませんから、できた醬油は「色が黒くてしょっぱい液体」でしかなかったでしょう。

そこで問題のソースです。この裏表紙の下方部分に、少しだけソースのスペースがあります。そこにあるイラストを見てください。

醬油一合、酢二勺半(四十五CC)に赤唐辛子、レモンでソースになる、となっています。

醬油やソースは本来、醗酵させたり熟成させたりして作るものなのに、こちらはなんと、ただ混ぜるだけ。加熱も煮詰めることもしないでソースが作れるのですから、たしかに「手軽」ではあります。本来のウスターソース製造法は、アンチョビを発酵させていましたから、日本のしょっつる(魚醬)の類いと似ていました。大豆から作れる日本の醬油ももともとは魚醬の魚を大豆に置き換えたものですから、本式の造りをした醬油をベースにしてウスターソースを作るのならまだわかりますが、しかし、このソースはイギリス・ウスター地方で誕生したあのウスターソースとは似ても似つかぬ(色だけ似ている)液体調味料ではないでしょうか。

家庭料理の本、専門料理の本、農産加工の専門書などで様々な醬油やソースの作り方を見てきましたが、これほど本来のものからかけ離れたレシピは見たことがありません。私が見てきたなかでは日本食の歴史上最も劣悪な品質の醬油&ソースレシピと思われますが、だからといってこの「主婦之友」のレシピを非難しているわけではありません。それどころか、敗戦後の極端な食糧不足のなかで醬油やソースのようなものを作ってみせた知恵と工夫と生活力に敬意を払っています。「醤油がない！　ソースがない！」と泣きわめいて文句ばかり言っているよりも、海藻でも海水でも、手に入るもので食いつなぐ力こそが食文化を生み出してきたのでしょう。

調理の専門書でも「醤油からソースを作る」とされていた

一九四六年（昭和二十一年）、つまり終戦直後は燃料にする薪さえ欠乏していたような異常事態でしたから、海水を使うなどという最悪のレシピにならざるをえなかったとしても、その二年後の四八年に政府の機関である食糧文化協会から出版された『調理の基本』という小冊子ならばまともなレシピがあるのでは、と期待して開いてみました。

調味品として取り上げられていた「ソース」の部分を要約すると、「普通わが国で使用されているのはウォスターソースである。醤油にニンジン、玉葱、野菜汁、有機酸、その他香辛料類を加えて煮詰めて胡椒、醋酸を加えたものである。味付けにみりんや味の素を使う」。こう書いてありましたから、やっぱりここでもソースのベースは醤油でした。もっと言うと、醤油ベースでソースを作るのは政府のお墨付きだったということでしょう。

女子大学の先生も醤油からソースを作ると教えていた

戦前は婦人割烹講習会長、戦後は共立女子大学講師として家庭料理の指導に尽くした宇野九一が「お料理の研究」一九五四年（昭和二十九年）十二

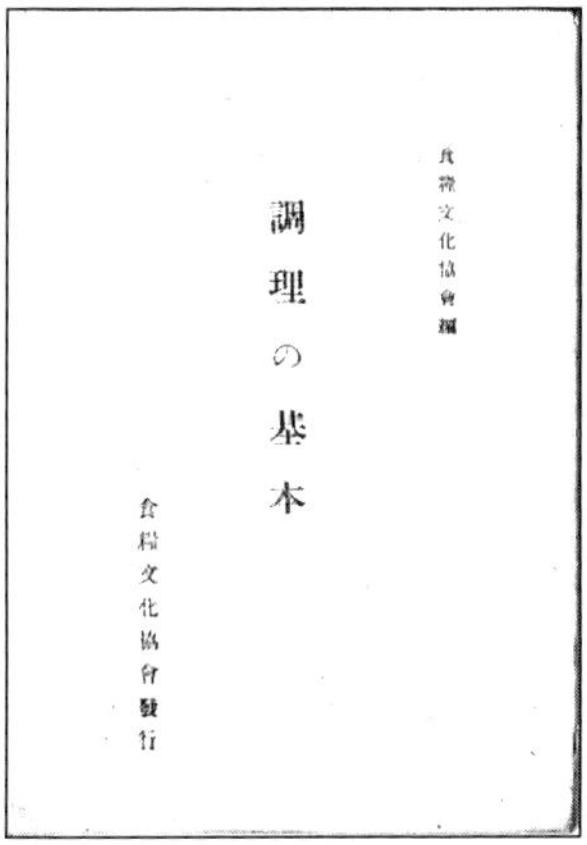

図42　食糧文化協会編『調理の基本』食糧文化協会、1948年（昭和23年）

月号（東京高等栄養学校出版）に書いたウスターソースのレシピを見つけました。さすがは和食、洋食ともに極めた方で、香辛料なども本格的なものを選んでいますが、ここでもベースになっているのは、やはり醤油でした。

○一升分の材料＝玉ねぎとニンジンと生姜五十匁づつ、ニンニク二十匁、塩三十匁、醤油四合、四八％醋酸五勺、胡椒大匙二杯、香料として桂の葉二十枚、ナメツグ（ママ）一個、桂皮大匙三杯、丁字十五粒。

○作り方＝野菜を細かくきざみ水一升加えて半分に煮詰めて笊で粗漉しする。次に漉した汁に塩、醤油、砂糖を加えて十分間煮立て、香料全部と醋酸を加えて四分間煮て火からおろし、蓋をして一晩おく。木綿の袋に入れておしをかけて漉す。

（「お料理の研究」一九五四年〔昭和二十九年〕十二月号、東京高等栄養学校出版、二七ページ）

一九五四年（昭和二十九年）の資料ですから、戦後九年たって「もはや戦後ではない」に近づきつつあったはずなのですが、日本のソースはやっぱり醤油ベースから抜け出していなかったようです。

戦後のソースが醤油ベースだったことはわかりましたが、では戦前もそうだったのか、それとも戦前は欧米同様の「醤油ベースでない」ソースを作っていたのか、それを知るために戦前の料理本を調べてみました。

戦前にさかのぼっても
ソースのもとは醤油だった

図43は「婦人倶楽部」一九四〇年（昭和十五年）七月号付録「経済な夏の洋風お惣菜」（大日本雄弁会講談社）という料理本に出ていた「普通のソース」の図版です。

「普通のソース」と表記している……ということは、西洋料理では様々なソースがあって、ウスターソースもそのなかの一つであることを承知している人がこのレシピを担当したわけなので本来のウスターソース製法は知っていたと思われますが、やっぱり醤油ベースの作り方でした。欧米のソースのように果物を使うことはなかったようですが、ニンニクや玉葱などの香味野菜類は使っています。

同年の別の料理本には同じような醤油ベースソースが出ていて、作り方がもう少し詳しく書いてありました（図44）。

千八百ミリリットルのソースを作るために使用する醤油の分量が四割の七百二十ミリリットルですから、これまた醤油ベースのソースというわけです。

ここで取り上げた二冊の

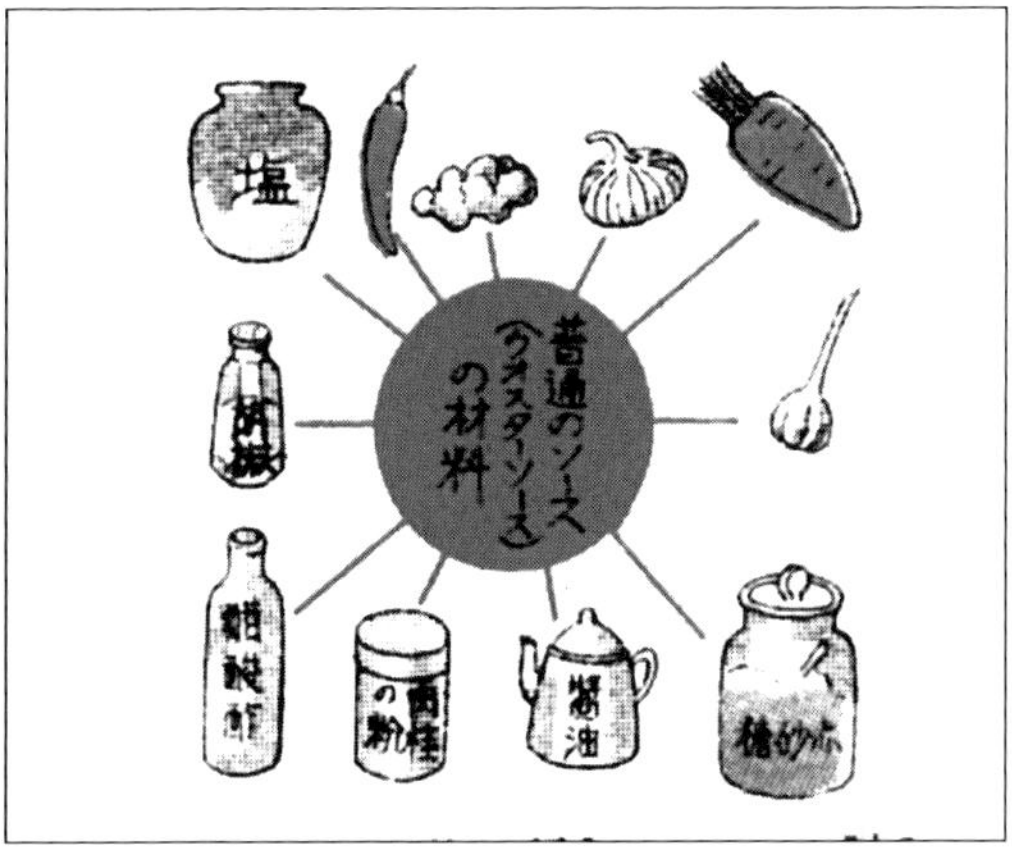

図 43 「婦人倶楽部」1940 年（昭和 15 年）7 月号付録「経済な夏の洋風お惣菜」、大日本雄弁会講談社

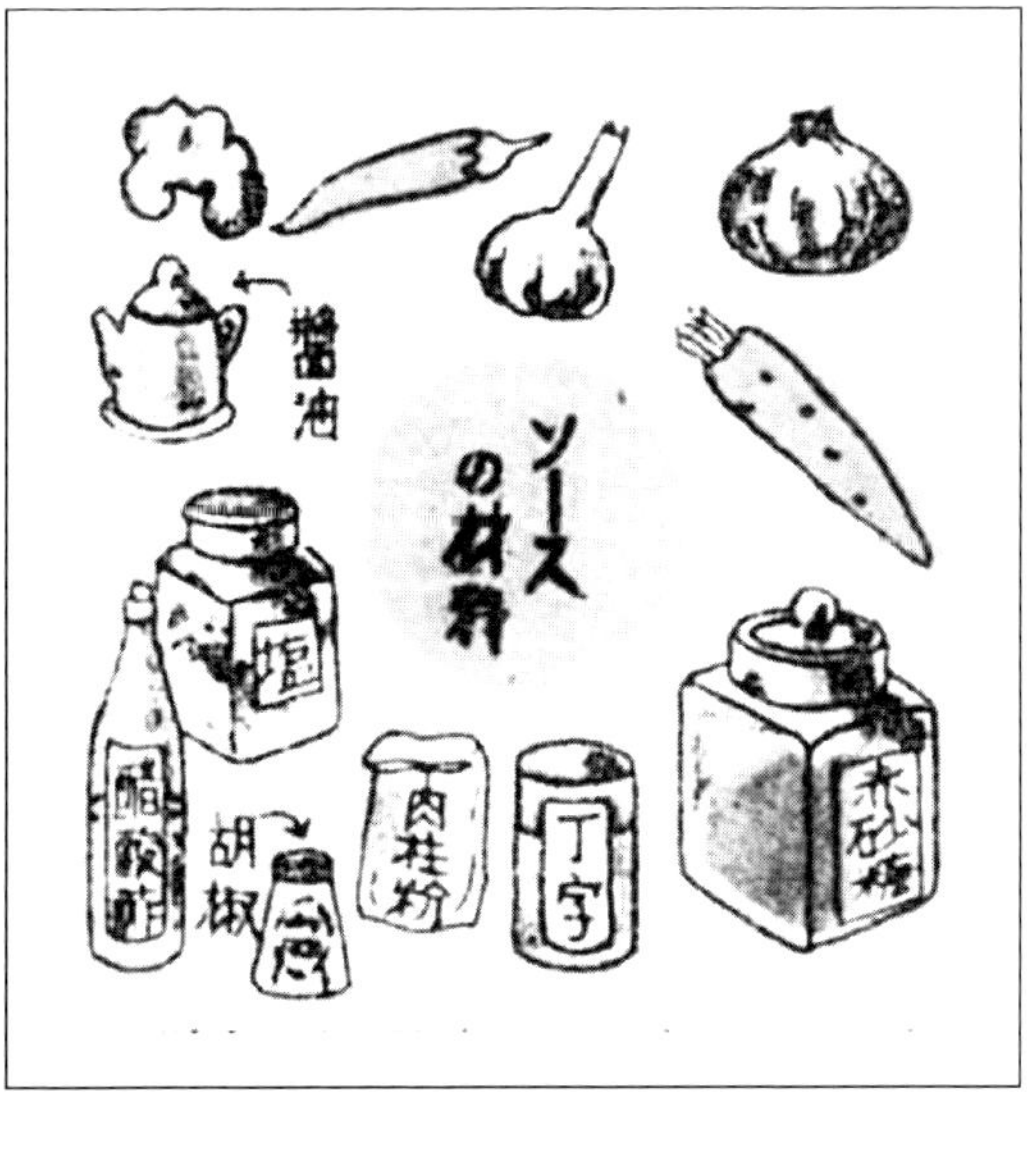

図 44 「婦人倶楽部」1940 年（昭和 15 年）10 月号付録「お台所新体制 燃料と食品の経済宝典」、大日本雄弁会講談社

料理本はどちらも大日本雄弁会講談社から出ていた「婦人倶楽部」の付録ですから、購読者層も都会に住んでいるハイカラな奥様方だったと考えられます。では、農村の奥様方を対象にした料理本ではどうだったのか？ということで開いてみたのが、農村に住む人を対象としていた月刊誌「家の光」（産業組合中央会）でした。「家の光」一九三三年（昭和八年）三月号に自家製ソースの作り方が掲載されていますが、小見出しがなんともストレートに「自家製醤油でソースを造る」となっていました（図45）。

農村の場合、醋酸酢とかハイカラな香辛料類が手に入らなかったのでしょう。普通の酢とかカレー粉などを使っています。そのカレー粉でさえ「これはなくてもよろしい」ですから、こうなると洋食に使うソースというよりは「野菜汁入りの酢醤油」と言ったほうがいい代物のようです。

醤油メーカーのソース製造

日本有数の醤油メーカーであるキッコーマンの広告に、醤油、みりんに次いで「キッコーマンソース」という表記がありました（図46）。

醤油の老舗であるキッコーマンがソースを作るとなると、やっぱり醤油ベースなのかどうか、『キッコーマン醤油史』（キッコーマン醤油、

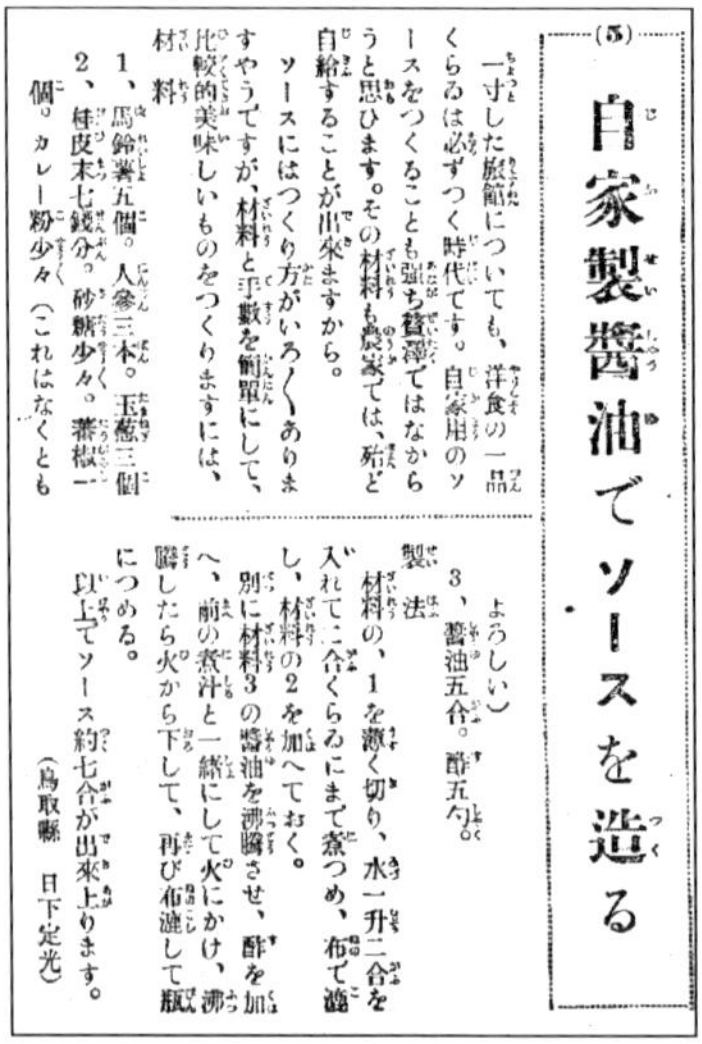

（5）

自家製醤油でソースを造る

一寸した献立についても、洋食の一品くらゐは必ずつく時代です。自家用のソースをつくることも強ち贅澤ではなからうと思ひます。その材料も農家では、殆ど自給することが出來ますから。

ソースにはつくり方がいろ〳〵ありますやうですが、材料と手數を簡單にして、比較的美味しいものをつくりますには、

材料

1、馬鈴薯五個。人參三本。玉葱三個

2、桂皮末七錢分。砂糖少々。蕃椒一個。カレー粉少々（これはなくともよろしい）

3、醤油五合。酢五勺。

製法

材料の、1を薄く切り、水一升二合を入れて二合くらゐにまで煮つめ、布で漉し、材料の2を加へておく。

別に材料3の醤油を沸騰させ、酢を加へ、前の煮汁と一緒にして火にかけ、沸騰したら火から下して、再び布漉して瓶につめる。

以上でソース約七合が出來上ります。

（鳥取縣　日下定光）

図45 「家の光」1933年（昭和8年）3月号、産業組合中央会

一九六八年〔昭和四十三年〕）で調べてみました（図47）。

それによると、キッコーマンソースに醤油は使っていません。この『キッコーマン醤油史』に書いてあったソース作りのコンセプトを抜き出してみるとこうなります。

キッコーマン・ソースは日本の風土、習慣、嗜好等を深く考慮して、原料を精撰するとともに在来のものに比して、さらに十数種の原料を加え、長期醸造法によって成分、香気を融和させ、特有の風味を醸して、日本人の味覚に合ったものとしたのである。

（キッコーマン醤油『キッコーマン醤油史』キッコーマン醤油、一九六八年〔昭和四十三年〕、二二〇ページ）

海外への輸出も手掛けていた日本を代表するような企業ですから、具体的な製造法は当然社外秘でしょう。製造工程図とこの文章から判断すると、醤油ベースのソースではなかったのは確かです。

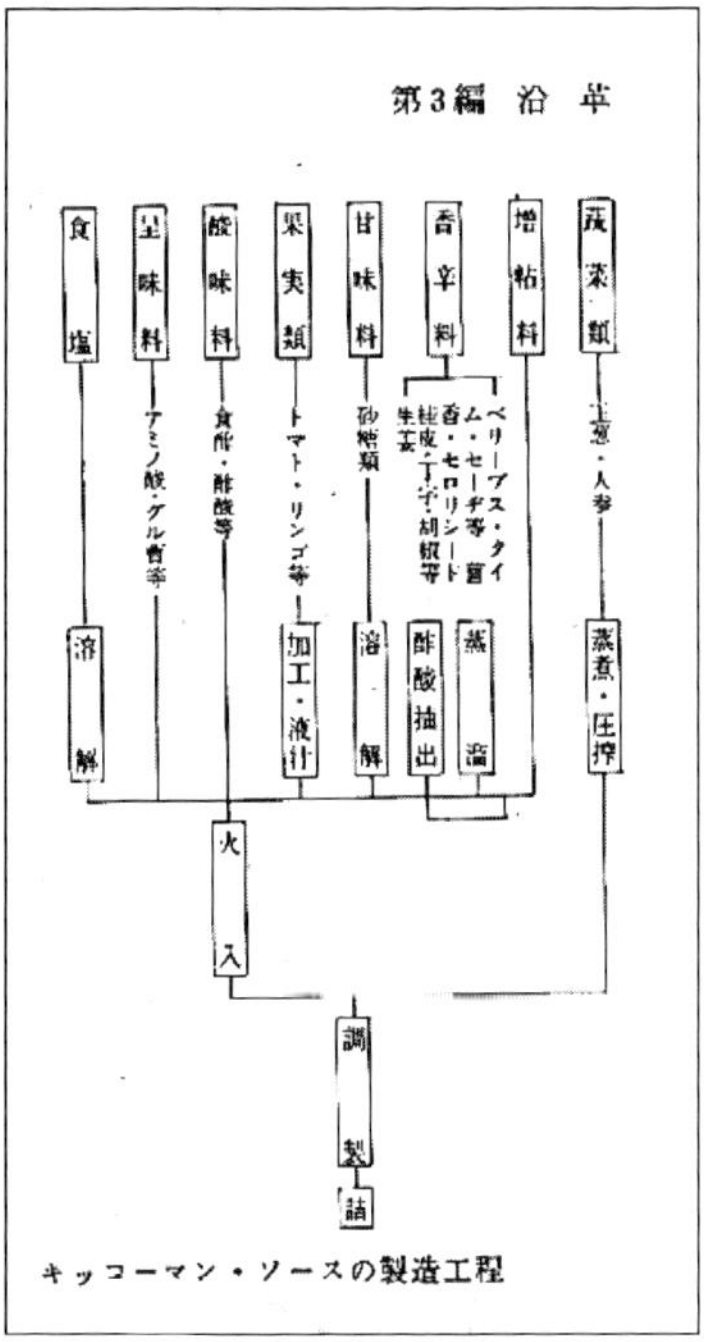

図47　キッコーマン・ソースの製造工程（出典：キッコーマン醤油『キッコーマン醤油史』キッコーマン醤油、1968年〔昭和43年〕）

図46　「婦人之友」1938年（昭和13年）1月号、婦人之友社、広告

専門書に見るウスターソース製造法

日本国内で西洋料理に使うソース作りが始まったのは明治時代です。最初はイギリスで書かれた専門書や外国の料理人から学び取ったようですが、工業的生産では醬油メーカーなどが「日本的製造法」を開発し始めます。ウスターソースの本家であるイギリスではウスターソースは「隠し味」程度の使い方をされていたのですが、日本では醬油に代わるというか、新しいタイプの醬油という認識で製造されたと思われます。

明治の終わり頃からソース作りの会社を経営してきた社長が書いた『ソース製造法』が一九三〇年（昭和五年）に出版されていました。ソース製造会社を経営すること三十年の社長がそのノウハウを書いた本です。前書きには「劣悪なソースが後を絶えないことに業を煮やし、長年蓄積してきたソース作りの秘訣を公開した」と書いてありました。

ソース作りに適した水の選び方やそれぞれの材料の選び方などが最初に書かれていて、その後に原材料リストがありました。これはあくまでも大衆向けに市販する工業的・大量生産的なソースの製造法です。

ウスターソース製造に用いる原材料

淡水……一石二斗
昆布……六百匁
玉葱……七貫匁

図48　松山虎之助『ソース製造法』昭和ソース原料株式会社、1930年（昭和5年）

にんじん……一貫匁
生姜……八百匁
大蒜……七百匁
唐辛子……三百匁
トマトパルプ（トマトソース）……三升
砂糖……七貫匁
カラメル……一貫二百匁
食塩……六貫匁
桂皮……二百匁
にくづく（ナツメグ）……六十匁
丁香（ちょうじ）……一百匁
白胡椒……一百六十匁
カルダモン……十五匁
オールスパイス……六十匁
アミノサン……三升
セイジ……八十匁
タイム……八十匁
ベイリーブス……六十目
氷醋酸……一升三合

原材料それぞれの分量や細かい作り方は割愛しますが、「昆布」を使うところを除いては、このリストを見るかぎりかなり本場の作り方を踏まえていると思われます。

このリストにアンチョビは載っていません。本場イギリスでも最初の頃のウスターソースにはアンチョビを使っていたけれど、その後アンチョビなしで作るようになったようなので、その製法を採用したのでしょう。アンチョビという動物性蛋白質を使わなければウマミのもとであるアミノ酸も少なくなります。それを補ってウマミを生み出す原料として昆布を使ったと考えられます。

また、リストの終わりから五番目に書いてある「アミノサン」は化学的に製造されたもので、詳しくは次のように説明しています。

> アミノサンは大豆、小麦等の蛋白質の化学的分解作用に依つて生成された塩類で「グルタミン酸塩」「ロシシン」「ヒスチヂン」等を含有してゐるものである。之は大豆、小麦等の蛋白質を主要原料として理想的添味料としての液体調味料として精製したものである。而も味と栄養と価格の諸点を最も顧慮して創製した点に於ては他品に冠絶してゐる。
>
> 近時醤油、ソースの調味料として最適品として称用せられ、夏季に於てさへも、発酵、腐敗、変味等は絶対になきを保証されてゐる。
>
> （松山虎之助『ソース製造法』昭和ソース原料株式会社、一九三〇年〔昭和五年〕、三五ページ）

「アミノサンは大豆、小麦等の蛋白質の化学的分解作用」で作られたものと書いてあります。これ、「味の素」のことではないでしょうか。一九〇九年（明治四十二年）に発売されたうまみ調味料・味の素は当初小麦粉を原材料としてアミノ酸を製造したものでしたから、このソース製造法が書かれた三〇年（昭和五年）頃にはすでに商品として存在していました。その味の素を使ったかどうかは書いてありませんが、基本的な製造法には特許権があったから、ほかの会社がおいそれと作れるものではなかったはずです。本文では「液体調味料として精製したもの」と書いていますから、味の素のような粉末状ではなかったのでしょう。その濃度がどのくらい濃いのか薄いのかがよくわかりませんが、使う分量を見るとこうなっています。

ソースの仕込み水が一石二斗ということは百二十升、一升が一・八リットルですから百二十升は二百十六リットル。この二百十六リットルの仕込み水に対して使う液体アミノサンの量が三升となっていますから五・四リットル。仕込み水の二・五パーセントの液体アミノサンを使っていることになりますから、アミノサンによるウマミはかなり強かったのではないかと推測されます。

ウマミのほうは化学的製造法によるアミノサン三升（五千四百ＣＣ）と天然昆布六百匁（二千二百五十グラム）によって出したことがわかりましたが、しょっぱさや甘さはどうだったのでしょうか。

リストによると、食塩が六貫匁（約二十二・五キロ）で砂糖が七貫匁（約二十六・二五キロ）となっています。塩と砂糖を六対七の割合で水に溶かしてみましたが、そう極端に甘さは感じません。砂糖は、塩味を引き立てるための隠し味の役割だったのではないでしょうか。

結論として、このリストに書いてあった原材料のなかでソースの味を主に形成しているのは塩、砂糖、氷醋酸、液体アミノサンであり、そのほかの原材料は刺激、香り、風味をつけるために入れているということでしょうから、日本の工業的ソース製造法は最初の頃から化学工業的だったのではないかと推測されます。

何でも自家調達する軍隊のソース製造法

軍隊の場合、戦場、特に最前線ではできるだけ煮たり焼いたりの調理をせずに食べられる携行食品（缶詰など）を用いましたが、後方基地や軍艦などでは、可能なかぎり食料品の現地調達をしていました。味噌や醬油、酒などは内地（日本本土）から輸送して賄い、マヨネーズやソースは手作りでした。軍隊で炊事を担当する兵士のために書かれた調理の手引書『軍隊調理法』にあった「ソースの製法」から、その原材料を書き出してみました。

・醤油　一リットル
・氷醋酸　五十ミリリットル
・丁字末　十グラム
・屑野菜　四百グラム
・煮出汁　若干
・食塩　七十五グラム
・胡椒　八グラム
・赤唐辛子　四グラム
・赤砂糖　二百二十グラム
・水　十八リットル

いの一番に醤油、そこに「煮出汁と屑野菜」を加えていますから、これは「出汁割り醤油」のようなものでしょう。あとは丁子（クローブ）、胡椒、唐辛子、砂糖、塩などを混ぜるだけなので、作り方というよりはブレンドの仕方と言ったほうが適切かもしれないようなソースレシピでした。軍隊でこのような醤油ベースソースの作り方を覚えた人が除隊後故郷に帰って「ソースはこうやって作るんだ」と広めていったから、醤油ベースのソースがさらに一般的になって普及した可能性も考えられます。

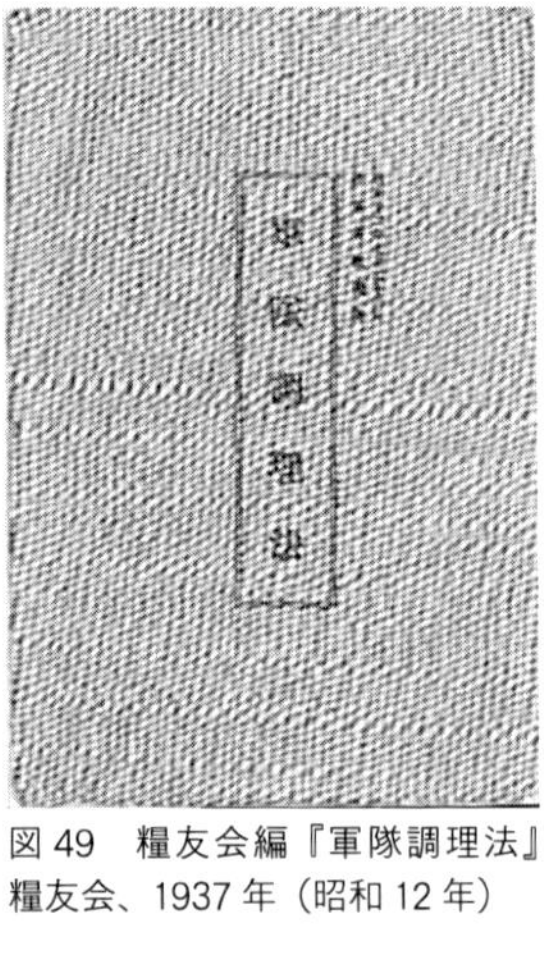
図 49　糧友会編『軍隊調理法』糧友会、1937 年（昭和 12 年）

3 ソースを使った和食の実例とその証拠となるレシピ

洋食の日本化とウスターソースが「おソース」になった道のり

明治時代にイギリスから入ってきたウスターソースを日本ではどのようにして作っていたのかを検証してきましたが、今度はそうやって作った日本版ウスターソースをどう使って食べていたのかを探ってみます。

一般的に和食は「醬油」、洋食は「ソース」だと言われてきたと私たちは思っていますが、本当にそうでしょうか。醬油とソースはそんなに違うのでしょうか。

調味料といえば塩、味噌、酢、醬油が主体だった日本人にとってウスターソースという調味料は、当初は「洋食の味」そのものだったのかもしれません。しかし、日本人は持ち前の同化力、すなわち和食化力で和洋の垣根を越えていたのではないでしょうか。その証拠となる「和食にウスターソース」の実例を、昔の料理本から引っ張り出してみました。

①鶏の洗いをソースで食べる

『四季の料理――ラジオ放送』（日本放送協会関東支部編、日本ラヂヲ協会、一九二七年〔昭和二年〕）に「鳥の洗い」をソースで食べるという例がありました。

［作り方］
・薄切りにした鶏肉を沸騰した塩湯でしゃぶしゃぶのようにさっと茹でて冷ます。
・刻みキャベツとともに氷の上に盛り付ける。
・これをつけて食べる紫蘇酢は、火にかけてアルコールを飛ばしたみりんに水溶き片栗粉でとろみをつけ、酢、塩、みじん切りの紫蘇を混ぜて作る。ただし、紫蘇酢がなければ生醤油かソースでもよい。

この最後の一文にソースが出てきています。たしかに紫蘇酢はみりんの甘み、酢の酸味、塩のしょっぱさ、香味野菜として紫蘇の香りがありますから、受ける印象がウスターソースにどことなく近いと思われます。料理名が「洗い」になっているので何となく刺し身っぽい、和風っぽい感じがしてしまいますが、ウスターソースで食べると酢醤油みたいで違和感はありませんでした。

②馬鈴薯のソース漬け

これは茹でた馬鈴薯を一晩ソースに浸しておくという漬物でした（図51）。生食では消化しづらい馬鈴薯も、マッチ棒くらいの細切りにして熱湯にくぐらせれば食べやすい固茹でになります。茹ですぎるとポロッと壊れやすいので、茹ですぎないことがコツでしょう。これを一晩ソース漬けにするとソースの味が染み込みますが、固茹でなのでコリッとした歯触りが残ります。やや甘みが強い中濃ソースなどを使うと、まるで福神漬けみたいに仕上がりました。

図50　日本放送協会関東支部編『四季の料理——ラヂオ放送』日本ラヂヲ協会、1927年（昭和2年）

馬鈴薯のソース漬

馬鈴薯といふ感じがなく、風變りなお漬物で、お料理の付合せにしても面白味のあるものです。

材料 大粒の馬鈴薯五、六個、ウースターソース三勺、パセリ少々、鹽二摑み。

準備 馬鈴薯の皮をむき、マッチの軸ほどの繊にきざみ、笊に入れたまゝ熱湯をくゞらせ、鹽をふりかけ、水をきつておき、パセリは微塵に切つておきます。

漬け方 馬鈴薯が冷めましたら鉢か丼にとり、パセリをふりかけ、ウースターソースを注ぎかけ、壓蓋をして強い壓石をかけ、一晩おいて頂きます。（堀内雄三）

図51 「婦人倶楽部」1933年（昭和8年）9月号付録「美味しいお漬物八十種」、大日本雄弁会講談社

③ソースカツ丼

カツ丼と言っても、切ったトンカツを醤油、みりんと出汁で甘辛く煮て、卵でとじたものではありません。

レシピに書いてある「卵」はトンカツを揚げるときの衣に使う卵であって、トンカツをとじるためのものではありません。こうして揚げたトンカツとラードで炒めた玉葱を熱いご飯に乗せ、そこに温めたウスターソースをかけています（図52）。

④古沢庵のソース漬け

これを紹介していたのは一九三八年（昭和十三年）の料理本ですが、戦前の料理本には「古沢庵」がよく出てくるのです（図53）。前著『刺し身とジンギスカン』で紹介した「沢庵まぶし刺し身」と同じような使い方です。古漬けの沢庵ですから、きつい醗酵臭がします。これをほどよく抜

図52 「婦人之友」1937年（昭和12年）1月号、婦人之友社

カツ丼

豚肉、玉葱、粉、玉子、パン粉、揚油、ウスターソース。

豚肉は普通のカツレツのやうに揚げ、三分巾位に切つておき、玉葱は薄く、ざく／＼切つて、ラードでいため、温い御飯を丼に入れその上にカツレツをおき、玉葱を添へソースを温め、上から少しふりかけ、蓋をして出します。

くには、細かく切ることと、水を数回取り替えて手早く揉み洗いすることです。水に長く浸しすぎると「うまみが抜け」てしまいます。四、五回水を替えて洗った後でギュッと絞ると味は残り、臭みが薄れます。これをソースに漬け込んでも不思議としょっぱくはなりません。沢庵が古漬けになったときに生じる酸味とソースの酸味が打ち消し合うのか、あまり酸っぱいという感じもしないのです。例えて言うと、戻した割り干し大根で作ったハリハリ漬けのような食感と味でした。

⑤ご飯にソースをかけただけの料理

昭和の末期に日本の牛丼店がアメリカに上陸したとき、牛丼の「具」である牛肉だけを先に食べて残ったご飯にはテーブルに置いてあった醬油をかけて食べるアメリカ人が意外に多かったことをニュースで見た記憶があります。それと同じような光景が昭和初期の大阪の梅田阪急百貨店でも見られたそうです。ただし、阪急のほうは醬油ではなくソースでした。

梅田阪急百貨店の大食堂の人気メニューはカレーライスでしたが、カレーよりもずっと安いただのライスだけを注文し、そのライスにテーブルに置いてあるソースをかけて食べる客がいたそうです。昭和恐慌のときだったから、カレーライスさえ注文できない客がいたのでしょう。最初は渋っていた百貨店側ですが、小林一三社長が「ライスだけでもお客はお客、大切にしなさい」と、「ライスだけのお客様、歓迎」の張り紙

古澤庵のソース漬

材料 古澤庵、胡瓜、青紫蘇、鹽、ウオスターソース。

漬け方 (1)古澤庵は、なるべく薄く小口切りにしてボールに入れ、水を少々加へて四、五回揉み洗ひして固く搾つておきます。

これは強い酸味を除くためで、洗ひ過ぎると却て味が失せますから、一寸味をみて、加減をします。

(2)胡瓜は、種子のあるものは二つ割にして種子を出し、小口から薄く切り、紫蘇は重ねてくる〱と捲き小口から細く切り、胡瓜と一緒にして鹽をパラリと撒り、ざつと揉んで搾り、澤庵と一緒にし、丼に入れて混ぜ合せ、ウオスターソースを注いで壓してみて汁がにじむ程度にし、落し蓋をして輕い重石をのせておきますと、一時間後には頂けます。

図53 「婦人倶楽部」1938年(昭和13年)4月号付録「春夏秋冬家庭料理大全集」、大日本雄弁会講談社

を出させた話は有名です。

これはご飯に鰹節と醤油をかけたご飯とか、バター醤油をかけたご飯同様、いまでもお金がないときに経験する人も多い食べ方でしょう。

和食を代表する白米、その白米をウスターソースだけで食べるなんて、ソースを使った和食の最たるものではないでしょうか。

⑥冷奴にウスターソース

現在も続いている婦人雑誌「婦人之友」(婦人之友社)の初期に次のレシピが掲載されていました。

豆腐を氷水に冷しておき、ふきんに取って水を去り、適宜に庖刀し、醤油で薄めたウスターソースをかける。

(「婦人之友」一九一一年〔明治四十四年〕八月号、婦人之友社、一一五ページ)

冷奴は現在とほぼ同じものですが、「醤油で薄めたウスターソースをかける」ものはなかなかお目にかかれません。

和食とか日本食という言葉にこだわる人たちは眉をひそめるかもしれないし、エスニック食材も料理のグローバル化も何でもこい!の人たちは「新しい試み」とみるかもしれません。しかし、明治時代に初めてウスターソースを手にした日本人にしてみれば、「醤油+ウスターソース」はごく自然だったと考えられます。本場イギリスでは調理の下ごしらえで使う調味料とされていたのでしょうが、日本人にしてみればウスターソースは日本の醤油に酸味とスパイ

図54 「婦人之友」1911年(明治44年)8月号、婦人之友社

シーな香りを添加した新醤油だったのです。見た目も似ているし……。試しにやってごらんなさい、醤油に一〇パーセントから二〇パーセントのウスターソースを加えて冷奴にかけて食べると、酢醤油にも似た夏場にうれしいさっぱり味でなかなかいけます。

ウスターソースはイギリス生まれ、これは間違いありません。しかし日本に上陸してからは日本独自の進化を遂げて、事実上和食の調味料になっていたと言えそうな気がします。

⑦鯖の昆布巻き蒸しにソースをかける

「鯖の昆布巻き蒸」を紹介していたのは戦後九年目の雑誌でした（図55）。イラストからわかるでしょうが、塩を振った鯖の切り身を昆布でくるりと巻いて、それを蒸し器で蒸したものです。注目すべきは最後の「備考」部分です。「西洋皿にして野菜を添えて、ソースをかけて供してもよろしいです」とあります。鯖に塩をして昆布巻きで蒸して供してもよろしいです」とあります。鯖に塩をして昆布巻きで蒸しますここまでは明治維新以前からの伝統的和食と言えますが、備考部分が加わると急に洋食っぽく見えてきます。

婦人雑誌の付録に代表される家庭料理本をたどってみると、昭和に入った頃からそれまでの和食に洋食や中華食の要素を取り入れる傾向が強くなっていくのがわかります。イギリスやアメリカと戦争をしていても中国と戦っていても、こと料理に関しては洋食と中華食を貪欲に和食化していました。戦後になると戦勝国であるアメリカ文化への憧れが強くなったのか、洋食礼賛に拍車がかかります。明治時代の日本人がウスターソースを「酸味とスパイスを添加した新醤油」と

図55 「婦人生活」1954年（昭和29年）8月号付録「一年中の家庭日本料理独習書」、婦人生活社

鯖の昆布巻き蒸

材料（五人前）鯖五切　だし昆布　塩　醤油

作り方

(1) 鯖は三枚に卸して一人前ずつの切身にして塩をふつて、三十分くらいおいてから布巾で拭いておきます。

(2) だし昆布は、よく砂をおとして、ぬれ布巾で拭いて、二つ折に魚を包める大きさに切ります。

(3) 魚を昆布で柏餅のように包み、皿にのせて蒸器に入れて蒸します。

お味がうす塩かと思う場合は醤油を上からかけてもよく、昆布が軟かくなりましたら食べ頃です。

備考 お客用なら、昆布を取つてかけ醤油し、西洋皿にして野菜を添えて、ソースをかけて供してもよろしいです。

（菊池　千里）

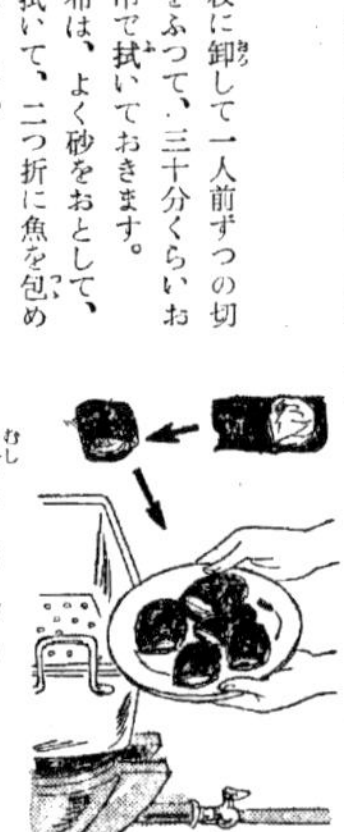

蒸いわしの酢味噌かけ

材料（五人前）いわし十尾　味噌　三十匁　玉葱一個　古生姜少々　砂糖　酢　煮出汁　胡椒　塩

作り方

位置づけていたのとは異なり、戦後の人々はウスターソースを使っているから洋食すなわち文化的な食だと考えていたのではないでしょうか。

⑧刺し身のグラビアページにソースの広告が……

図56は家庭料理本の巻頭グラビアですが、刺し身ばかりのページなのに広告が「キッコーマンソース」というのは不思議です。天麩羅料理のグラビアページであれば「サラダ油」といったように、広告を載せる場合、普通はそのページに関連がある商品を載せるのですが……。

考えられることは二つ。一つは今後、新しい食べ方として「刺身をソースで食べること」がはやるかもしれない、または、はやらせたいと思ったから。そしてもう一つは、日本人にとってウスターソースは醤油の一種という感覚だったので、刺し身をソースで食べることに大した抵抗がなかったから。いまとなっては真相は不明ですが、「刺し身にソースは和食をばかにしてる！」と言った人と「刺し身にソースかぁ、それもいいかも」と言った人と、どっちが多かったのでしょう。

⑨支那の餃子をソースで食べる

日本人の食生活にすっかり定着した焼き餃子。全国展開する

図56「主婦之友」1938年（昭和13年）新年号付録「冬の和洋料理千種の作方」、主婦之友社

チェーン店もあるほどですが、その焼き餃子を食べるときのタレはたいてい「酢＋醤油＋辣油」のようです。なかには「酢だけ」とか「酢＋辣油」という人もいますが、持ち帰りの餃子に付いているタレは酢醤油ですね。

〔支那のぎやうざ〕寒い夜などによくするこの「ぎょうざ」は、小麦粉を塩と水とでかためにねり、半日ほどねかしておいてからうすくのし、柏餅のやうにして中に葱、人参、葉菜類などの野菜の尻尾、屑などを利用してこまかく切り油で炒めたものを包んで、口もとを一寸ひねり、茹でたり、いためたりして熱いうちにソースで頂きます。

（「婦人之友」一九四五年〔昭和二十年〕一月号、婦人之友社、二三ページ）

この資料は「婦人之友」一九四五年（昭和二十年）一月号に載っていたものです。敗戦七カ月前のものですから、日本国内ではまだ餃子という料理は珍しい「支那料理」の一つと認識されていました。ちなみに日本国内で餃子が頻繁に見られるようになるのは戦後十年くらいたってからで、「餃子の購入量日本一は○○だ！」などと騒がれるようになるのは一九八〇年代のことです。

この戦争末期の雑誌記事には、はっきりと「熱いうちにソースで頂きます」と書いてありました。この「婦人之友」はかなりお金持ちのインテリ層に読まれていた雑誌で、戦中・戦後の料理関連記事は澤崎梅子という和洋中の家庭料理に長けた人が書いていました。

「ぎやうざ」の説明を読んでも今日の日本の餃子とは違っていて、中身の「餡」よりも外側の「皮」に重点が置かれています。そして問題のタレですが、酢＋醤油ではなく、ソースと書かれています。戦争末期の食糧不足で、醤油も味噌も塩や砂糖も配給でしか手に入らないという特殊な事情が絡んでいたのかもしれませんが、見方を変えればウスターソースを酢醤油の一種と見なしていたと言えるのではないでしょうか。明治時代にソースのことを「新醤油」とも言った日本人ですから……。

⑩あの八百善でもソースは新醤油だった

江戸時代から昭和まで二百年以上続いた伝説の割烹店・八百善で最後の料理長となったのが山本恵造さんでした。その山本さんが一般の料理店や家庭料理でもすぐに応用できるような料理本『お客料理十二カ月』(「主婦之友の生活叢書」第二十一巻)、主婦之友社、一九四九年〔昭和二十四年〕)を出しています(図57)。

現代人に八百善といってもピンとこないかもしれませんが、一言で言うと超高級料理店で、伝説となっている逸話には事欠きません。例えば江戸時代には、「茶漬けを食べたい」と注文したものの、いつまでたってもお茶漬けが出てこない。とことん待たされた客が「なんでこんなに時間がかかるのか?」と聞いたところ「茶漬けに使う水をただいま玉川まで汲みに走らせているので」と答えたという話も。味のほうはとんでもなくうまかったようですが、お値段のほうもとんでもなく高かったそうです。

その八百善最後の料理長が書いた料理本にも、調味料としてソースが登場していたのです。その一つ「ソース餡」の作り方はこうなっています。

> ソース餡は、ソース七分、水三分に薄めて煮立て、片栗粉の水溶きを引き、とろりとさせます。
>
> 皿にサラダ菜を敷き、揚げたてのまんじゅうを二箇ずつ盛り、人参を上にぱらりと飾り、ソース餡をかけます。

このソース餡をつけて食べる料理は「洋皿肉まんじゅう」となっています。

図57　山本恵造『お客料理十二カ月』(「主婦之友の生活叢書」第21巻)、主婦之友社、1949年〔昭和24年〕)

［肉まんじゅうの作り方］
・茹でてつぶした馬鈴薯と小麦粉を練って、まんじゅうの皮にする。
・みじん切り玉葱とひき肉をこの皮で包み、油で揚げる。

これは、作ってみると今日の肉まんとは違って、ピロシキや揚げ餃子に似た「揚げ肉まん」でした。これにかけるのがソースと水七対三に水溶き片栗粉を加えて加熱した「ソース餡」なのです。ごく普通のウスターソースと片栗粉で作ってみると、まるで酢醤油、すなわち餃子のタレのとろみつきになりました。

もう一つこの料理本で紹介していたのが「割りソース」です。こちらは「蟹の柚子釜焼き」用となっていました。

［割りソースの作り方］
出汁：ウスターソース＝3：7に砂糖少々を加え、煮立てて作る。

［蟹の柚子釜焼きの作り方］
・柚子の頭部分を切って中身をくりぬく。
・茹でてほぐした蟹、煮上げた細切り椎茸とニンジン、卵の黄身を混ぜて柚子釜に詰める。
・切っておいた柚子の頭を蓋にして天火で焼くか蒸す。

このアツアツ蟹料理を柚子釜から取り出して「割りソース」で食べるわけです。このソース、味のほうは甘しょっぱくて少し酸味があり、そこにとろみがつくので、酢味噌に似ていたものの酢味噌ほどネットリしてはいません。

ソース餡と割りソースという、ウスターソースを使った二つの「付けだれ」を八百善最後の料理長が一九四九年(昭和二十四年)の料理本で紹介していたわけです。この本の後書きに「外国文化を取り入れる事ももちろん結構ではありますが、従来の日本の長所を失うことなく伸ばしてゆきたい」と書いています。だからといって「伝統の和食はこうあるべきである」的なことは書かれていませんでした。醤油は和食でソースは洋食、のような分け方をせず、日本の食文化にソースをどう取り入れるかが重要だと言いたかったのではないでしょうか。

山本恵造さんのソースの使い方を見ると、日本の食文化でのソースの立ち位置がわかります。日本人はウスターソースを「付けだれ」と認識したのでしょう。刺し身を食べるとき、小皿に醤油をついでつけて食べる。この習慣をそのままソースに当てはめたわけです。だから「割りソース」とか「ソース餡」に違和感はなかったのでしょう。そういう意味では、明治の日本人がソースのことを新醤油と呼んだのは間違いではなかったと言えるのです。

⑪一九一五年(大正四年)、ソース煎餅は名物だった

昭和の縁日に行くと「ソース煎餅」に出くわしたものですが、一九一五年(大正四年)の雑誌広告にそのソース煎餅が載っていました(図58)。

しおせんべい、ソースせんべい、チョコレットせんべいの三種類が載っているこの広告、よく見ると「上流御家庭向」だそうです。一般向きのせんべいは醤油せんべいで、上流向きがソースせんべいということなのでしょうか。

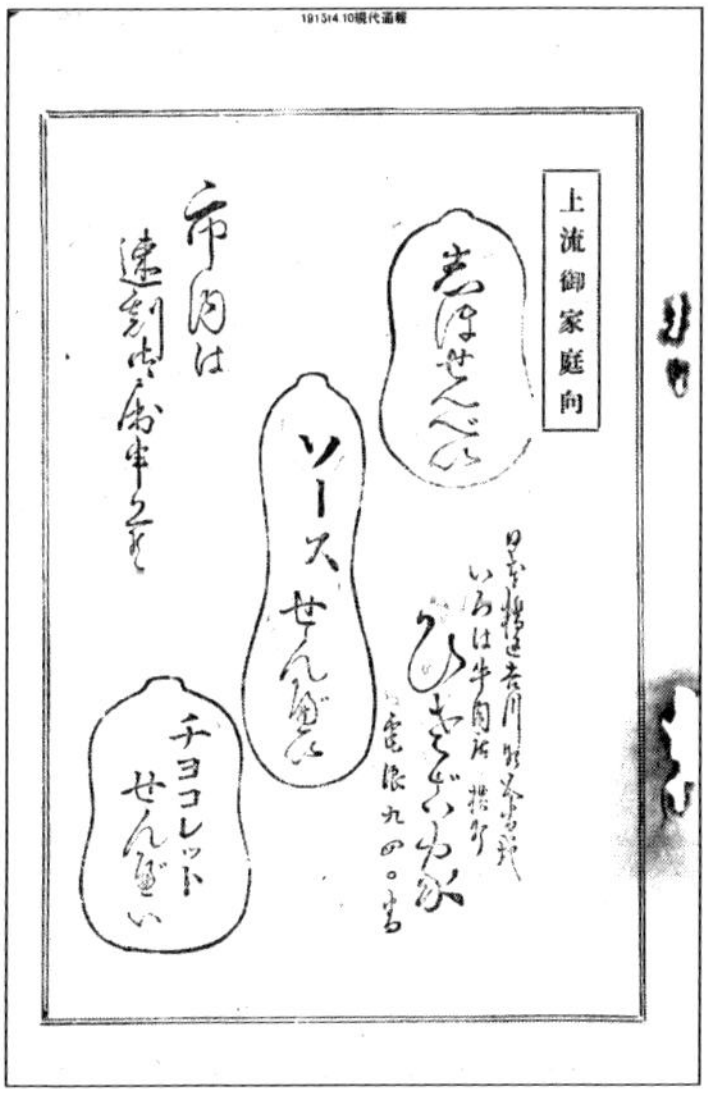

図58 「現代通報」1915年(大正4年)10月号、現代通報社

4 日本「ソース」広告集

カップ焼きそば用
粉末ソースの元祖か？

雑誌に掲載されたソースの広告といえば普通は「食卓に○○印のソースを！」みたいなコピーとともにソース瓶の写真が並んでいたものですが、ここでは日本の「ソース」変遷史がわかるような広告をいくつか並べてみました。

広告　ソースの素

最初は、雑誌『婦人世界』一九二一年（大正十年）六月号（実業之日本社）掲載の広告です（図59）。ソースと言ってもソースそのものではなく、ソースの「素」の広告でした。

「衛生無害便利経済風味佳良」と売り込み方が派手です。ちなみにこの時代の「衛生」は、清潔にするという意味のほかに栄養的に優れているという意味もあったようです。「白湯にて溶解すれば」と書いていますから、たぶん濃縮ソースなのでしょう。隣に掲載してある「醤油の素」を参考にして推測すると、瓶入り濃縮ソース

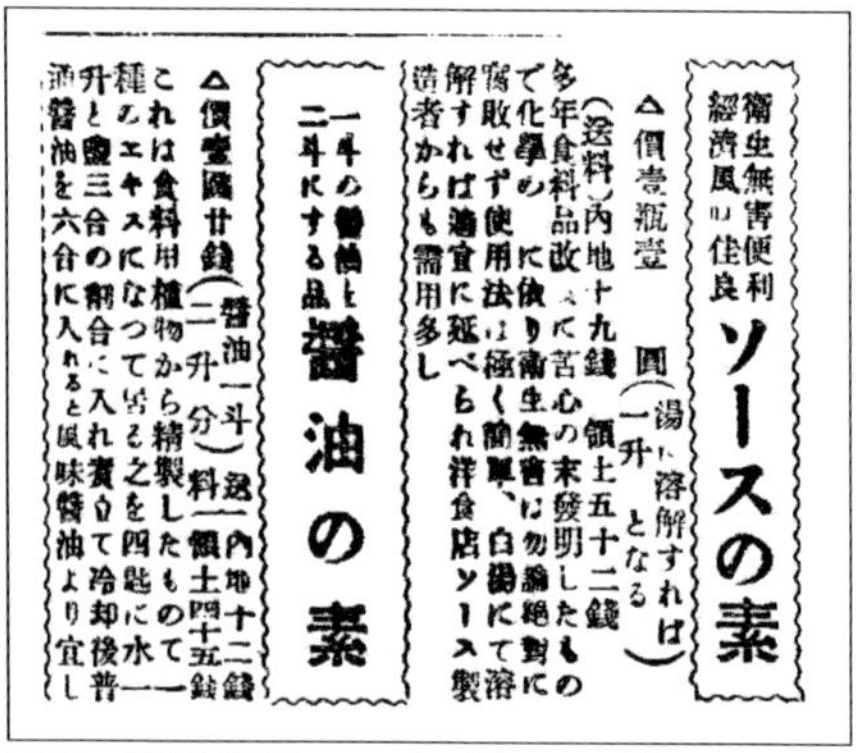

図59 「婦人世界」1921年（大正10年）6月号、実業之日本社、広告

エキスといったものではないでしょうか。ソース、醤油、味噌などの調味料は、昭和になると濃縮エキスから粉末へと移行していきました。満州ほかの戦地へ輸送するために軽量化する必要があったからだと思われます。

一升（千八百CC）分のソースの素の価格→壹圓（いちえん）→一円

一斗二升（二万千六百CC）分の醤油の素の価格→壹圓廿銭（いちえんにじゅっせん）→一円二十銭

醤油の素に比べてソースの素のいかに高価なことか！　まだまだおソースは高かったんですね。

ソース工場と醤油蔵は造りが違う

一九三一年（昭和六年）の雑誌「糧友」八月号（糧友会）に掲載された大阪の白玉ソースの広告には、自社工場の写真が載っていました（図60）。この工場の写真を見ると、ソース製造の仕組みが醤油製造と異なっていることがよくわかります。醤油製造のほうは日本酒の醸造同様、大きな仕込み樽を寝かせておく「蔵造り」の工場ですが、この写真の工場は醸造というよりは原料を煮詰めてボトリングすることに重きを置いた造りに見えます。九一ページのソース製造法の原材料リストにあった、アミノサンや氷醋酸の製造、またたくさんの香味野菜や香辛料を煮出したりするために「煮る」作業が多かったのでしょう。

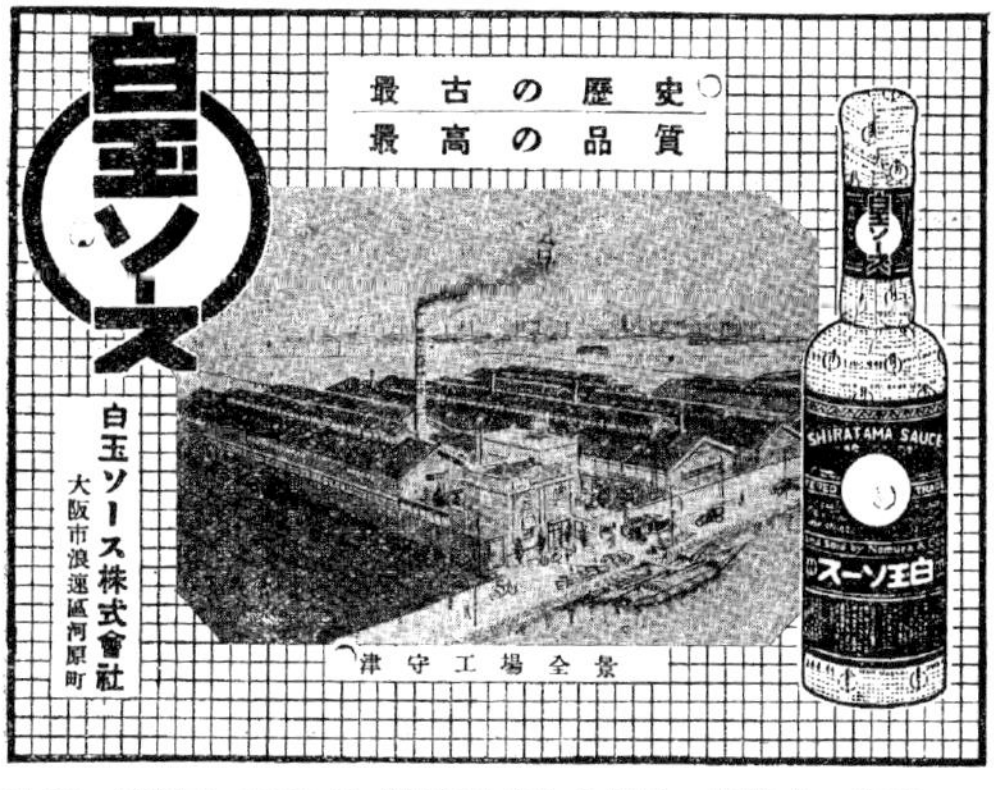

図60 「糧友」1931年（昭和6年）8月号、糧友会、広告

フランス仕込みのブドウソース

図61は一九二七年（昭和二年）の「婦人倶楽部」五月号（大日本雄弁会講談社）に掲載されていた広告です。いったいどのようなソースだったのかよくわかりませんが、ブドウソースと言っているのですから当然原材料は葡萄でしょう。それも「信玄印」で発売元が「甲州園」だから、山梨産でしょうね。

ウスターソースはもともと野菜と果物をベースにして作られていましたから、このブドウソースはその原点に近いものだったのだと思います。「葡萄農家手作りのブドウソース」、いまでも売れそうなソースではないでしょうか。

家庭でできるソース製造法の本の広告

自宅で、自分で、ソースが作れます。そのよ

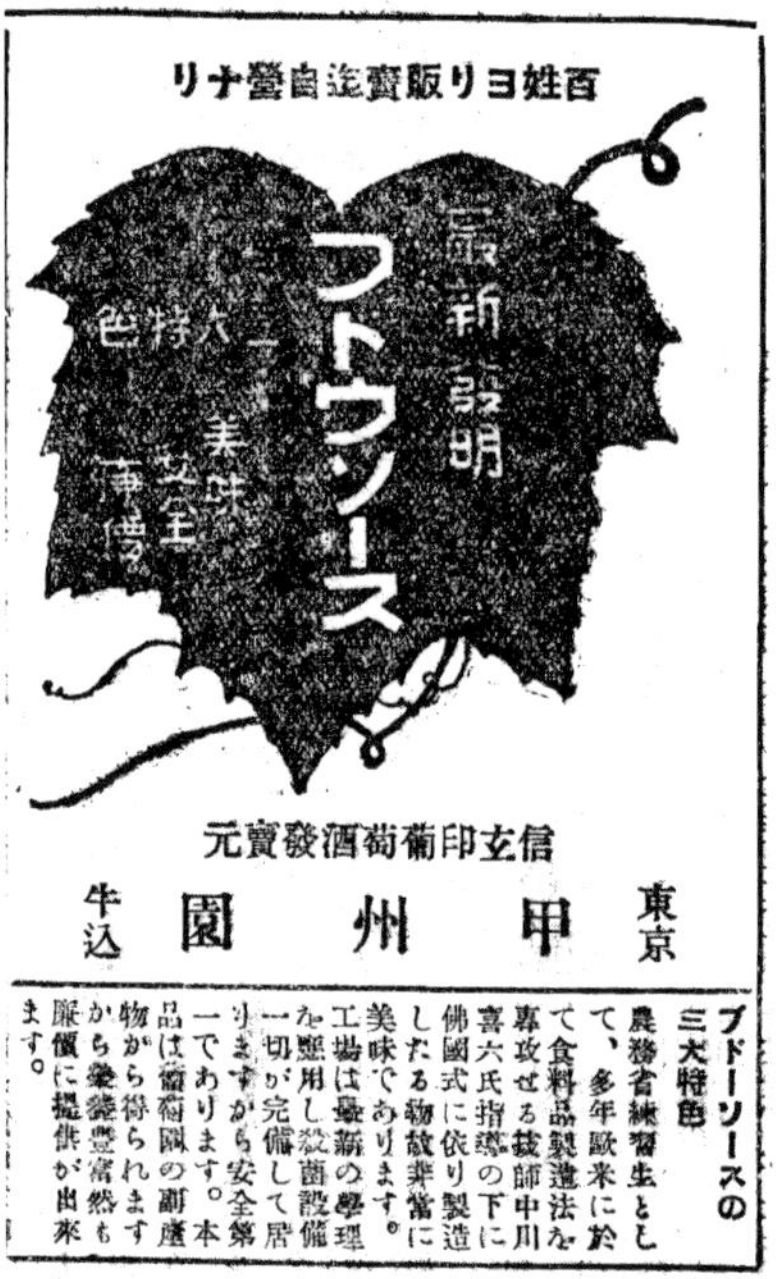

図61 「婦人倶楽部」1927年（昭和2年）5月号、大日本雄弁会講談社、広告

図62 「優良食料品案内」
（出典：「婦人倶楽部」1932年〔昭和7年〕5月号付録「家庭一品料理カード」、大日本雄弁会講談社）

うな本も出ていました。実際読んでみると、これが結構理屈っぽいものでした。早い話が「化学的ソース製造法」ですから、一般家庭のご婦人方にはちょっととっつきにくかったかもしれません。婦人雑誌や生活雑誌などにもソースの作り方は載っていましたが、そのほとんどが「醬油ベース」のソースの作り方でした。

醬油とソースが同列に並べられたヒゲタ醬油の広告

「主婦の友」一九六二年（昭和三十七年）五月号（主婦の友社）に掲載された広告です（図64）。茹でたきぬさやの写真の下にしょうゆとソースが同列に配置されていますから、広告を見る側にしてみれば「醬油をかけようとソースをかけようと、ご自由にどうぞ」と言われているような印象をもってしまいます。つまり日本人にとってのウスターソースは、やはり醬油「のようなもの」だったのではないでしょうか。

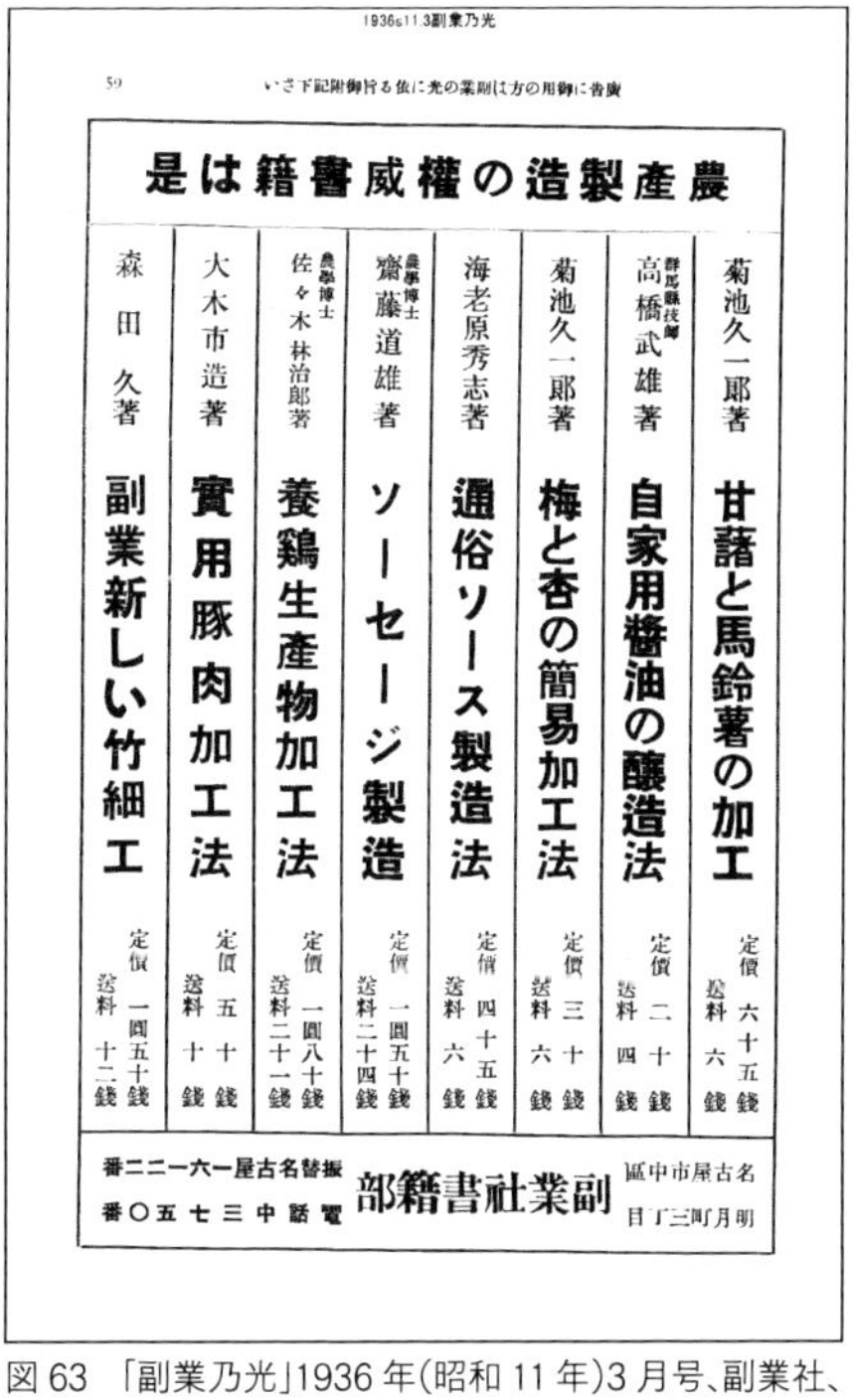

図63 「副業乃光」1936年（昭和11年）3月号、副業社、広告

図64 「主婦の友」1962年（昭和37年）5月号、主婦の友社、広告

まとめ
――何にでも醬油からソースどぼどぼへ

かつて家庭の食卓には、醬油とソースの卓上瓶が並んでいました。というような表記をしなければならないのは、今日の食卓で卓上瓶のソースをあまり見かけなくなったからです。「なんにでも醬油をかけたがる日本人」はまだいるようですが、卓上瓶に入ったウスターソースのほうは影が薄くなってきました。明治時代に日本に入ってきたイギリス生まれのウスターソースはカツレツなどの揚げ物料理にかけたり、炒め物の味付けに使ったり、キャベツの千切りサラダに使ったりされてきました。ヨーロッパでは料理ごとにその料理に合う専用のソースをこしらえて使うのが普通です。日本ではウスターソースを料理にたっぷりかけるのが普通になりましたが、だんだん料理ごとのドレッシングや専用のソースが市販されてきて「なんにでもソース」が見られなくなってきたと思われます。

ソースに出合った頃の日本人は、ソースを醬油の別バージョン、つまり新醬油と見極めたのでしょう。ソースの味と色を分析すると、黒い色で塩味、甘み、ウマミ、酸味、風味(香辛料)がある液体調味料となります。それは、醬油に酸味と洋風の風味を付け加えたものであると判断したのではないでしょうか。だから、醬油をベースにすれば似たものが作れるだろうと思ったというわけです。こうして試しに作ってみたのが醬油ベースソースでした。

しかし、それは間違いではなかったのです。鰯の塩漬け(アンチョビ)を発酵させてそのウマミをベースに作られたのがもともとのウスターソースでした。魚醬と呼ばれるニョクマム、ナンプラー、いしる、しょっつると同じです。イギリスのアンチョビで作ったのがウスターソースなら、日本のハタハタで作ったのがしょっつるです。日本の醬油は魚醬を作るための魚を大豆に代えたものでした。ウマミの素であるアミノ酸を動物性蛋白質(魚)から作っていたのが植物性蛋白質（豆）に代わったということですね。だから、その醬油をベースにすればウスターソースに近いものができると考えるのは間違いではなかったのです。それどころか、アンチョビや鰯で作る魚醬よりも穀物原料の醬油のほうが生臭さが少ないのは誰もが認めるところです。しょっつるやナンプラーもおいしいけれど、独特のクセがあります。特にその臭いに好き嫌いがはっきりしますが、醬油の場合は魚特有の生臭さがないから幅広い人々に受け入れられやすい、それを見越していたかのような論説を一九二八年（昭和三年）の科学雑誌のなかに見つけました。

余談ではあるが、味の素は日本人の発明として世界的に需要されてゐる、米国あたりの支那人経営でチョプシーが美味を安価に料理し出すのは全くの味の素の御蔭である。英国でウースターソースを作つて売り出したのは、気転のきいた英人コックが、支那人の用ゐる醬油を味つて見て、こいつ逃すべからずと工夫を凝らし、酢や胡椒を加へて彼等の趣向に適つたものを作り、ウースターで売り出したのが起りで、彼は非常の金持になつたと言ふ。由来食物に味を着けるといふ点に於て、東洋人は確かに西洋人に比べて一歩進んで居た、今日日本の醬油は巳に欧米に向つてどしどし輸出されつゝある、最初はあの香にあき足らぬ連中も、一度その味がわかると決して香など問題にせぬ、のみか次の時代には欧米でも醬油の香を讃へるであらうこと、チーズ・バタに対して私共が一度経験した通りであらうと思ふ。専門家は海外輸出の目的を以て彼の香を打消す為めに大分工夫してゐるが、あれは中々簡単にとれぬ、或は香の強い方を却つて歓迎する時代が来るかとも思ふ。日本醬油の世界的発展は期して待つことが出来る、只その容器に就いては酒も同様大に考へねばならぬ、今の儘の杉樽では到底海外発展には適しない。

（海軍大佐・雨宮厚作「工業の遺伝」「科学知識」一九二八年〔昭和三年〕七月号、科学知識普及会、四一ページ）

一九二八年（昭和三年）の科学雑誌に書かれていた「工業の遺伝」という論文の一部分です。ウスターソース誕生の裏話などは怪しげで信憑性に欠けます。また東洋人贔屓も、あの時代の海軍大佐なら不思議ではないでしょう。しかし、醬油がウスターソースに代わって世界の人々にもっと受け入れられるようになるであろうという予感は間違いではありませんでした。今日の世界的な醬油ブームを予測していたのかもしれません。

昭和の若者たちが「ソースどぼどぼのコロッケ」を好んだりキャベツにどぼどぼソースをかけたりしていたのは、それ以前に「なんにでも醬油をかけて」食べる習慣があったからでしょう。

ソースの存在が日本食をおかしくしたとかソースを和食に持ち込んだから和の味が破壊されたとかいうのはお門違いで、どんな料理にでも醬油をかけまくって食べていた食習慣がそのままソースにも流用されたということです。料理に使われている食材（素材）の味を味わうのではなく、調味料の味を味わう食習慣が日本人のなかに浸透していたのでしょう。それが「ソースどぼどぼ現象」「何にでもマヨネーズたっぷり現象」を引き起こしたのでしょう。

第4章 日本の餃子

1 日本餃子の始まり

現在日本で食べられている餃子の大半が焼き餃子ですが、調理法としてはそのほかに「水餃子」「揚げ餃子」「蒸し餃子」などが挙げられます。日本人にとって餃子は、家庭惣菜としても冷凍食品としても、名店にわざわざ食べにいくご馳走としても愛されている食べ物です。私たちは「餃子は中華料理の一つで終戦後、今日のように普及した」と認識していると思います。

中国から入ってきた餃子が珍しい料理だった時代を経て家庭料理の一つになり、やがて地域おこしの「郷土食（?）」にもなるまで日本人の食生活に溶け込んだ過程はどのようなものだったのでしょう。日本で餃子を最初に食べたのはどこの誰それだった……などはクイズ番組でよく取り上げられているようですが、中国餃子が今日の日本餃子に至る進化の過程はどんなものだったのでしょうか。その変化の過程を調べるために料理や食文化の文献から餃子関連の記述を引っ張り出して、「餃子家の家系図」みたいなものをたどってみることにしました。

餃子という食べ物が、どの時代に、どのように作られ、食べられていたのかを伝える資料として、当時の出版物からイラストや文章を集めてみました。その当時の出版物に描かれていたということは、その時代にその食べ方が実際にあったという事実を物語っています。明治末から昭和の時代に出された出版物から集めた餃子の資料をもとにして、日本餃子の家系図をたどってみましょう。

今回資料として使った料理本はこのようなものでした。

- 明治〜昭和の料理専門月刊雑誌
「割烹講義録」（のちの「家庭料理講義録」、東京割烹講習会）、「料理の友」（大日本料理研究会→料理の友社）、「NHKきょうの料理」（日本放送出版協会）など
- 大正から昭和の婦人月刊雑誌付録料理本
「婦人之友」（婦人之友社）、「主婦之友」（のちの「主婦の友」、主婦之友社）、「婦人倶楽部」（大日本雄弁会講談社）、「婦女界」（婦女界出版社）、「主婦と生活」（主婦と生活社）など
- 明治から昭和の和食・洋食・中華食の料理専門書

日本餃子の黎明期

明治維新以降の料理本といっても日清・日露戦争以前のものは明治維新以前の和食の料理書とあまり違いがなく、餃子のような中華料理系はあまり見かけません。本格的なイギリスやフランスの料理を紹介する「西洋料理の仕方」や「支那料理の仕方」のようなプロ向きの本はありましたが、いずれも正統派の洋食や中華料理（和風にアレンジされていない純粋コピー料理）ですから、知識としての料理本であって、あまり実用的とは言えませんでした。しかし日清・日露戦争後になると、家庭料理としての洋食や中華料理を載せた料理本が登場してきて、餃子や饅頭なども「日本の家庭で作る」料理として取り上げられています。その頃の料理本に書かれた「餃子」をいくつか取

り上げてみます。

①「かうづら」と訳されていた餃子

一九〇九年（明治四十二年）刊の『四季包丁和洋素人料理法』（半渓散人編、瀬山順成堂）に出ていた「餃子」です。

餃子（かうづら）…これは麥の粉と水にて固くこね棒にて薄くのべ丸く三寸位に形にて打抜き豚の肉を賽の目に切りたると椎茸と葱を細かうに刻みたるとを餡に入饅頭の如く包て蒸籠にて蒸あげて用ゆるなり

餃子のフリガナは「かうづら」となっていました。そしてこの文脈から推察すると、餃子という料理の主体は中身の「餡」ではなく「皮」にあるようです。まずはその皮を作るところから始まります。

麥の粉＝小麦粉に水を加えて硬めにこねる。それを伸し棒で直径三寸（約九センチ）の薄い皮にのばす。これが餃子の皮になる。餃子の具＝餡は、さいの目切りの豚肉とみじん切りの椎茸、葱となっています。この時代の料理本に書いてある椎茸とは、戻した干し椎茸のことでしょう。この餡を先の皮で「饅頭の如く」包み、蒸籠（せいろ）で蒸しています。この本では味付けや食べるときのたれのことは全く書いてありません。実際に作ってみましたが思ったとおり、豚肉と干し椎茸と葱の味だけ……。当たり前といえば当たり前ですが、皮の部分がもっちりしているし、豚の肉汁と椎茸の戻し汁が染み込んだ小麦粉の皮というものが妙においしく感じられますので、酢醤油と辣油で食べてみるとまさに中華街で食べるところの味でした。

明治末期に書かれたこの料理本で紹介していた餃子は、いまどきニッポンで言うところの「肉汁がジューシーな点心」だったのでした。

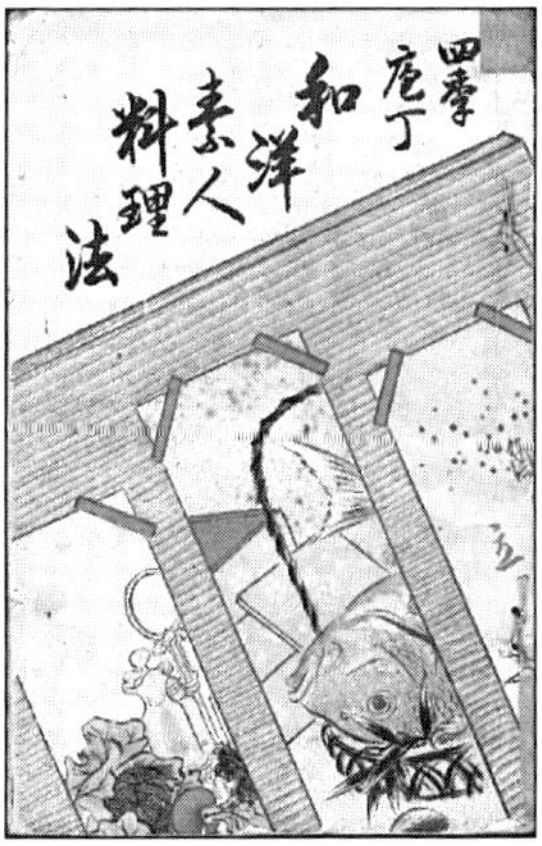

図65　半渓散人編『四季包丁和洋素人料理法』瀬山順成堂、1909年（明治42年）

②ビターマンと名付けられた日本餃子

焼き餃子のことをビターマンという名前で出していた店が東京にある、という記事が載っていたのが一九二四年（大正十三年）の「主婦之友」三月号（主婦之友社）でした。

大正時代も関東大震災後になると、東京に餃子専門店が登場し始めます。「ビターマン食堂のお料理」という記事を発見しました。三ページにわたる記事なので要約すると、次のようになっていました。

「東京の市電・本郷三丁目停留所付近のビターマン食堂では、①「餃子」、②「湯麵餃兒」、③「鍋貼兒」、この三種類の肉饅頭を「ビターマン」という名前で食べさせている。①は蒸したもの、②は茹でたもの、③は鉄板で焼いたものである。餃子という名前が日本人にはなじみがないので、新たにビターマンという名前を付けた」

だいたいこのような記事でした。ここで出していた三種類のビターマンは現在の餃子と同様のものでした。その作り方を引用します。

皮…メリケン粉を塩水で固練りにして団子に丸め、伸ばし棒で生煎餅のような薄皮を作る。
中味（餡）…細かく叩いた豚ロース肉、微塵切りにした葱、白菜、生姜、胡麻油、醬油を練り合わす。
この中身（餡）を竹べらで掬い、皮に乗せて柏餅のように包む。

（「主婦之友」一九二四年〔大正十三年〕三月号、主婦之友社、二七二ページ）

図66 「主婦之友」1924年（大正13年）3月号、主婦之友社
竹べらで餡をすくって皮で包んでいるところ（左）

①と②と③で皮や中身の作り方に少し違いはありますが、だいたいこのような作り方です。これを蒸すか、茹でるか、焼くかの違いで三種類に分かれていたようです。

このビターマン食堂を経営していた片山国忠氏の父親は明治時代の有名な法医学者・片山國嘉氏で、国忠氏も一時は研究者だったようですが、勤め人生活がいやになり、かつて暮らした北京で食べた餃子を作る商売を始めた……と書かれていました。そしてこの店では鍋貼児＝焼き餃子が一番人気だったと書かれています。その焼き方はこの記事によるとこうなっています。

> ラードをひいたフライ鍋（パン）に並べます。ラードが煮立って鍋のふちがじりじりと音がしてきた時を度として、よく煮たってゐる湯を、ビターマンの上からさっとかけます。すると油がじゅうっといってはねますから、手早く鍋に蓋をします。（略）芯まで十分火が通りましたところでお皿にとり、酢醤油をつけていただくのでございます。
>
> （同誌二七二ページ）

この記事を読むと、現在の日本でよく目にする焼き餃子の風景とそっくりです。ということは、大正末期には現在日本でよく見かける焼き餃子の作り方、焼き方（調理法）はすでにおこなわれていたということになるのではないでしょうか。「焼き餃子は戦後、日本人が始めた調理法だった」という焼き餃子伝説は覆されました。しかし、これはあくまでも餃子専門店での話であって、一般家庭にまで焼き餃子の作り方や焼き方が普及していたかどうかはこの記事からは判断できませんけど。

③家庭料理本に登場した餃子

関東大震災からの復興期にあった大正末期から昭和ヒトケタ、この時代に日本の家庭料理は和洋中合体、いいとこどりの新日本食時代に突入します。関東大震災で破壊された東京の街が復興するときに、これまでにあまりなかった洋食屋や支那料理屋（中華料理店）ができたのも外国料理の普及に役立ったと考えられます。「婦人之友」「主婦之友」「婦女界」「婦人倶楽部」などの婦人雑誌にも、海外の料理を和風化した「新日本食」のような家庭料理が紹介され始めます。ご飯を使った和風サンドイッチもあり、ハムを乗せた洋風握り寿司、牛肉のカツレツを豚に置き換えたトンカツなども頻繁に登場してきた時代でした。それらは、震災後にできた洋食屋や支那料理屋で始まり婦人向けの雑誌や料理本を経て、一般家庭に浸透していったのです。そんな時代に出版された婦人向け支那料理本を見てみましょう。

『素人に出来る支那料理』（婦人之友社、一九二六年〔大正十五年〕）は、当時支那料理の知識においても実技においても第一人者と言われた山田政平が書いた家庭料理のテキストですが、そこでは（イ）水餃子、（ロ）蒸し餃子、（ハ）鍋烙餃子（クォーラオ）を紹介していて、その内容は先のビターマン食堂の記事とだいたい同じでした。

（ハ）鍋烙餃子（焼餃子）

これは鍋に油を引いて餃子を焼くのです。大きなフライ鍋若くは揚げ鍋のやうに、底の平らな鍋を用意して、それに胡麻油を稍や多量に引き、油の熱するを待つて一つ一つ鍋にならべ、並べ終つたら暫らくキチンと蓋をして焼き、七八分間の後少量の冷水を、湯呑か茶碗で、なるべく鍋全体にふりかけるやうにして、手早く蓋をして、また少時蒸し焼にして取出します。

注意　この方法でしたものは一番美味しいのですが、加減を筆で伝へることは到底不可能ですから、小さなフライ鍋か何かで、少し犠牲を払ふつもりで習得していたゞく外はありません。途中で鍋に水をふりかけるの

図67　山田政平『素人に出来る支那料理』（婦人之友社、1926年〔大正15年〕）の中扉イラスト

は、中身に十分火を徹らせる秘訣であります。

（山田政平『素人に出来る支那料理』婦人之友社、一九二六年〔大正十五年〕、一一〇ページ）

焼き餃子の部分だけを全文引用しましたが、これは実際に焼き餃子を何度も作ってみて、食べた人にしか書けないと思います。山田政平が焼き餃子を何度も作ってみたうえで書いたものであることがうかがえる内容でした。現代の言葉でまとめてみると――。

- 底の平らな鍋を使うことは焼き餃子の鉄則です。
- ごま油をやや多量に引き、というのは餃子の底部分は「焼く」というよりは「揚げる」ように焼くべきという意味です。
- 注意の部分で「少し犠牲を払うつもりで」とあるように、口で言ってもワカランから、何度か失敗しながら習得しなさいというメッセージが伝わってきます。

これらはみな山田政平の経験からくるものでしょう。

家庭料理のテキストにもすでに今日とほぼ同様の焼き餃子が紹介されていたということは、焼き餃子が家庭料理としてじわじわと一般家庭に入り込んできつつあったということでしょう。しかし、このような料理本を読んでいたのは当時のインテリ層だけだったでしょうから、庶民レベルの家庭料理にまで餃子が普及していたかどうかはわかりません。

④日本餃子の系図と都市伝説

一人あたりの年間餃子消費量日本一は宇都宮か浜松か？　この餃子バトルがマスコミで取り上げられるようになってからもう二十年以上になります。そもそも「餃子の消費量が日本一！」を言いだしたのは宇都宮市でした。その宇都宮に一九七五年から約六年間住んでいましたが、当時二、三軒あった有名餃子屋に行っても「行列ができる」なんてことはありませんでした。それが八〇年代になっていわゆる町おこし＝名物作りに餃子が使われるようになり、その頃の「餃子の街＝宇都宮キャンペーン」で使われていたパンフレットなどに書いてあったのが「焼き餃子は日本がルーツ」説でした。

終戦後、中国から復員した人々が大陸で覚えてきた餃子を作って商売を始めたのが宇都宮餃子のもとになった。中国で餃子といえば蒸し餃子か茹でた水餃子だったが、復員した人たちがフライパンで焼く焼き餃子を開発したところそれが日本人の口に合っていたし、水餃子と違って包んで持ち帰ることができたので大いに売れるようになった。こうして宇都宮餃子は焼き餃子として地域に根付いていった。

だいたいこのような焼き餃子発祥の地伝説が書かれていました。これと同じような「焼き餃子は日本がルーツ」説は、ほかの餃子が盛んな地域でも言われているようです。福島の円盤餃子や浜松餃子などにも似たような話が伝えられています。終戦→復員者→中国で覚えた水餃子、蒸し餃子を焼き餃子にしてみた。この図式が「日本が焼き餃子のルーツ」説を支えているようです。テレビのクイズ番組やネット情報にはこの図式を「正しい歴史的事実」としているものもあります。

しかし、餃子に関する料理本などの記述を拾い出していくと、次のことが言えるのです。

1、中国でも焼き餃子は食べられていたが、蒸し餃子や水餃子のほうが主流だった。

2、日本での焼き餃子は大正の終わり頃には存在していて、一九四〇年代（昭和十年代半ば）には家庭料理の本でも紹介されていた。

3、戦後復員してきて焼き餃子屋を開いた人たちは、戦前の料理雑誌に紹介されていた焼き餃子のことはたぶん知らなかった（料理本の大半は婦人雑誌の付録だったので、男性の復員兵士は読んでいなかったと想像できる）ので、「焼き餃子は自分が開発した新しい餃子の調理法である」と信じていたのではないか。

このようなことを踏まえると「この店の焼き餃子は復員してきた○○さんが発明した新しい餃子の調理法で……」というのも間違いではありません。そもそも餃子なんて知らずに中国に行って水餃子や蒸し餃子を初めて食べたような人が帰国後、日本の食に合う方法として焼き餃子を考えだしたとしたら、その焼き餃子はその人の考案によるものでしょう。しかし「焼き餃子」という料理自体は大正時代の日本にすでに存在したというのも事実ですから、どこも「うちこそが焼き餃子の元祖で、よその焼き餃子はまねをしている」とは言えませんよね。

⑤日本餃子と中国餃子との違い

焼き餃子は、水餃子や蒸し餃子とともにもともと中国で食べられていました。それが明治から大正時代にかけて日本でも食べられるようになり、戦後、中国から引き揚げてきた人たちが中国で覚えてきた餃子のなかから日本の食形態に合った焼き餃子を普及させました。日本の食形態に合わせるということは「米を主食とする食形態」に適応させる＝ご飯のおかずにするということでもありました。そのため主食・副食が一体となった皮が厚い中国餃子と異なり、ご飯のおかずに適した薄い皮の焼き餃子が好まれました。ご飯のおかずという意味だったら「一汁一菜」に見られるような汁物の代わりとして水餃子が普及してもいいのではないかとも考えられますが、水餃子は日本食の「汁物」には当たりません。汁物は具と汁で構成されていて、出汁味がついた汁は副食になりますが、水餃子の汁は基本的に味がついていない白湯ですから、おかずにならないのです。白湯から引き上げた餃子をタレにつけて食べ、白湯は残します。そのような水餃子と焼き餃子のどちらが日本の食形態に向いていたかを比較してみましょう。

・水餃子…作ってから時間がたつとふやけてしまう。湯のなかに入っているので持ち運びに不向き。汁は飲まないので味噌汁などの代用にはならない。

・焼き餃子…時間がたってもふやけたり伸びたりしない（冷めても温め直しができる）ので時間がたっても食べられる。包んで持ち運びができるから、屋台で売っている餃子を惣菜用として持ち帰ることができた。

これらの特徴を比較すると、どちらが米を主食とする日本の食形態に向いているかわかると思います。こうしてニッポン焼き餃子は「薄い皮」で味が濃い、お米向きの副食（惣菜）になったということではないでしょうか。皮が厚い本場中国的餃子は、日本では点心の一つとして認識されているようです。

中国生まれの餃子が日本餃子になっていく過程を料理本で追ってみると、「皮作りの時代」と「具＝中身の餡作りの時代」に分けられます。次節では初期の頃、つまり皮作りがメインだった頃の資料から見ていきたいと思います。

2 日本餃子「皮作り」の時代

餃子の作り方（レシピ）は皮の作り方

ビターマン食堂が「主婦之友」で紹介されたのと同じ一九二四年（大正十三年）に出版された赤堀峯吉『家庭鶏肉鶏卵料理――附支那料理』（大倉書店）で紹介していたのが「鶏肉のゆで饅頭」という料理でした。「鶏肉を饂飩包みとなし、ゆでゝ醤油をかけ温き処を喰べますしやれた料理であります」

この「鶏肉のゆで饅頭」、餡は細切り鶏肉とみじん切り生姜に醤油と片栗粉を加えたもので、皮は小麦粉と塩を少量の熱湯でこねた生地を麺棒でのばしてから茶筒の蓋で押し抜いて作っています。その皮の作り方と饅頭の作り方を図解していましたが、これを見るとこの料理は明らかに餃子と言えるでしょう。

イラストを見ると、餡を皮で包むときの「ひだ」は細かく、左右から中心部に向かっているのがわかります。この「ひだ」は両側から中心部へ向かうパターンと、片側から包んでいくパターンがありますが、この頃の資料にはどちらも見られたので、たぶん人それぞれだったのでしょう。

一九二四年（大正十三年）頃はまだ餃子という中国由来の料理名が一般的ではないと判断して、「鶏肉のゆで饅頭」という表記にしたのかもしれません。ビターマン食堂が餃子をビターマンと名付けたのと同様に。

昭和に入ると、支那料理のテキストが多くなってきます。婦人向け雑誌「主婦之友」を出版していた主婦之友社から『支那料理の拵へ方』（「主婦之友実用百科叢書」、一九二九年〔昭和四年〕）が出ていました。このなかで紹介していたのが今日の水餃子ですが、表記は「水餃（すいこう）」（茹で焼売）となっています（第4節「餃子の皮作りと包み方のイラスト比較」でも触れていますが、日本ではまだ餃子と焼売の違いがよく知られていなかったのかもしれません）。図69は水餃の包み方を示したものですが、「ひだ」の作り方が前

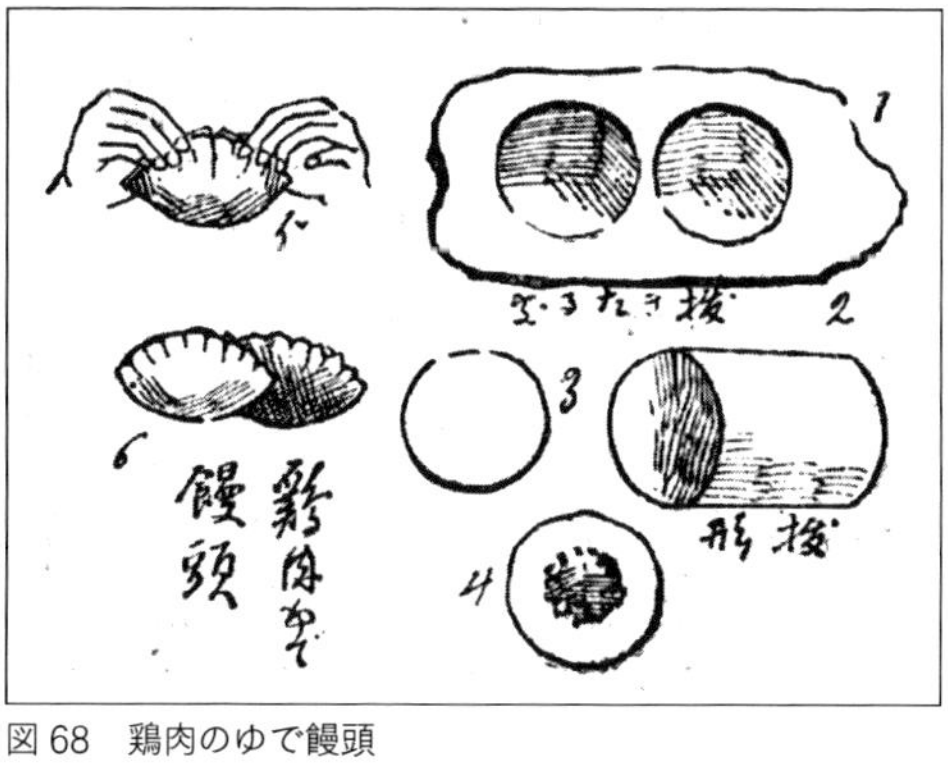

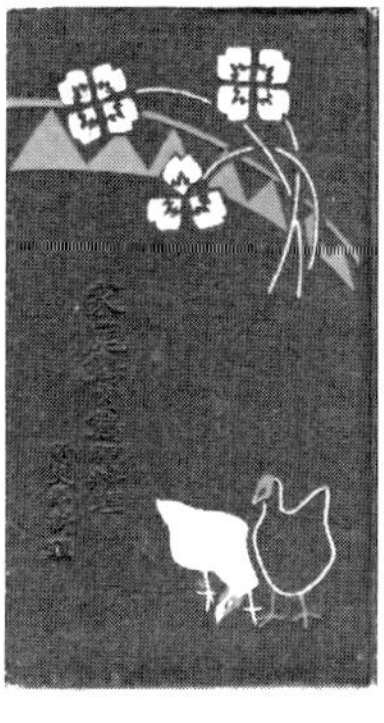

図68　鶏肉のゆで饅頭
（出典：赤堀峯吉『家庭鶏肉鶏卵料理――附支那料理』大倉書店、1924年〔大正13年〕）

述の『家庭鶏肉鶏卵料理』とはいささか異なっています。図68の鶏肉のゆで饅頭が両側から中心に向かってひだを作っているのに対して、こちらは片側からひだを作っていることがうかがわれます。今日の餃子作りでも人によって「両側から」と「片側から」があるのは、この頃に始まることなのかもしれません。ちなみにこの餃子も水餃子でした。

一九三二年（昭和七年）になると餃子の餡にも松茸やうまみ調味料を使うという日本人らしいアレンジが見られるようになりますが、レシピの中心はやはり皮の作り方でした。

蒸湯麵餃子という表記で紹介されていた蒸し餃子の具材は、「豚のひき肉、みじん切りの葱と生姜と松茸、茹でて細かく切った白菜、ごま油、醬油、酒、塩、味の素」となっていて、ここに書かれたとおりの調味料の分量で作るとかなり濃い味の餃子ができました。この餃子だけを食べるといささかしょっぱいというか味が濃すぎますが、ご飯（米）のおかずとして食べるなら、ちょうどいい味でした。このあたりですでに、日本人は米を主食とした日本の食文化に合わせて和風餃子化していたようです。

ここでの包み方も、ひだは片側から細かく折り曲げていました。

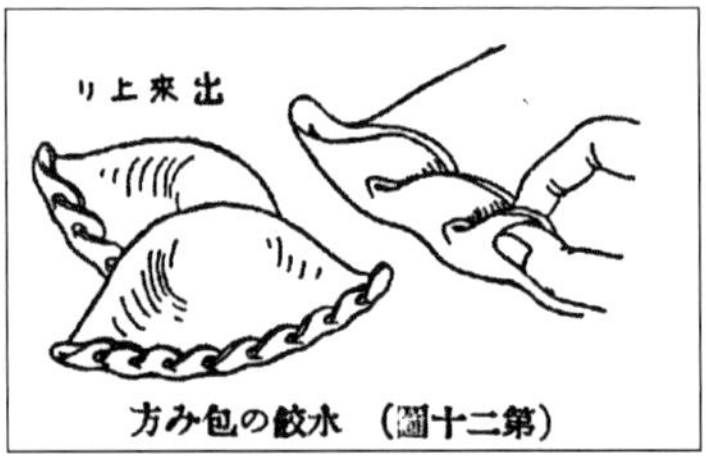

図69 『支那料理の拵へ方』（主婦之友実用百科叢書）、主婦之友社、1929年（昭和4年）水餃の包み方

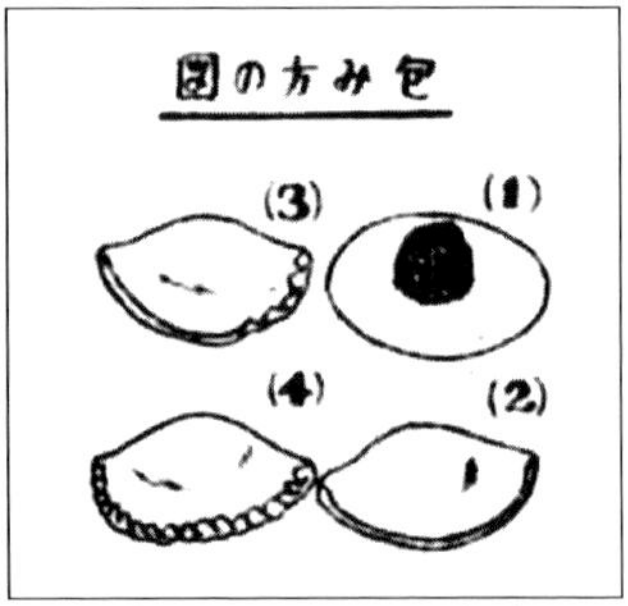

図70 「婦人倶楽部」1932年（昭和7年）10月号付録「玉子料理 豆腐料理 肉料理――附 飲物食物を美味しくする お料理常識」、大日本雄弁会講談社
蒸し餃子と包み方

「満州国」大使館員のご夫人指南の餃子

次に紹介するのは一九三九年（昭和十四年）の「主婦之友」五月号に載っていた記事で、タイトルは「お惣菜向の大陸料理の作り方」となっていました。この記事の前書きです。

満蒙開拓士のより良き伴侶としての花嫁群、青少年義勇軍の母代りともいふべき保母指導員の方々、その他一般婦人の大陸進出も華々しい折柄、内地の方々のお口に合ふ、経済的で美味しい、しかも栄養満点、作り方も簡単といふ、三拍子も四拍子も揃つた満洲のお料理を、満洲国大使館の李革塵、于潔璞の二夫人に教へていたゞきました。

（「主婦之友」一九三九年〔昭和十四年〕五月号、主婦之友社、四〇二ページ）

「満州国」大使館員のご夫人方が直接教えてくれている餃子の皮は基本どおり、小麦粉にぬるま湯を加えてこねたも

図71　「主婦之友」1939年（昭和14年）5月号、主婦之友社

餃子の作り方

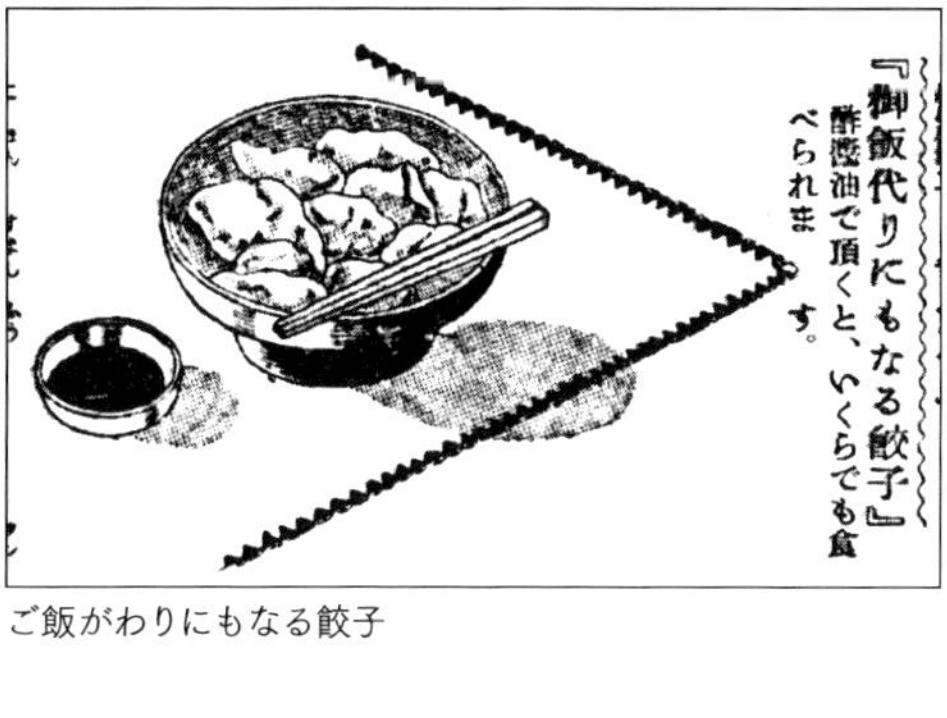

ご飯がわりにもなる餃子

のを麺棒で薄くのばして作っています。そして中身となる餡は、豚のひき肉とみじん切りの白菜、ラード、ごま油、塩、胡椒、醤油をよくこねたもの、となっています。
この具材（餡）を図71のように包み、熱湯で十五分ほど茹でたら熱いうちに「酢醤油にごま油を合わせて、にんにくを刻み込んだ汁」で食べるのだそうですから、これも水餃子です。しかしその後に「茹でないで焼いた物は焼餃子と言ひます」と書いてありましたから、餃子の本場でも焼き餃子を食べていたことがうかがえます。そしてもう一つ興味深いのが「御飯代りにもなる餃子」と書かれたイラストでした。本場中国の餃子は主食と副食が合体したものでしたが、米を主食とする日本では餃子を副食としてとらえていたのです。それをあえて「御飯代りにもなる」と表記したのは、長く続いている戦時体制による米不足対策として「節米料理」を推進しなければならないお国の事情があったからだろうと推測されます。たしかに一九三九年（昭和十四年）頃からの婦人雑誌付録料理本では節米料理ということで小麦粉を使ったうどん、スイトン、饅頭などをよく紹介していましたので、この餃子もきっと厚めの皮で作っていたのではないでしょうか。

次も「満州国」大使館員のご夫人による本場の餃子指南です。

主婦之友社から出ていた「花嫁講座」シリーズは好評だったようで、図72はその続篇のなかの一冊でした。

餃子の皮ののばし方は、これまで見てきたものとほぼ同様に見えます。この料理の指導にあたった李革塵夫人によると「主食と言ってもお菜を兼ねたものですから、日本の方がお考えになるやうに、お米の御飯だけ毎日三度々々いただくわけでもなく（略）そして餃子の中へ入れるものも、これとこれと定まっていませんのでそのときあるものを

図72　主婦之友社編『健康料理』（「続主婦之友花嫁講座」第1巻）、主婦之友社、1940年（昭和15年）
「満州の家庭料理」餃子ののばし方

利用します」と書いていますので、明らかに節米料理だったんですね。この時代の料理レシピでよく見かけるのが「……の中に入れるものも、これと決まっていませんのでそのときあるものを入れてください」という文言です。余計な勘繰りと言われるかもしれませんが、それを読むと国が国民の食料を確保できなくなったことを体よくごまかしているように思えるのです。

パンとお菓子の名店が作る餃子の皮はピンク色

一九〇一年（明治三十四年）創業の新宿中村屋が作る餃子が「和洋お菓子とパンの作方百種」（「主婦之友」一九三九年（昭和十四年）三月号付録）に出ていました（図73）。その名も「肉入り半月饅頭」となっていましたが、本文にははっきり「水餃子といふ支那菓子」と書いてあります。餃子が支那菓子になっていました。

もともとパンや饅頭などを製造してきた中村屋ですから餃子のことを「支那菓子」とか饅頭と呼んでいたのでしょうが、皮も餡も包み方もすべて餃子にちがいありません。しかし、さすがは中村屋。数ある餃子レシピのなかで、餃子の皮に食紅を練り込んでほんのりと赤い色を付けているのはこれだけでした。モノクロの写真ではわかりにくいですが、できあがりの図版のなかで色の濃い餃子はほんのり赤く、中村屋ならではの餃子だったのです。

小麦粉に水を加えてこねる料理といえば日本では細長いうどんが代表的でしたから、一般の人にとって薄い皮を作るのはあまり経験がない作業だったのかもしれません。そういう意味で餃子や焼売の皮作りを詳しく記述する必要があったから、大正から昭和初

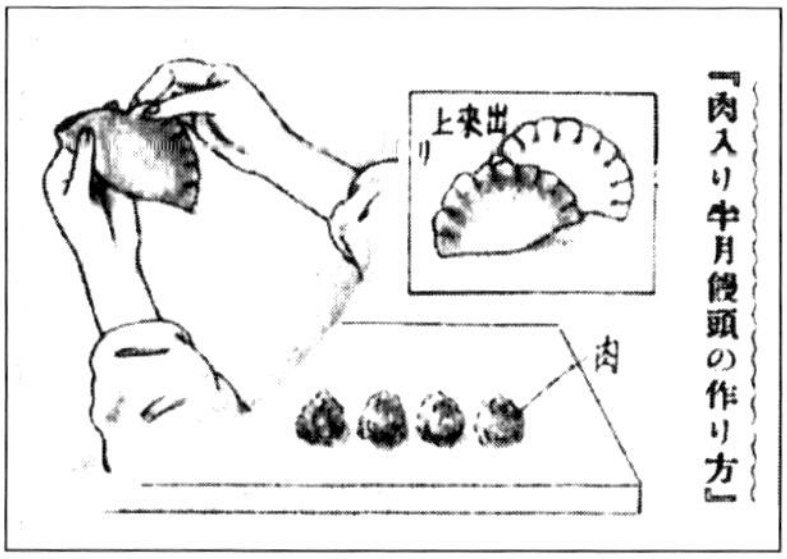

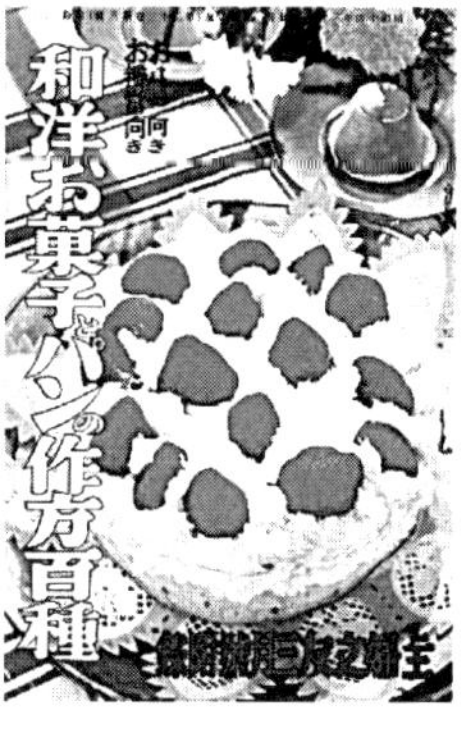

図73 「主婦之友」1939年（昭和14年）3月号付録「和洋お菓子とパンの作方百種」、主婦之友社

期の餃子黎明期のレシピは皮の作り方にウエートを置いていたと考えられます。

しかしそのような事情とは関係なく日本はアジア各地で戦線を拡大していき、米をはじめとする食糧全般が不足するようになりました。そんな米不足対策として小麦粉料理が推進されるようになり、餃子もその一つに挙げられたのでしょう。日本餃子がご飯のおかず的要素で取り入れられ始めたのとは異なり、この時代の餃子は本場中国的な主食兼副食の要素をもった料理だったと考えられます。

3 「焼き餃子は戦後の日本で始められた」説を覆す資料画像

ここまで読んだ方は、大正年間に焼き餃子を提供する食堂が存在したことはわかったと思います。その焼き餃子とて日本人が考案したものではなく、本場中国で食べられていたものを日本人がまねたということも確認できました。その焼き餃子は一九四〇年（昭和十五年）頃になると、日本の家庭料理として普及していました。

この頃にすでに焼き餃子が家庭で食べられていたことを示しているのが図74です。

フライパンに円盤のように整然と並べられた餃子。左手に蓋を構えて右手に持った水差しから水を流し込んでいます。この後、すぐに蓋をして餃子を蒸し焼き

図75　主婦之友社編『西洋料理と中華料理』（「主婦之友家庭講座」第12輯）、主婦之友社、1950年（昭和25年）焼き餃子の差し水

図74　「主婦之友」1940年（昭和15年）5月号付録「お鍋一つで出来る支那料理と支那菓子の作方」、主婦之友社　焼き餃子の図

にするのです。一九四〇年（昭和十五年）の料理本にこのような図版が使われていたのは、今日日本の餃子屋で見かける「焼き餃子」の手法がすでに確立されていたことの証しでしょう。

これと同じような焼き餃子の図版が戦後の料理本にも出ていました（図75）。

これら焼き餃子の図版や戦前の料理本を検証すると、

・焼き餃子は水餃子同様、中国でも食べられていて、日本で考案されたものではない。
・焼き餃子は戦前の日本の家庭料理に登場していた。

ということが確認できました。

4 餃子の皮作りと包み方のイラスト比較

皮の作り方と包み方のイラスト

図76は「お鍋一つで出来る支那料理と支那菓子の作方」（「主婦之友」一九四〇年〔昭和十五年〕五月号付録、主婦之友社）に掲載されていた「餃子の作り方」ですが、丸い円で囲まれた五枚の図版のうち三枚が皮の作り方で、残りの二枚が餡の包み方です。餡（具材）の作り方の図版はありません。餃子という料理が日本に根付き始めた頃は、皮の作り方がレシピの中心だったということがわかります。実際、この頃の餃子レシピには「小麦粉にぬるま湯を加える」と書いてあったり、「熱湯

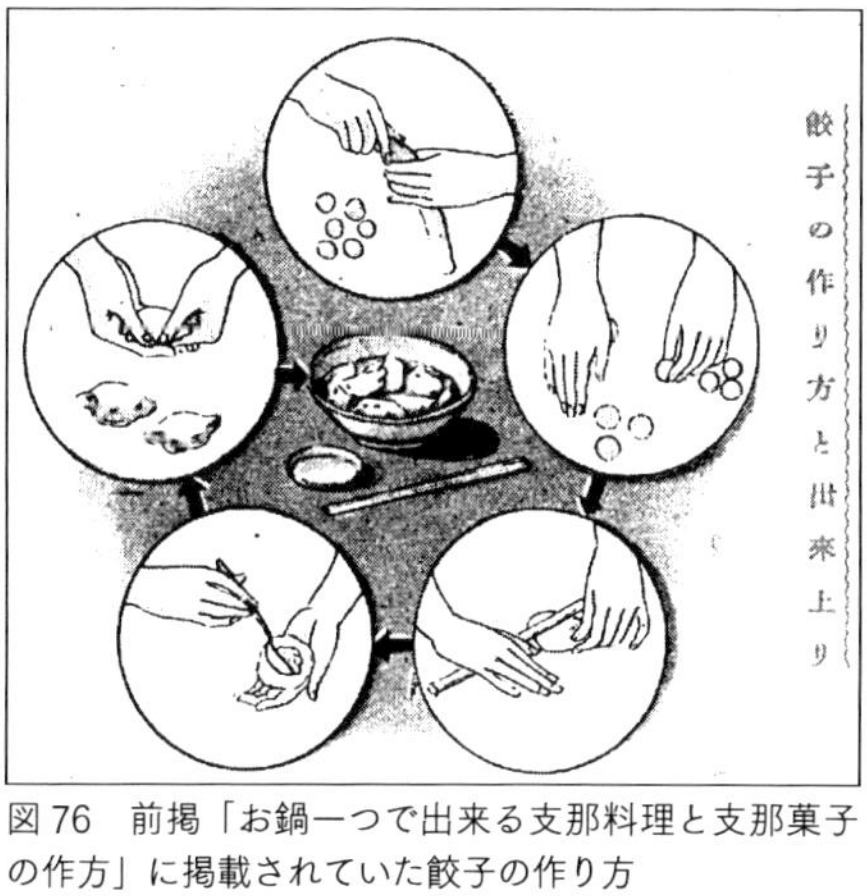

図76　前掲「お鍋一つで出来る支那料理と支那菓子の作方」に掲載されていた餃子の作り方

で捏ねて、細長い棒状にしてからちぎって団子に丸める」とか「茶筒の蓋で打ち抜く」、いやいや「麺棒で薄くのばす」など、皮の作り方に関しては事細かに書かれていましたが、餃子のなかに入れる「餡」の作り方はそう詳しくは描かれていませんでした。餃子という料理は「皮が命」だったのでしょう。

皮作りが餃子の命！がわかるイラスト

一九三八年（昭和十三年）の料理本に興味深いイラストが見つかりました。戦前に出版された婦人雑誌付録料理本のなかでも非常に充実した一冊に挙げられるものですが、そこで紹介されていたイラストと写真です（図77）。

この完成料理の写真と作り方のイラストは、これまでに見てきた「餃子の写真・包み方のイラスト」とほぼ同じではないでしょうか。しかし、この料理名は「変りシューマイ」になっていました。見た目は明らかに餃子ですが、中身の具材はどうなっているのでしょう。このレシピによると、豚のひき肉、白菜、葱のみじん切り、醬油、塩、砂糖、胡椒、味の素、そして片栗粉となっていました。餃子の具との違いは、最後の「片栗粉」だけです。そして皮の作り方は餃子と同じで、包み方も同じ。包んだものを蒸籠で蒸し上げ、「蒸したてを芥子醬油かなにかで」食べるのをお

図77 「主婦之友」1938年（昭和13年）新年号付録「冬の和洋料理千種の作方」、主婦之友社

すすめすると書いてあります。写真、イラスト、レシピ全体を通して判断すると、この「変りシューマイ」は「シューマイの要素を若干取り入れた蒸し餃子」と言えるのではないでしょうか。中華料理がまだ家庭料理にまではあまり普及していなかった時代ですから、餃子と焼売の違いについてもあいまいだったのかもしれません。本場中国に餃子のような包み方をする焼売があったのかもしれませんが、手持ちの資料では確認できませんでした。

これと同じような「変りシューマイ」がこの本の一年後に同じ出版社から出た料理本にもありましたので、参考までに見てみましょう（図78）。

「シウマイの作り方」のイラストは、い・ろ・はの三枚に描かれていますが、そのうちの二枚が「皮」の作り方で、あとの一枚が具材（餡）の包み方になっていて、「具」の作り方のイラストはありません。シューマイも餃子同様に皮作りにポイントが置かれていたということです。そしてこの「シウマイの作り方」の次には「即席シウマイの作り方」が掲載されていました。そのレシピを全文引用します。

> 手軽にできますから、お弁当のお菜に朝ちよつと拵へられてまことに重宝です。
>
> 挽肉百匁、貝柱十箇、葱一本、青豆少々の割合で、何も彼も細かくして混ぜ合せ、塩と白砂糖茶匙一杯、胡椒、味の素で味をつけ、つなぎに片栗粉茶匙四杯入れ、よく混ぜてからだんごに丸めます。こ

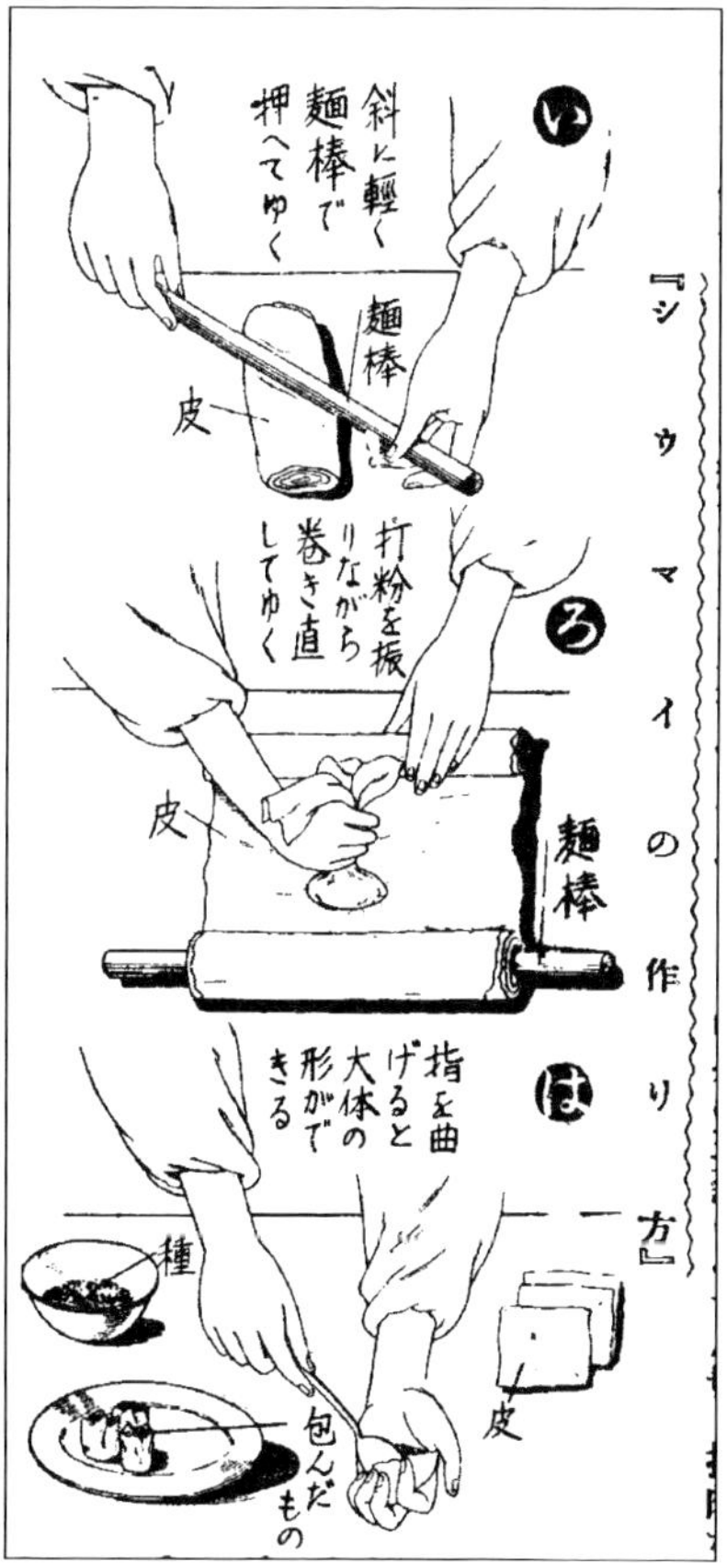

図78　「シウマイの作り方」
（出典：「主婦之友」1939年〔昭和14年〕4月号付録「お惣菜向きの洋食と支那料理三百種」、主婦之友社）

れをメリケン粉の中に転がして、厚く粉をまぶし、蒸器で二十分くらゐ蒸しますと、まぶした粉が皮のやうに周りをくるんで出来上ります。（J・メンデルソン）
（「主婦之友」一九三九年〔昭和十四年〕四月号付録「お惣菜向きの洋食と支那料理三百種」、主婦之友社、四三―四四ページ）

シウマイに対して即席シウマイというからには、本来のシウマイ作りの面倒な作業を簡略化できるということでしょう。何を簡略化しているのか、このレシピを読むと一目瞭然です。皮作りをしていません。ひき肉や貝柱などの材料に片栗粉をたくさん加えて団子に丸め、最後にその団子の表面に小麦粉をまぶしています。皮を作ってその皮で包むかわりに小麦粉をまぶす。これが「即席」の正体でした。皮を作らないこういった即席シウマイは一九六五年（昭和四十年）頃までの料理本によく登場します。

花嫁講座で教える餃子の作り方

一九四一年（昭和十六年）の主婦之友社編『洋食と支那料理』（〔「主婦之友花嫁講座」第四巻〕、主婦之友社）では図79のようになっていました。
この本では基本となる餃子の作り方のほかに「焼き餃子」「茹で餃子」「蒸し餃子」「三種の材料入り餃子」「鶏肉の餃子」「羊肉の餃子」を紹介していまし

図79　主婦之友社編『洋食と支那料理』（「主婦之友花嫁講座」第4巻）、主婦之友社、1941年（昭和16年）

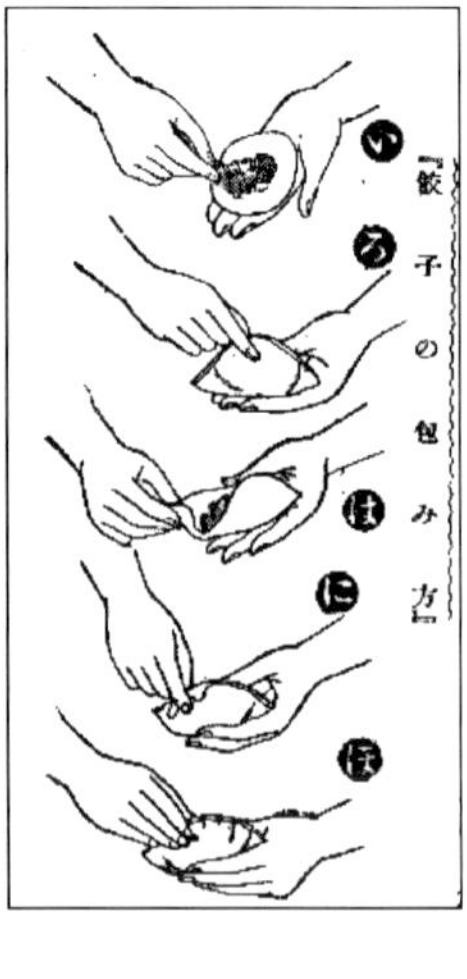

餃子の包み方

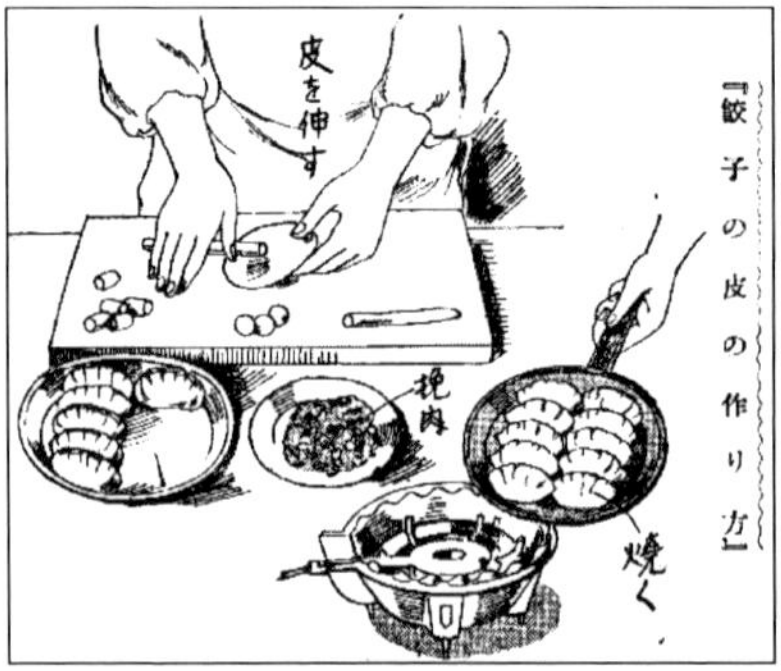

皮の作り方

た。その基本となる餃子の作り方のところに使われていたのがこの図版で、レシピの文章量を比較してみると、皮の作り方が約二十三行、餡の作り方が八行、包み方が四行というバランスでしたから、全体の六五パーセントが皮の作り方で占められています。

　餃子の作り方とは皮の作り方である、といってもいいようなレシピは、戦後になっても続いていきます。

戦後いち早く出版された料理本の餃子イラスト

　一九四五、六年（昭和二十、二十一年）は戦後の混乱で料理本の出版どころではなかったのでしょう、婦人雑誌の付録料理本もほとんどありませんでした。四七年（昭和二十二年）になってやっとハンドブック社から出版された山田政平『中華料理の作方１６０種』の裏表紙に載っていた餃子の包み方の図版が図80です。本文のレシピのほうは、やはり皮の作り方がメインになっていました。

　餃子の作り方とは皮の作り方のことである、というような餃子レシピは戦後もしばらくは続きます。

　次のイラストは一九四八年（昭和二十三年）に主婦之友社か

図80　餃子の作り方
（出典：山田政平『中華料理の作方160種』〔ハンドブック〕、ハンドブック社、1947年〔昭和22年〕）

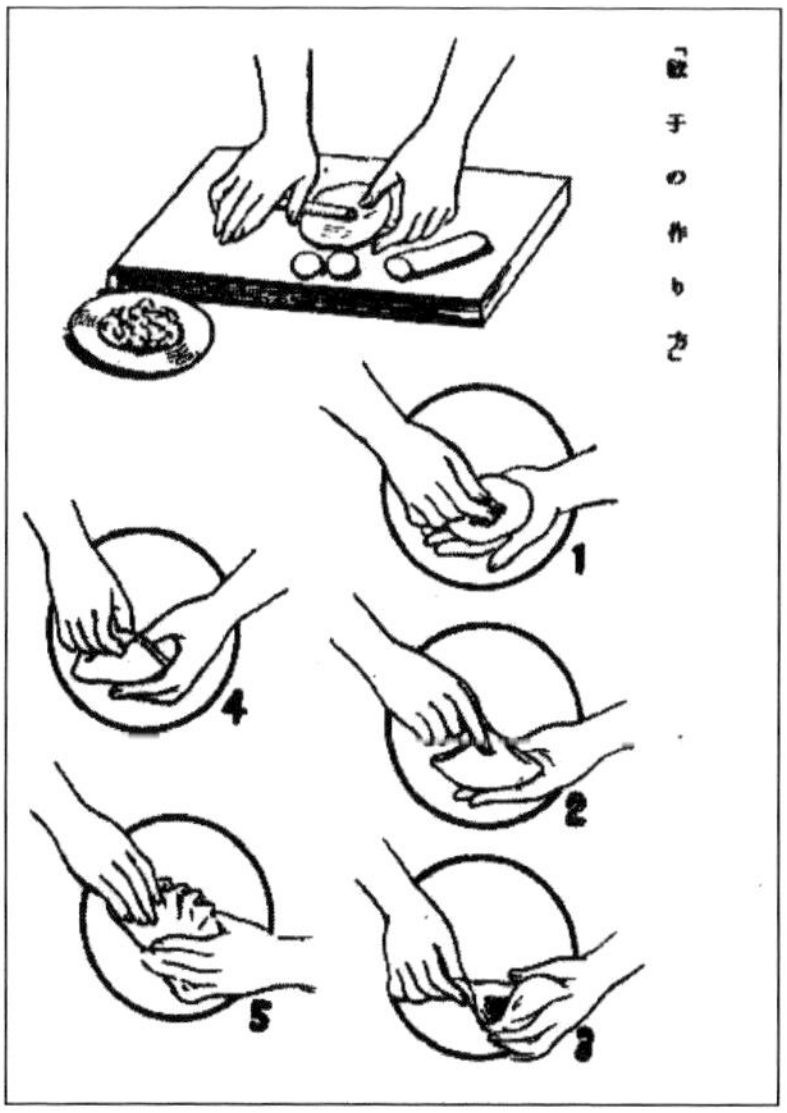

図81　皮ののばし方と餡の包み方
（出典：主婦之友社編『家庭料理』主婦之友社、1948年〔昭和23年〕）

ら発売された単行本『家庭料理』に掲載されていたものです（図81）。

図82は一九五〇年（昭和二十五年）、主婦之友社編『西洋料理と中華料理』（〔「主婦之友家庭講座」第十二輯〕、主婦之友社）に掲載されていたイラストです。

図83は月刊誌「主婦之友」一九五一年（昭和二十六年）四月号に掲載されていたものです。写真で見ると、餃子の皮が結構分厚いことがわかります。

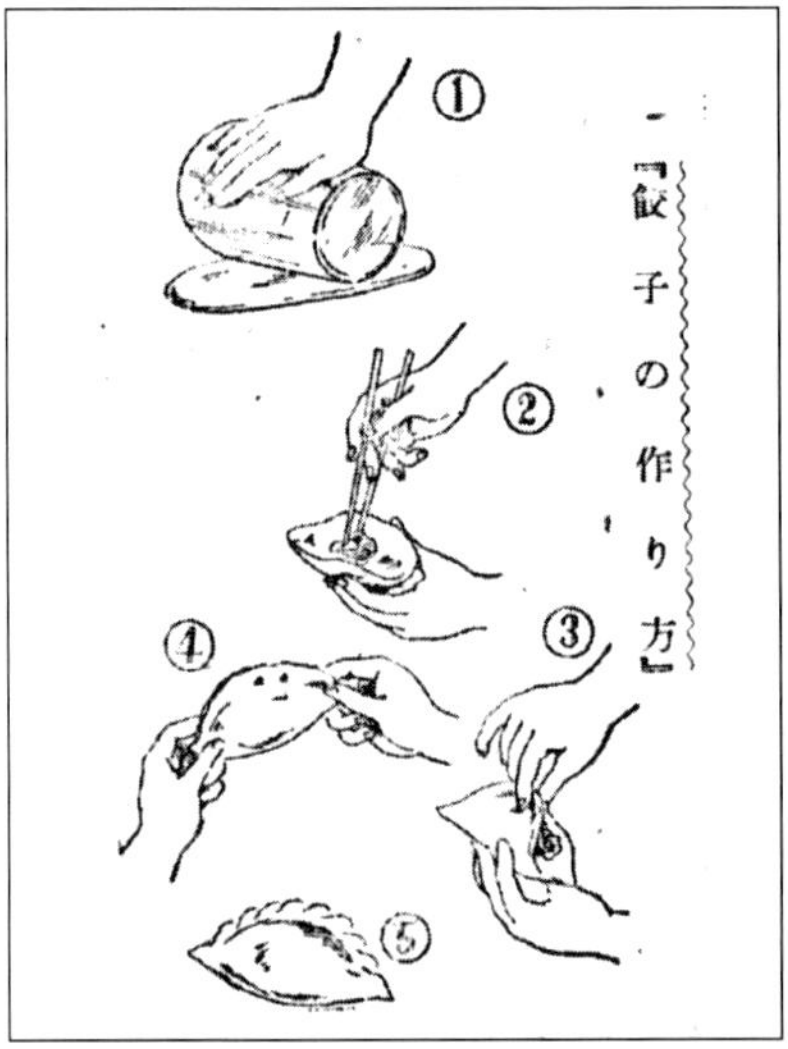

図82　皮ののばし方と餡の包み方
（出典：前掲『西洋料理と中華料理』）

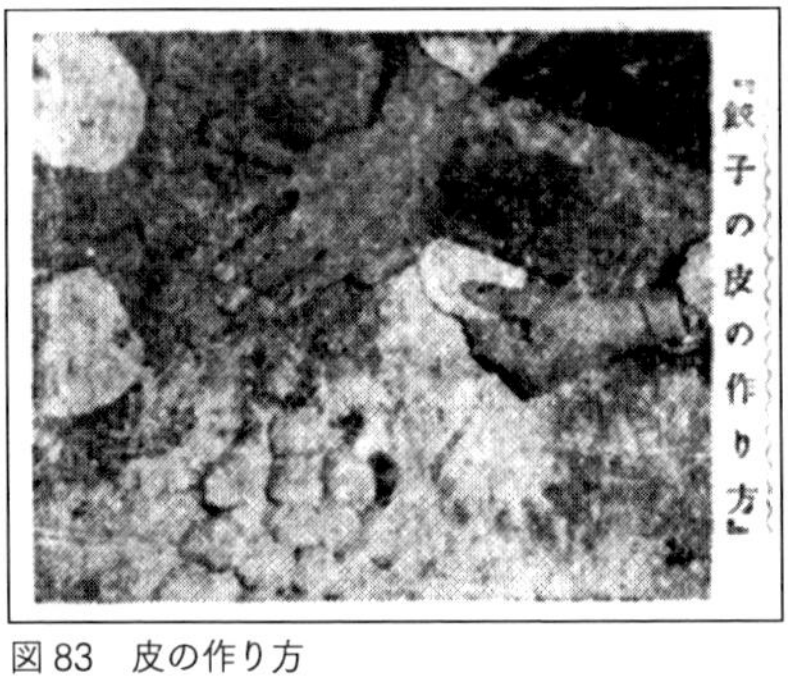

図83　皮の作り方
（出典:「主婦之友」1951年〔昭和26年〕4月号、主婦之友社）

包み方の図版比較

料理本の挿絵（イラスト）に目を向けますと最近は餃子の餡の作り方が多いのですが、それは市販の皮を使うことが当たり前になってきたからでしょう。市販の皮がなかった時代のイラストは、これまでに見てきたように皮の作り方が中心でした。しかし、どちらにも共通して載っているのが「餃子の包み方」のイラストです。そこでこの「餃子の包み方」イラストを拾い出して比較してみました。「餃子の皮」という商品が誕生するのが一九五〇年（昭和二十五年）

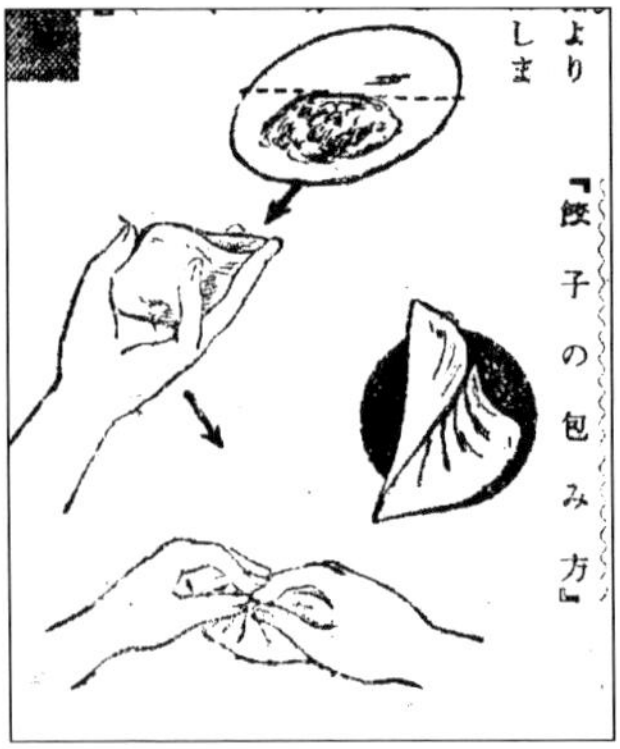

図84　餃子の包み方
（出典：同誌）

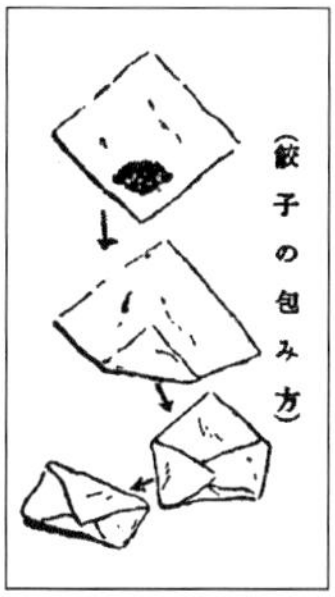

図 87　変わり揚げ餃子の包み方
(出典:「主婦の友」1955 年〔昭和 30 年〕12 月号付録「冬の家庭料理」、主婦の友社)

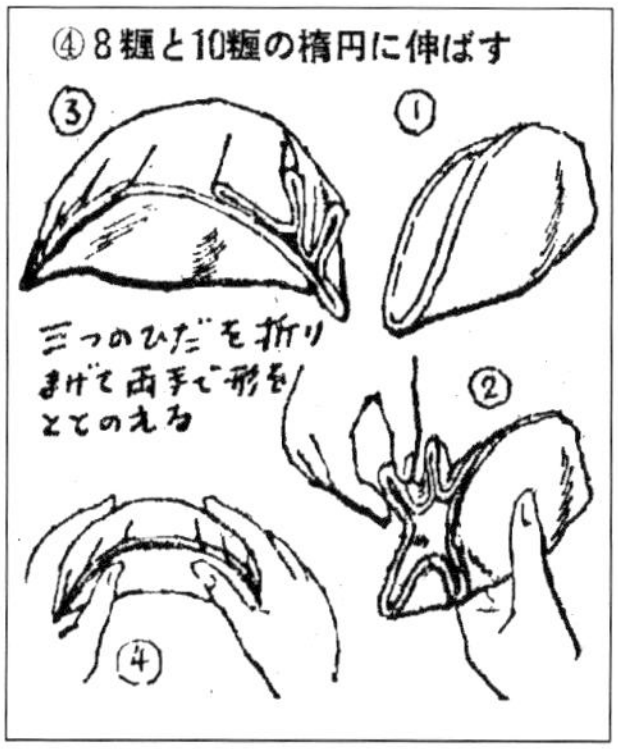

図 86　焼き餃子の包み方
(出典:「婦人生活」1954 年〔昭和 29 年〕5 月号付録「家庭向西洋中華料理独習書」、婦人生活社)

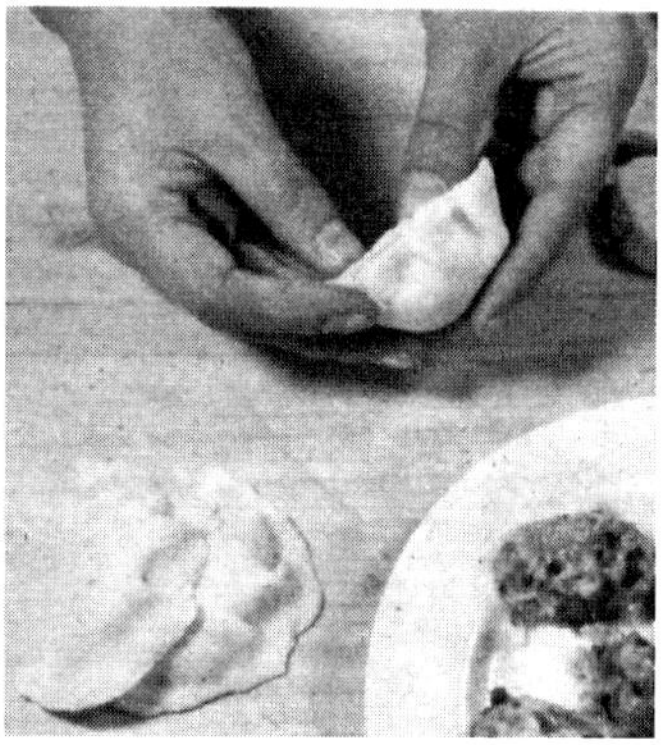

図 85　「主婦の友」1954 年(昭和 29 年)5 月号付録「おいしい経済料理」、主婦の友社

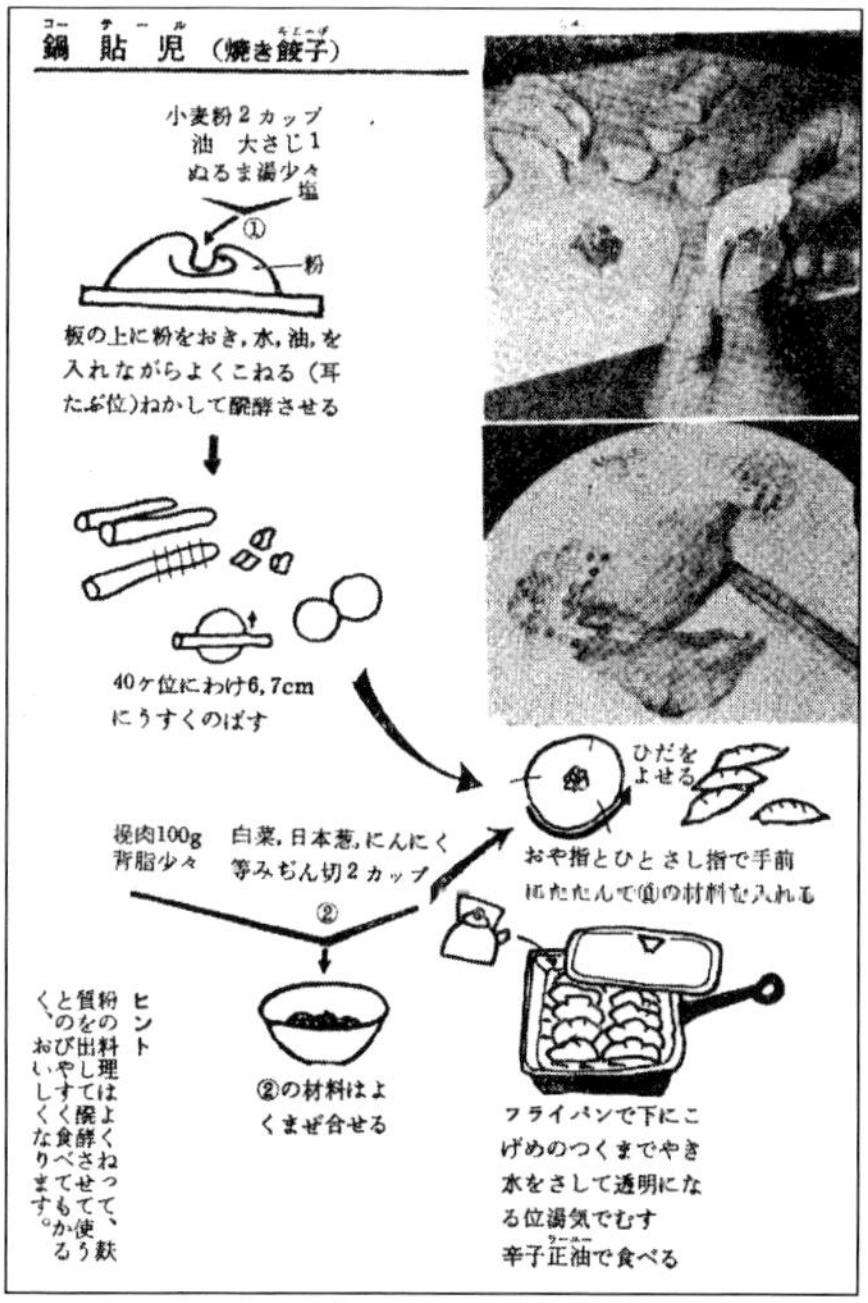

図 89　岡松喜与子『上手にできる家庭料理 500 種』(「生活百科双書」第 9 巻)、岩崎書店、1958 年(昭和 33 年)

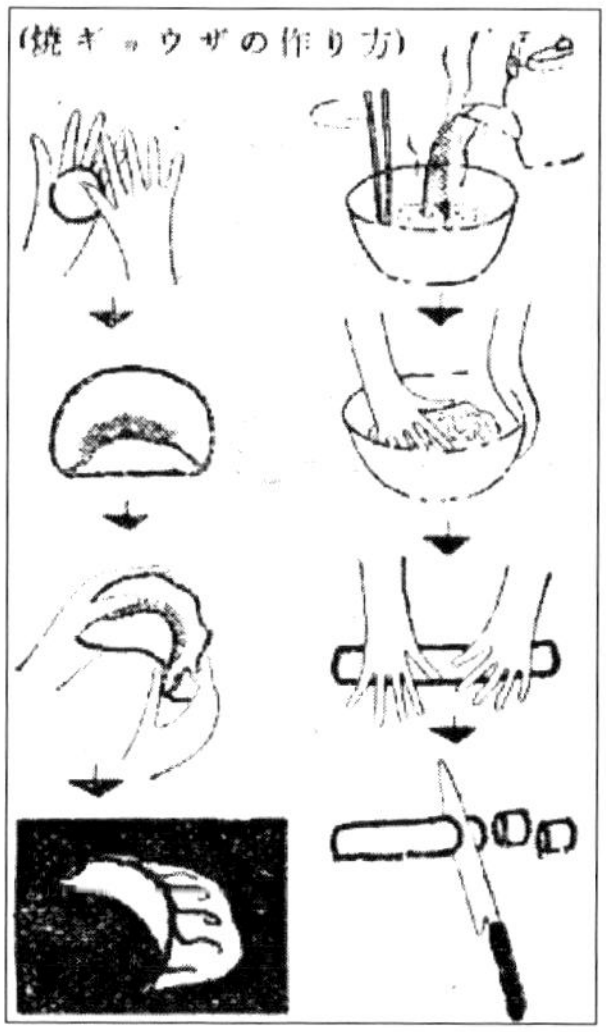

図 88　「主婦の友」1958(昭和 33 年)12 月号付録「温かいお惣菜の作り方」、主婦の友社

頃ですが、その後もしばらくは手作り皮と市販の皮が並行して使われていたので、包み方の横に皮の作り方を描いたものも多かったようです。

ここでは一九五一年（昭和二十六年）から五八年（昭和三十三年）までの包み方のイラストを見てきましたが、前項で見てきた「皮の時代」の包み方イラストと比べるとひだの数が少なくなっているようです。黎明期から戦後すぐくらいまでの餃子は細かいひだが餃子の端っこにたくさんあるように見えますが、時代がたつと大きくて数が少ないひだが餃子の頭のほうに作られています。フライパンに並べて蒸し焼きにするにはこのほうがきれいにたくさん並べて焼けますから、このようになったのかもしれません。

5 手作り皮の洋風餃子？

餃子がビターマンの名前で売られていた一九二四年（大正十三年）から約三十年を経ると、洋風の餃子が登場します。餃子の皮が小麦粉、牛乳、卵で作られ、なかに入れる餡にも卵、ハム、などを使い、皮二枚で挟むように包んで茹でています。茹で上がりにバター、チーズ、トマトソースをかけて食べるというものですから、もはや中

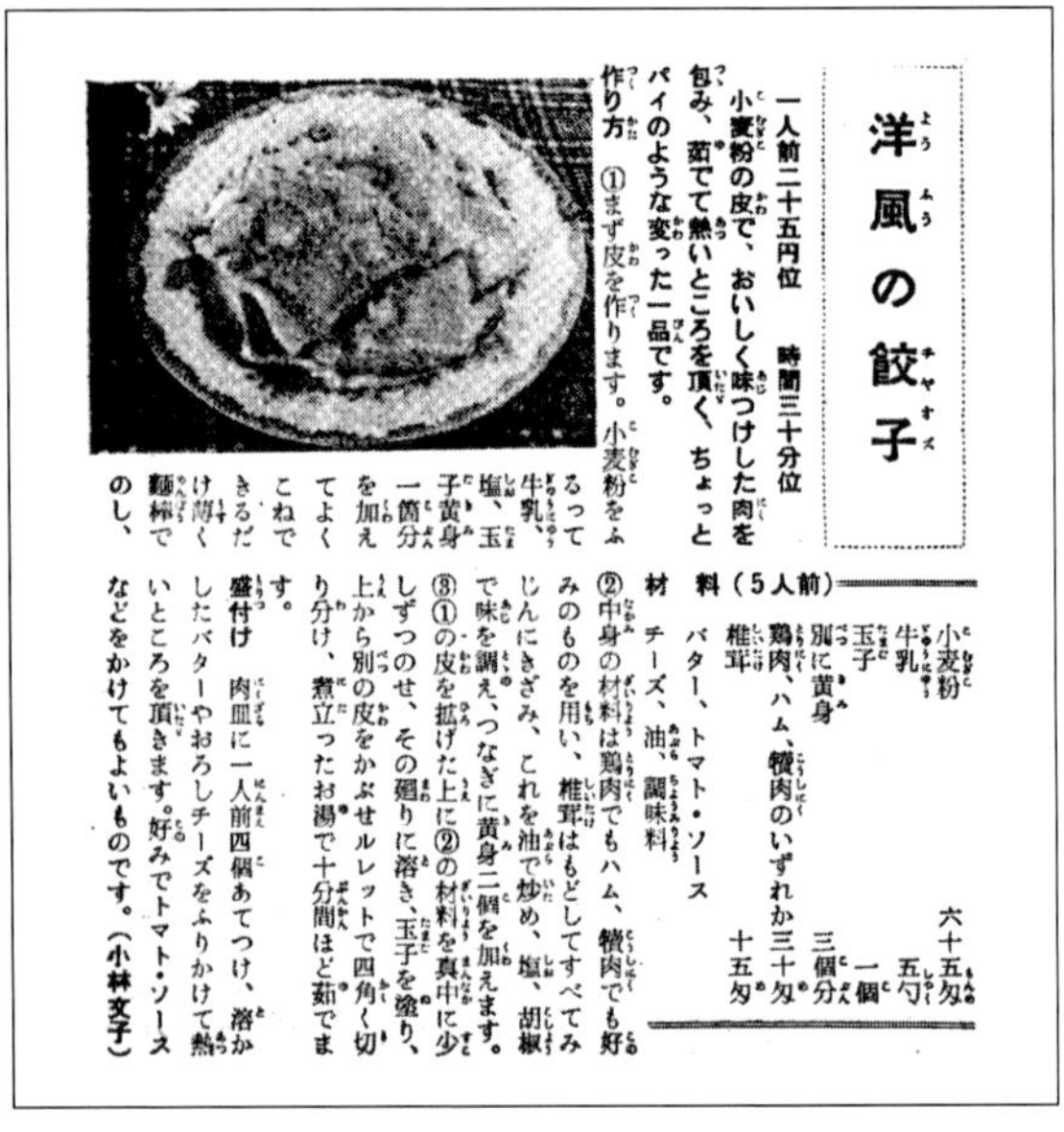

洋風の餃子

一人前二十五円位　時間三十分位

小麦粉の皮で、おいしく味つけした肉を包み、茹でて熱いところを頂く、ちょっとパイのような変った一品です。

作り方　①まず皮を作ります。小麦粉をふるって牛乳、塩、玉子黄身一箇分を加えてよくこねできるだけ薄く麺棒でのし、

材料（5人前）

小麦粉	六十五匁
牛乳	五勺
玉子	一個
別に黄身	三個分
鶏肉、ハム、犢肉のいずれか	三十匁
椎茸	十五匁
バター、トマト・ソース	
チーズ、油、調味料	

②中身の材料は鶏肉でもハム、犢肉でも好みのものを用い、椎茸はもどしてすべてみじんにきざみ、これを油で炒め、塩、胡椒で味を調え、つなぎに黄身二個を加えます。

③①の皮を拡げた上に②の材料を真中に少しずつのせ、その廻りに溶き、玉子を塗り、上から別の皮をかぶせルレットで四角く切り分け、煮立ったお湯で十分間ほど茹でます。

盛付け　肉皿に一人前四個あてつけ、溶かしたバターやおろしチーズをふりかけて熱いところを頂きます。好みでトマト・ソースなどをかけてもよいものです。（小林文子）

図90「婦人倶楽部」1955年（昭和30年）5月号付録「手軽でおいしい毎日のお惣菜料理」、大日本雄弁会講談社

国から入ってきた餃子ではなく、茹でたパイ（?）のような餃子になっていました。

ラビオリは洋風餃子だった

こちらの餃子も先の洋風餃子同様、小麦粉に卵やサラダ油などを混ぜて作った皮二枚で餡を挟むように包んでいますから、従来の餃子のようなひだはありません。それを茹でてトマトソース、粉チーズで食べるということですので明らかにラビオリですが、ラビオリという料理名がまだ知られていなかったからか、レシピ文には「洋風のギョウザかワンタンといったもの」と書かれていました。ラビオリを説明するために餃子を引き合いに出すのですから、すでに餃子という料理が日本食としてかなり普及していたということでしょう。

焼き餃子専用鍋が売られていた

雑誌「主婦の友」で新案道具として紹介していました（図92）。「最近、餃子が大流行」なので、家庭でじょうずに焼ける鍋を開発したのでしょう。つまり、戦後には焼き餃子が普及していたということですね。カッコのなかに小さく「へら、伸し

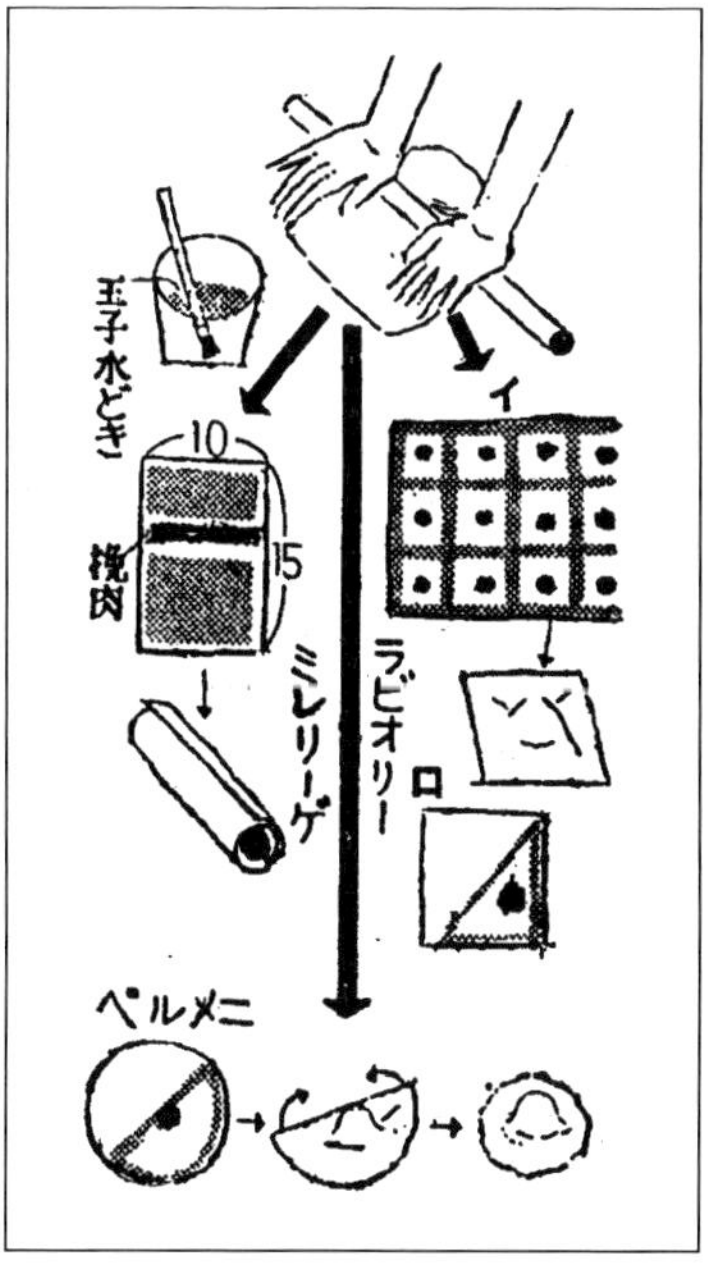

図91 「主婦の友」1961年（昭和36年）4月号付録「家庭の西洋料理」、主婦の友社

棒つき」と書いてあるということは、この当時でも餃子作りはまず皮作りから始めるのが当たり前だったということなのでしょうか。

6 餃子のレシピは餡のレシピに

手作り皮と市販の皮のレシピ比較

「主婦の友」一九六〇年（昭和三十五年）四月号付録「材料別毎日の料理ブック」では小麦粉をこねて作った餃子の皮を使うレシピになっていますが、同じ年に同じ「主婦の友」の付録として出版されたもう一つの料理本では、工業的に作られた市販の皮を使ったレシピになっていました。手作り皮のほうでは、皮の作り方と、その皮で中身の餡を包む包み方が丁寧に書かれていますが、市販の皮を使うほうのレシピは具になる生牡蠣の処理方法と包み方、焼き方が書いてあります。

市販の皮が普及し始めた頃から料理本のレシピも、皮作り中心から中身の餡作りや包み方、焼き方中心へと変わっていったのでした。

（餃子鍋）

☆餃子鍋

最近、餃子が大流行ですが、この餃子鍋は、鍋底が平なので、一度に沢山並べて焼くことができますし、蓋がぴつたりとしまるので、湯を入れてから蒸焼にするのによく、おいしい餃子が焼けます。

もちろん、揚鍋、すき焼、寄せ鍋などにも使えます。

（へら、伸し棒つき五五〇円、送料七〇円）（推奨者 東京都 安田和子）

図92　新案道具「餃子鍋」
（出典：「主婦の友」1956年〔昭和31年〕2月号、主婦の友社）

焼ギョウザ（50円 1時間）

粉っぽくなく、皮の薄い専門店なみの焼ギョウザは、自慢の家庭料理になっています。

材料（4人前、約40個）	
小麦粉	カップ2杯
豚挽肉	300g
ねぎ	10cm
にら	少々
しょうが	1かけ

作り方 ①小麦粉はカップ2/3杯の熱湯をさしてかきまぜ、よくこね、布巾にくるんで30分くらいねかす。

②ねぎ、にら、しょうがはみじん切して挽肉とまぜ、天ぷら油大さじ二杯、ラード、胡麻油各大さじ一杯、化学調味料を加え、よく練りまぜ、具を作る。あれば山椒の粉小さじ一杯も。

③左図のようにしてギョウザを作ったら、フライパンに油を引いて熱し、一度おろして、ギョウザを並べ入れ火にかける。底がこげてきたら、熱いスープか熱湯をギョウザが半分つかるくらい入れ、蓋をして、途中蓋をとらずに中火で7～8分焼く。パチパチと音がしてきたらでき上り。

(イ) 腰でおすようなつもりで、耳たぶくらいのやわらかさになるまでよくこねる。

(ロ) 直径2センチの棒状にのばし、右手の親指をあてて、その幅で小さくちぎってゆく。

(ハ) 一つずつまるめ、中央をくぼませてから、左手でまわしながら、のし棒で、お椀形にのばしひろげる。

(ニ) 具を小さじ山一杯くらいずつ心にして、山の中央を合せ、向う側にひだを二つとってとじる。

食べ方 一人あて十個くらいずつ皿に盛り、熱いうちに、酢醤油と辛子をつけていただきます。

（上原文子）

図93 「主婦の友」1960年（昭和35年）4月号付録「材料別毎日の料理ブック」、主婦の友社

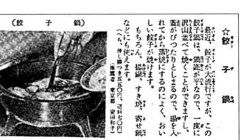

カキ入りギョウザ
（50円 40分）

豚肉の値上りで、挽肉料理が経済という定石もくずれがち。でもギョウザは、豚肉の専売特許ではありません。こくのあるカキ入りギョウザの店をさがしまわる、食道楽もいるくらいですから。

材料（1人前）	
カキ	15粒
ギョウザの皮	15枚
椎茸	1個
ねぎ	1/3本
白菜	半枚
しょうが	少々

作り方　①カキは塩水でしずかに洗い、熱湯に通して水気をきっておく。

②野菜は全部みじんに切り、白菜はふきんで水気をしぼっておく。

③ボールに、胡麻油、醤油、片栗粉各大さじ一杯、砂糖小さじ二杯、塩小さじ半杯と、②の野菜を入れてまぜ合わせる。

④皮の中央に①のカキと③の野菜をのせて二つに折り、図のようにひだをとりながら、きんちゃく形に口をととのえる。

⑤底の平らな厚手鍋を熱し、ラード大さじ二杯入れ、④のギョウザを並べ、きっちりふたをして、こげ色のつくまで中火で焼く。

そこへ、湯をギョウザの高さの半分近くまでさして、なくなるまで蒸煮する。

食べ方　熱いうちに、辛子醤油をつけていただきます。焼かずに、ゆでてもよい。

★**カキはコロッとした感じの粒のそろったものを選び、湯に通すとき煮すぎないこと。**

（伊藤芳子）

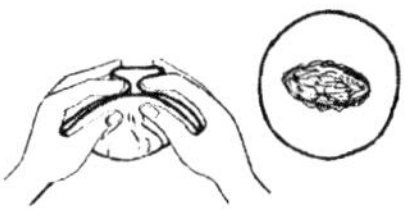

（ギョウザの包み方）

魚メモ　かに、えびは甲羅、殻の厚いものが、身も多い。

（68）

図94　カキ入りギョウザ
（出典：「主婦の友」1960年〔昭和35年〕10月号付録「秋冬毎日の…」〔書名不明〕、主婦の友社）

家庭料理の定番になった餃子のレシピ

イラストではありませんが、一九六八年（昭和四十三年）の料理本では、餡の作り方と餃子の包み方、焼き方のコツを伝授していました。家庭料理の定番になってきたからでしょう（図95）。

家で作ると具の味がもの足りません

▼家庭で作れば、肉もたくさん入れられますし、ほんとはおいしくできるはずです。

▼ごま油やしょうゆを入れていますか。調味料とひき肉をまずよくねり合わせておくのが第一のコツです。

▼白菜はあらいみじんに切って塩を振り、しばらくおいてしんなりしたら、しぼって水けをきります。ゆでるよりも塩をしてしぼったほうが味がよいようです。ねぎは縦四本に割ってから小口から刻みます。しょうがはおろすかみじん切り。

全部の野菜をひき肉にまぜて、手でじゅうぶんにこね合わせる。ペースト状になるまでよくこねるように。こね方が足りないと、野菜のうまみが出ません。

▼具にはかたくり粉を入れぬように。

なかなかじょうずに包めません、早く、きれいに包むコツは？

▼ギョーザは口が開かないように包むのが第一です。市販の皮は合わせ口を水で湿すとよくつきます。

▼包みやすい方法は、皮（市販の皮、普通少し長円になっている）を左手に縦長になるように持ち、具をまん中よりやや手前に、横に細長い形におく。向こう側の2/3ぐらい水バケで湿らせる。図のように二カ所つまんで全体をやや三日月形にして、向こう側の縁にひだをとりながら合わせる。こうすると、でき上がりが同じような三日月形になり、焼くときにきちんと、すきまなく並ぶ。

▼はじめにまん中を合わせ、両側の余った分をひだにしてもよい。真二つに折って、平らに合わせ、縁をきんちゃくひだに寄せたりする方法もある。

なべに焦げついたり、端のほうは白くて焼きが回っていなかったり。平均して焼けません。

▼なべ（フライパンか鉄の浅なべ）をよく熱して、油をたっぷり流し入れて熱し、ギョーザを並べます。並べ終わったら中火にして、なべをちょっとゆすって、ギョーザがなべにつくのを防ぎます。火の上でなべを回して、平均に火があたるようにしながら、全体にきれいな焼き目をつけます（二つか三つ裏返してみる）。ここで熱湯をギョーザの高さの1/3くらいまでさし、ぴったり合う蓋をする。シューシューという音がしなくなったらなべを回して残っている水を蒸発させ、ちょっと蒸らしてから、なべをゆすってギョーザをはがし、焼き目を上に皿に盛りつける。

▼ギョーザは生でおくと破れやすい。蒸してとっておくとよい。（難波綾子）

図95　「主婦の友」1968年（昭和43年）6月号付録「材料別おかず百科」、主婦の友社

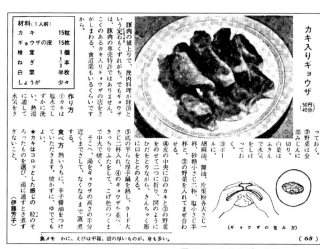

7 餃子の発展型

一つのレシピに手作り皮と市販の皮が載っていた

一九六一年（昭和三十六年）の「婦人倶楽部」二月号付録「クッキング・ブック」（講談社）に載っていた焼き餃子のレシピは、「皮の作り方」と「市販の皮を使った作り方」を並記しています（図96）。餃子の皮という商品が発売され始めてから十年ほどたっていたのですが、まだまだ手作りする人が多かったということなのでしょう。

このように一九六〇年代は餃子作りのレシピが「皮作り」から「具＝餡作り」へと移行する時期でした。市販の皮ができたことで手間がかかる皮作りはしなくてすむようになりましたが、まだまだ皮を手作りする人もいたようです。ただ市販の皮ができたことで、餃子作りが家庭料理としてとっつきやすくなったことは確かでしょう。この頃から牡蠣入り餃子のような〇〇餃子のレシピが増えていきます。

粉食／焼きぎょうざ（鍋貼餃子）

材料／5人前

豚挽肉……360グラム
干貝柱（なくてもよい）……30グラム
長葱……2本
椎茸……5個
白菜またはキャベツ……2枚
生姜……1かけ
にんにく……半かけ
小麦粉……400グラム
胡麻油、油、酒

43円／1時間20分

こんがりと焦げ色のついた焼きぎょうざを、辣油入りの酢醤油で頂く味は、若い方の魅力。

餡の作り方 1白菜はゆでて細かく切って水気をしぼり、長葱、椎茸、生姜、にんにくはみじん切にします。2干貝柱はかぶるくらいの熱湯をさして火にかけ、やわらかくなるまで煮て、すりこ木でたゝいて身をほぐします。3ボールに豚肉、干貝柱、野菜を入れ、酒、醤油各大さじ一杯、塩小さじ半杯、砂糖小さじ二杯、胡麻油大さじ二杯、胡椒少々を加えて手でよくこね、三十五個に分けてまるめます。

皮の作り方 1ボールに小麦粉（強力粉）、塩、胡麻油各小さじ一杯を入れて手早くまぜ、沸騰した湯約カップ一杯をさしてこね、耳たぶぐらいの固さに練ったら、ぬれ布巾につゝんで二十分ぐらいそのまゝおきます。2棒状にのして三十五個に切り分け一個ずつを直径一〇センチの楕円形に薄くのばし、さらにまわりを薄くのします。

市販の皮を使うと手間が半分 近頃は肉屋などでぎょうざの皮（一袋三十枚、二十五円ぐらい）を売っておりますので、市販品を利用するのも便利。

つゝみ方 皮の中央から手前に餡をのせ、三分の一ぐらいから折りまけ

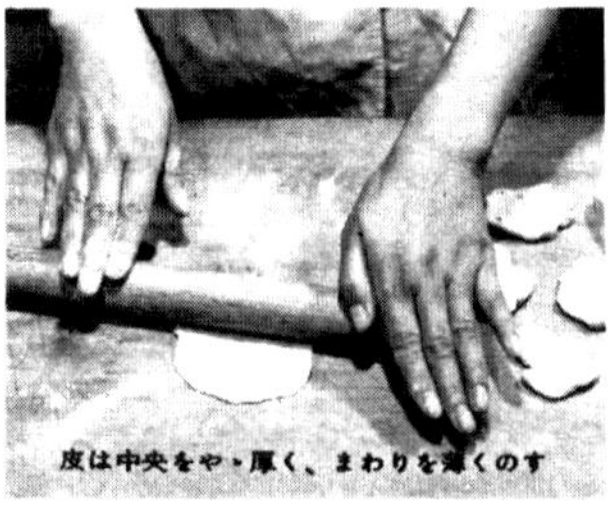

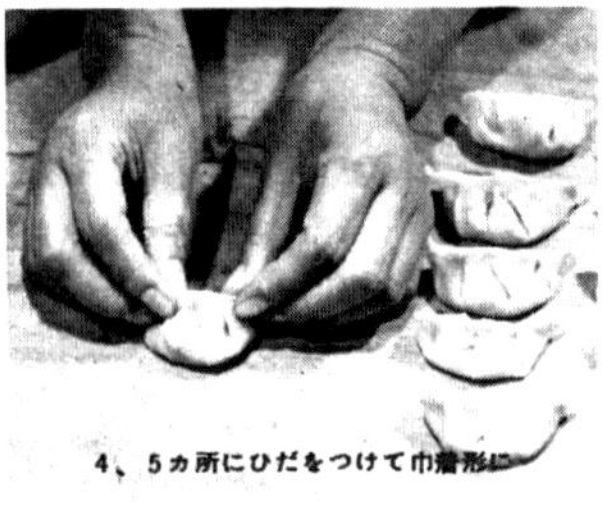

皮は中央をやゝ厚く、まわりを薄くのす

4、5カ所にひだをつけて巾着形に

図96 「婦人倶楽部」1961年（昭和36年）2月号付録「クッキング・ブック」、講談社

自由形の餃子二点

小麦粉に水を加え、手でこねて作る餃子の皮と違って、機械で工業的に生産される皮は非常に薄く作れます。本場中国の餃子は主食兼副食でしたが、米を主食とする日本人には餃子はあくまでもご飯のおかずだったから、手作りの分厚い皮の餃子よりも機械で作る薄い皮のほうが向いていました。その薄い餃子の皮が一九五〇年（昭和二十五年）頃から市販され始めたので、日本ではおかずに適した日本風餃子が多く作られるようになっていきました。小麦粉をこねて皮を作らなくてすむようになった分、餃子の中身に日本人は工夫を凝らし始めるのでした。

①桃とハムの揚げ餃子

図97は桃とハム……と謳っていますが、桃餃子とハム餃子ということでした。缶詰の桃を四つ割りにして市販の餃子皮二枚で包みます。もう一方は炒めたみじん切りの玉葱とみじん切りのハムを市販の餃子皮で包みます。これらを油で揚げますが、中身の餡はすでに火が通っているので、浮き上がったら取り出してかまいません。

②卵の餃子

「婦人倶楽部」一九六四年（昭和三十九年）二月号に載っていた餃子の餡は豚ひき肉、長葱のみじん切り、下ろし生姜、塩小さじ二分の一、醤油大さじ一、化学調味料少々をよく混ぜて小さじ一杯ずつ丸めておきます。

この餃子の皮は小麦粉ではありません。おつゆをすくうときに使う「玉じゃくし」

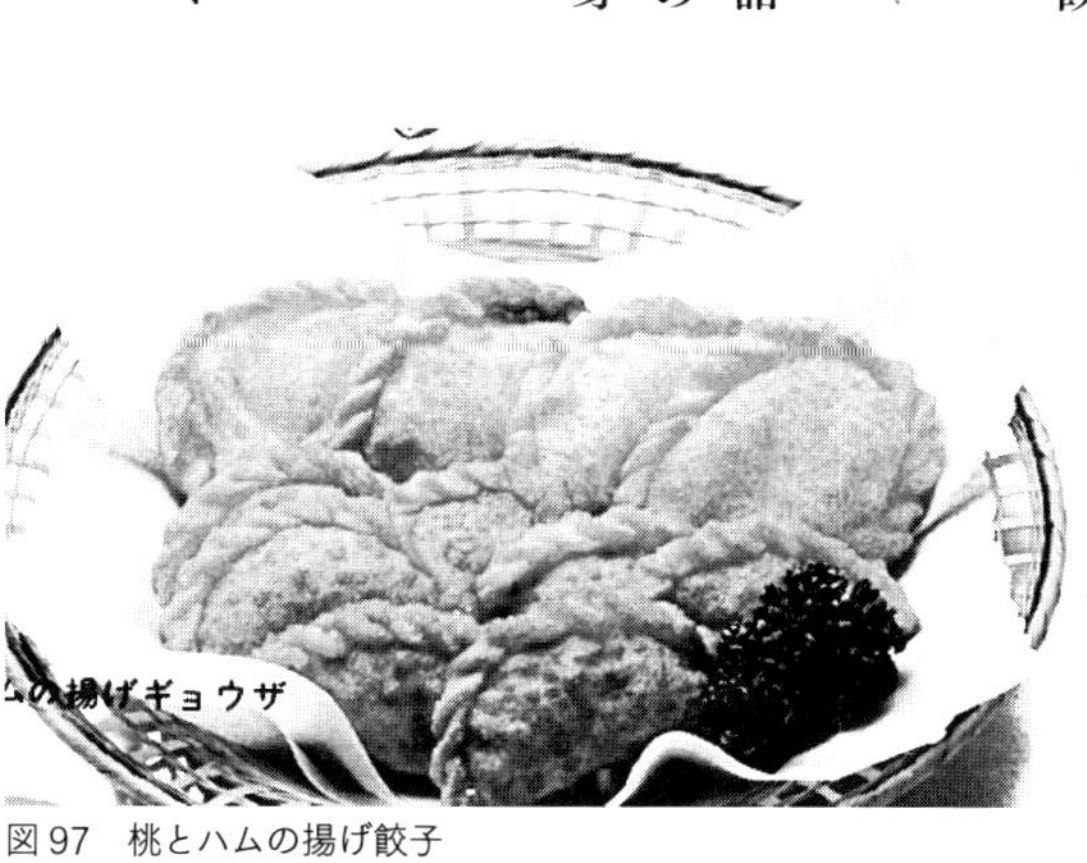

図97　桃とハムの揚げ餃子
（出典：1967年〔昭和42年〕頃の婦人雑誌〔雑誌名不明〕）

に油を塗って弱火にかけ、熱したところに溶き卵を大さじ一杯流して全体に広げ、そこに餡を入れて二つ折りにします。こうしてできた卵皮の餃子を鍋に並べ、カップ三杯のスープか煮出汁を注いで火にかけ、酒、醤油、塩、化学調味料で調味して、最後に水溶き片栗粉でとろみをつけます。かなり風変わりな餃子ですが、「薄焼き卵を皮に使ったうま煮餡とじ餃子」と言ったところでしょうか。外見は餃子ですが、餃子の命とでもいうべき小麦粉で作るはずの皮が卵で作られているので、カテゴリーとしてはオムレツの部類に入れるべきかもしれません。もし今日の中華料理屋で「卵の餃子」というメニューがあったとしたら、ほとんどのお客さんは餃子の中身（餡）に卵を使っていると思うのではないでしょうか。そう考えると、この頃の餃子レシピはまだ中身（餡）よりも皮のほうにウエートが置かれていたのかもしれません。

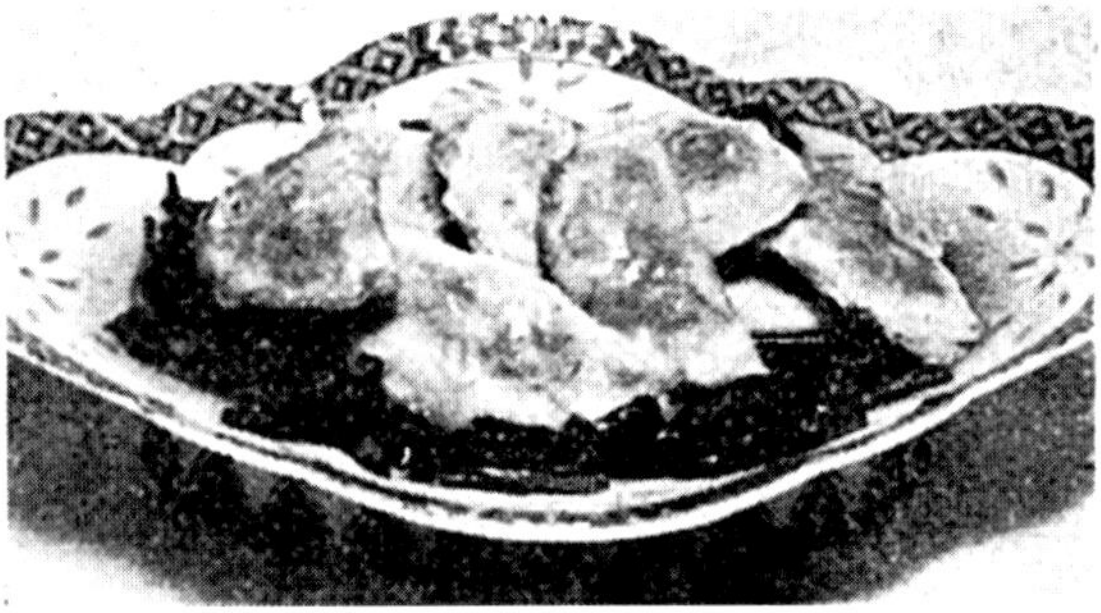
図98　卵の餃子
（出典：「婦人倶楽部」1964年〔昭和39年〕2月号、講談社）

図100　「主婦の友」1979年（昭和54年）4月号付録「毎日のおかず絵本」、主婦の友社

図99　「ギョウザなべ」
（出典：「主婦と生活」1966年〔昭和41年〕11月号付録「毎日のおかず333種」、主婦と生活社）

鍋物の具としての餃子

白湯で茹でてタレで食べるのが水餃子ですが、餃子鍋になると餃子は鍋料理に入っている具材の一つになりますから、細かく言うと餃子料理の一種ではないのかもしれません。しかし、出汁がきいた鍋物の具材として餃子はと

ても相性がよかったから、その後、餃子はおでん種としても使われるようになっていきました。

餃子の皮で残り物処理料理を

市販の餃子の皮はだいたい二十枚から二十五枚単位で売られていますから、使い残しも生じます。そこでこのような「残った餃子の皮」を使った料理も見られるようになってきました。一九六八年（昭和四十三年）「主婦の友」十二月号付録の「冬のおかず百科」では「残り物の処理料理」を特集していて、野菜や缶詰、惣菜などの残り物をこれまた残った餃子の皮で包んだ春巻や揚げ焼売を取り上げていたのです。

餃子の皮がおやつに変身

市販の餃子の皮を使った料理というだけで、もはや餃子ではありません。いちごジャムやマーマレードはもとより、あんこやチョコクリームなどでもおいしくできます。

中国料理の餃子を作るために覚えた餃子の皮作りでした

図101　餃子の皮の残り物料理、春巻と揚げワンタン
（出典：「主婦の友」1968年〔昭和43年〕12月号付録「冬のおかず百科」、主婦の友社）

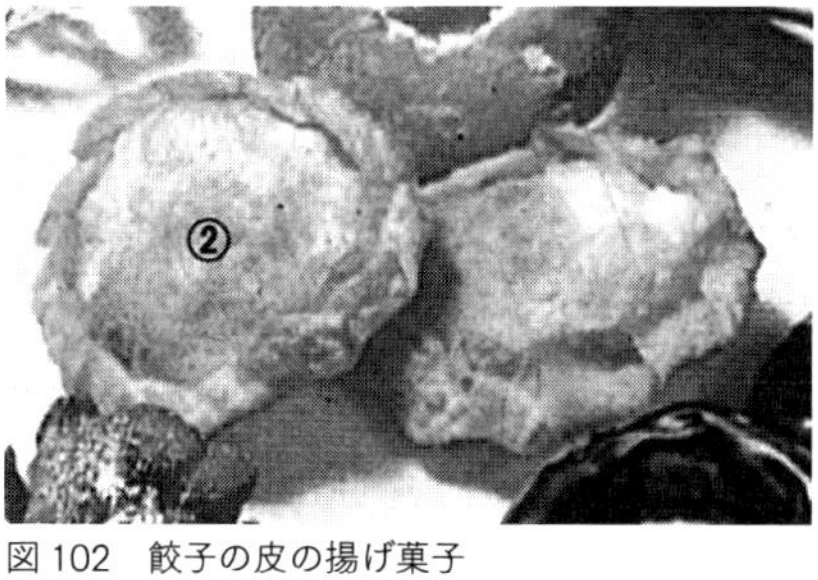

図102　餃子の皮の揚げ菓子
（出典：「主婦の友」1963年〔昭和38年〕8月号付録「夏のおやつブック」、主婦の友社）

が、やがてその皮が市販されるようになると、皮を作る手間が省けるようになり、さらにその皮を利用すれば揚げ菓子も簡単に作れることを知るのでした。

ジャムのかわりに　カレー味でインド風

中国の揚げ餃子とインドのサモサ、日本人から見ればどちらも同じ市販の皮で問題なし……だったのでしょう。ジャムを包んでお菓子にしたかと思うと、カレー味のイモやハムを包んでサモサを作っています。

餃子の皮でチーズやソーセージを包んで油で揚げたパリッとしたおつまみがはやったのは一九七〇年代から八〇年代のことでした。かつては餃子を作るためにせっせと作っていた皮が市販されるようになると、おつまみ料理の定番食材になっていったのでした。

餃子のソース焼き

「餃子をつくり、カゴメソースをたっぷりつけて金網かフライ鍋で両面をやきあげて下さい」。『ソース料理１００選アイデア集』はカゴメソースが宣伝用に作った料理本ですから、ソースが使われるのは当然でしょう（図１０４）。餃子を食べるときのタレは普通は酢・醤油・唐辛子などを用いますから、「酢と醤油」のかわりに日本製のウ

図103　「婦人生活」1973年(昭和48年)4月号付録「お菓子サンドイッチおやつ」、婦人生活社

図104　『ソース料理100選アイデア集』カゴメ、1969年（昭和44年）

スターソースを使ってもおかしくはないと思います。日本製のウスターソースの作り方はまさに醬油ベース風ニッポンソースでしたから決してミスマッチではなかったと思うのですが、この本ではソースをタレにして食べるのではなくて、ソース焼きにしています。

作ってみました。小皿にカゴメソースを注ぎ、焼き餃子の熱々をつけて食べるのならわかる気がしますが、生餃子にソースをたっぷりつけて——。

・金網で焼く→遠火で焼かないと焦げやすかった。焦げないように気をつけると今度は生焼けになりそうで、結構大変だった。
・フライパンで焼く→油をたっぷり引いても焦げやすい。蒸し焼きにすべく水を差して蓋をしてしっかり火を通したが、薄いソース味の焼き餃子になってしまい、食べるときに再びソースをかけなければならなかった。

結論としては、ソース焼きにするのではなく、焼いてからソースをつけたほうがいいと思うのでした。

8 ニッポンの餃子のまとめ

一九〇九年の料理本では餃子＝かうずらと表記していたのが、半世紀後には「アベックで食べ歩き」のご馳走になっていました。東京オリンピックも終わった一九六四年（昭和三十九年）、「主婦の友」に「アベック食べ歩き」という記事があり、そこで取り上げていたご馳走が餃子だったのです。有名人がアベックで、はやりの料理を有名店で食べ歩くという企画のようでした。十二月号では、歌手で俳優、声優でもある鈴木やすしさんと佐久間道子さんが東京・渋谷の恋文横丁にある餃子店・珉珉で餃子を食べるという設定です。見開き二ページの記事のなかからこの時代、餃子がどのようにとらえられていたのかを読み取ってみます。

記事は佐久間道子さんのインタビュー形式で進められています。

㋚（佐久間道子）：どこに行くの？
㋜（鈴木やすし）：渋谷の〝珉珉〟よ
㋚：うわっ、ギョウザ！私たちも食べたい。ついていっちゃお

こうして新宿のジャズ喫茶に出演中だった彼らとそのバンドボーイ達、総勢八名で餃子を食べにいくのです。そのことについて

・ギョウザと聞いては目のない若者たちばかり
・一日に一回はギョウザを食べないと落ち着かない
・外で食べられなかった日は、既製品のギョウザを買って帰って焼いて食べる
・手軽で、安くて、ボリュームがあって、ゴキゲンの小夜食だ

このように書かれています。

雑誌記事のことですから、誇張している部分があるのは仕方がありません。「一日一回は餃子を食べる」は言いすぎでしょうが、手軽で安くて、ボリュームがある小夜食であったことは確かでしょう。また「既製品のギョウザを買って帰る」は戦後の食文化を物語っています。コロッケ、トンカツ、餃子などは店というより屋台と言ったほうがいいような粗末な店舗で売られていて、仕事帰りに買って帰る労働者が多かったのです。経木（きょうぎ）（薄い木の板）、竹皮、折り箱などに詰めた餃子のことを、ここでは「既製品」と呼んでいます。今日のように冷凍餃子などありませんでしたから。

餃子店・珉珉についてはこのように記述していました。

「もう一人前たのんじゃおうか」「ウン、半分ずつ分けて食べましょ」

図105 「アベック食べ歩き――若もののごちそう・ギョウザ」「主婦の友」1964年（昭和39年）12月号、主婦の友社

・この頃、街にはギョーザ屋さんが星の数ほどもできているが、珉珉は、いちばんのはしりだそうだ。
・戦後二十二年頃、大連から引き揚げてきた主人が始めた。
・日本中にギョウザ屋なんて一軒もない頃のことだ。

大連から引き揚げてきた主人が始めた店であることは確かでしょうが、珉珉が「いちばんのはしり」だったとか、「日本中にギョウザ屋なんて一軒もなかった」というのは推測でしょう。少なくとも大正年間にギョウザ屋があったことは確かなことでしたから。

そしてリポーター役、佐久間道子さんのコメントです。

㋚：ラーメンとギョウザ、ギョウザとご飯なんて注文している人が多い。
ギョウザをおかずにしてご飯なんか食べたら、でんぷん過剰で、ぜい肉やニキビにきっと悩まされることになるだろうに。

佐久間さんは「ギョウザをおかずにしてご飯を食べる」ことにちょっと不安を感じていたようです。日本では餃子をご飯のおかずにする食文化がすでに定着していましたが、それとは別に専門店ではプロの餃子だけをご飯なしで食べることも一般化していました。

この記事に出ている鈴木やすし・佐久間道子両氏のようにギョウザだけを食べたり、お酒やビールのつまみとして食べることと、「家庭でご飯のおかず」として食べることの両方が、日本的餃子スタイルになっていったのでしょう。

この頃の珉珉で作っていた餃子の作り方が書いてありました。

餃子に使う材料は、豚のひき肉、白菜、葱、ニラ、生姜、大蒜、ハルサメなど今日の餃子の基本形と言えるような餃子だったようですが、ハルサメを入れるというところがミソでしょうね。中華料理の「揚げハルマキ」にはハルサメを入れるように、餃子にもハルサメは相性がいいのです。この記事のなかで珉珉の主人が餃子のコツは野菜の水気をよく絞ることだと言っていましたが、ハルサメを具材に使うと野菜の水気をハルサメが吸ってくれますから、水っぽくない餃子が作れます。餃子にハルサメを使ったり、豚肉と羊肉をブレンドしているということは、珉珉の主人はかつて中国で本場の料理を学んだ方だったと思われます。このように本場の餃子を知っている人物が戦後の渋谷で、日本の若い人たちがアベックで食べにいくような焼き餃子の店を営んでいたということを、この雑誌記事から読み取ることができました。

餃子はもともと中華料理

明治維新以前、つまり鎖国時代には、長崎など一部地域の日本人のなかには餃子を知っている人もいたでしょうが、一般の日本人は餃子なんて知らなかったでしょう。

明治時代の日清戦争以降、中華料理が日本でも食べられるようになって、餃子もだんだん知られるようになっていきました。その頃日本に入ってきた餃子は本場中国のそれとほぼ同じ作り方で、主食的な「皮」と副食的な「具」が一体になったものでした。

しかし本場の餃子と異なり、日本で餃子は主食であるご飯（米）のお惣菜的な要素が強かったため、皮が分厚いものよりも薄いものが求められるようになったのではないでしょうか。日本の食文化で小麦粉をこねてのばして作るものといえば、思い浮かぶのはまず「うどん」でしょう。うどんを作る場合には餃子の皮ほど薄くのばす必要がなかったから、餃子のように「薄くのばす技術」は料理本で新たに取り上げなければならない項目だったと考えられます。だから、一九一〇年代から六〇年代（大正から昭和三十年代）までの料理本では餃子の作り方といえば、薄くのばす皮の作り方がメインになるのも当然でした。

戦後、一九五〇年代（昭和二十年代）に工業的に生産された薄い皮が販売されるようになると、料理本の「餃子のレシピ」もそれまでは皮の作り方がメインだったのが、具の作り方がメインになっていきました。そして「具」のバラエティーがレシピの売り物になっていき、牡蠣餃子とかチーズ餃子など、具材＝餡の内容を謳ったものが多くなりました。こうして餃子は本場中国の餃子から離れ、ご飯のおかずとしての進化を遂げ、日本食の一部として定着したのでしょう。

餃子作りは家族でおこなうレジャーになった

たまの日曜日には、妻や子供たちとワイワイさわぎながら、粉をこねくりまわすことがあるんです。楽しいですね。それだけに、わが家の得意料理といえるものです。

小麦粉を、耳たぶくらいの固さによく練り、少しずつ小さくちぎって薄くのばし、皮を作る。この間に、挽肉ににんにくを少少入れていため、塩、胡椒する。これを皮に包み、形をつけて、焼ギョウザにしたり、水ギョウザにする。

酢醤油によくきいた辛子を落し、できたてをいただくんです。家族が共同作業でやったギョウザ、形や大きさはととのわないが、味の方はいけますねエ。

（「有名人１００人冬料理」「主婦の友」一九五九年〔昭和三十四年〕十二月号、主婦の友社、二二六ページ）

この資料は一九五九年（昭和三十四年）の「主婦の友」に掲載されていた、各界の著名人百人に聞いた「我が家の自慢冬料理」のなかにあった総評事務局長・岩井章氏のものです。いまから六十年前に書かれたものですが、現在の家庭での餃子作りと非常に似ていると思いませんか？　戦中・戦後しばらくの餃子レシピを見ると、「限られた食材を工夫して、腹の足しになるものを作る」というような生活臭が感じられますが、この一文からはそういった切実さは感じられません。その五九年から今日に至るまでの間に餃子の皮は市販品を使うのが一般的になり、買って帰って焼くだけの生餃子、すでに焼き上がった焼き餃子がスーパーで買えるようになり、長期保存可能な冷凍餃子も出てきました。また餃子の店も進化を遂げ、何十種類もの○○餃子が手軽に食べられるようになりました。自分では皮を作らなくてすむどころか、フライパンで焼くことさえしなくても、食べたいときに食べたい種類の餃子が食べられるにまで進化した餃子の世界では、「自分で皮から作る餃子」というものが最も新鮮なのでしょう。

あるときは家族総出で、またあるときは休日のパパご自慢の料理だったりする「手作り餃子」には、皮から手作りしていた頃の餃子文化が受け継がれています。外食から冷凍総菜、手作りまで幅広く普及した餃子という料理は、日本の食文化としてすっかり定着したと言えるのでしょう。

第5章 肉じゃがの歴史

1 「肉じゃが」という名前の誕生

最古？の「肉じゃが」表記

「肉じゃがって、どこか懐かしいっていうか、おふくろの味的なお料理ですね」というようなコメントが、料理本やマスコミで使われるようになったのは一九八〇年代だったと記憶しています。以来、肉じゃが＝懐かしいという図式が使われてきましたが、そもそも「肉じゃが」という料理名はいつ頃から使われだしたのでしょうか。居酒屋で出される肉じゃがもあれば、家庭のお惣菜として食べられるものもあります。まるでビーフシチューのようにゴロゴロとした存在感あふれる大きな肉を使う肉じゃがもあれば、お徳用細切れ肉やひき肉を使ったものもあります。その肉だって牛肉もあれば豚肉もある。味付けの基本は「甘辛い味」ですが、醤油の場合と味噌の場合がある。このような多様さが今日の居酒屋や家庭で食べている肉じゃがというものにはあるのです。

この肉じゃがが誕生したのは少なくとも日本人が肉をよく食べるようになった明治維新以降と考えていいだろうという考えから、明治以降の料理本や生活雑誌をめくってみましたが、最も古い「肉じゃが」という表記を発見したのは一九五〇年（昭和二十五年）の婦人雑誌「主婦と生活」一月号（主婦と生活社）でした（図106）。

肉じゃがは伝統的なおふくろの味と言われているから、当然戦前からあったのだろうと思っている人が多いと思いますが、戦後五年がたった一九五〇年（昭和二十五年）の「主婦と生活」以前の文献に見ることはできませんでした。しかも、婦人生活雑誌である「主婦と生活」に掲載されていたというと普通は「肉じゃがの作り方が書いてあった」と思ってしまうでしょうが、そうではありません。五〇年＝戦後五年目の東京の街のルポ、つまり街の風景の一つとして「こんなものがありましたよ」的に書かれていたのです。

この外食券食堂のルポ記事のなかに「肉ジャガ」という表記がありました。戦後の混乱期ですから食糧も配給制で、外食するためには政府から支給されていた「外食券」を持って指定された外食券食堂に並ばなければなりませんでした。その外食券食堂の一つが東京・四谷見附にあり、「主婦と生活」の記者が取材に訪れたのでしょう。高松宮様も訪れたという外食券食堂のメニューに「肉ジャガ」という表記が見られます。この時代に肉じゃがという名前の料理が一般的に普及していたのであれば、当時の料理本にその作り方が出ていてもおかしくはないはずです。そこで婦人雑誌や料理本で「肉じゃが」という表記を探してみましたが、見つけることはできませんでした。その頃の雑誌類を可能なかぎり探してみましたが、これ以前に「肉じゃが」表記は見当たりません。

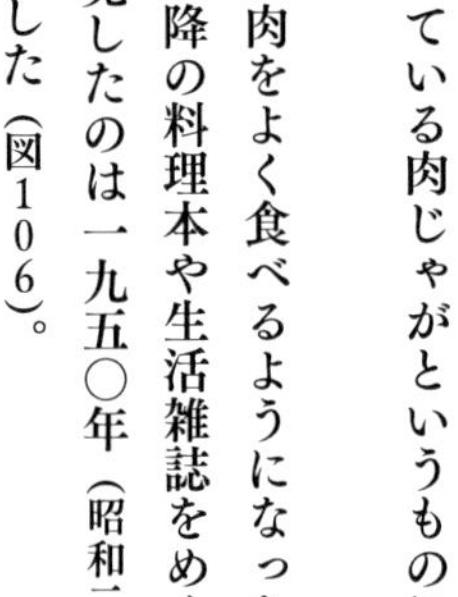

外食券食堂

◇四谷見附外食券食堂◇

GHQのモデル食堂、高松宮もおいでになつたことがあるという店。▲定食（飯、汁、香物）＝十三圓▲上新香＝十圓 ▲やっこ豆腐＝十三圓▲鯖バタ焼、肉ジャガ、ビフカツ、ハムサラダ、かれい煮付＝十七圓▲メンチカツ、鯛のフライ＝二十三圓▲ハンバークステーキ、ハムエッグ＝二十七圓。

図106 「主婦と生活」1950年（昭和25年）1月号、主婦と生活社

とすると、現在の料理本でよく見かける「肉じゃが」はいったいいつ頃から載るようになったのでしょうか。明治時代から昭和の間に出版された料理本を集めて、「肉じゃが」に類似した料理を探してみることにしました。

料理本の料理名から時代が読める

「肉じゃが」探しに数百冊の料理本を使いましたが、その料理本についてまず触れておきます。料理本といっても明治―大正―昭和でその傾向が変わっていきます。料理本の変遷を時代を追って説明します。

①明治時代の料理本

明治以前から続く伝統的和食の技術や心構え、食事の作法について書いたものや、明治以降海外から入ってきた西洋料理の手ほどき書が中心でした。

硬い文語体で、主に男性の職業的料理人を対象として書かれていたため、婦人や料理の素人にはわかりにくかったと思われます。

②大正から昭和（戦前）の料理本

経済的なゆとりがある都会の女性を対象に、家庭向けの惣菜料理を口語体で書く料理本がこの頃から出始めます。明治時代の料理本が「茹でたるのち、塩にて食す」だったのに対して、大正から昭和の家庭向け料理本では「十分間茹でてから、塩一匁で味をつけていただきます」というふうに数値化したレシピになっていきます。

入手可能な食品で作れる和食のほかに、日本的にアレンジされた洋食や中華料理（当時の表記では支那料理）も家庭で作れることが特に婦人雑誌の読者に受けたのでしょう。この時代の料理本が和洋中を取り入れた家庭惣菜料理を普及させたと考えられます。

③戦中から戦後（一九五〇年〔昭和二十五年〕頃まで）

食糧統制下の限られた食品でどうすれば飢えずに、おいしく食べられるかが主題とされていました。珍しい料理とか高級料理どころではなく、「飢えないための」料理が掲載された時代でした。

④一九五〇年（昭和二十五年）頃から七五年（昭和五十年）頃までの料理本

「肉じゃが」表記を発見した「主婦と生活」（主婦と生活社）や「主婦之友」（主婦之友社）、「婦人倶楽部」（講談社）など婦人雑誌の付録料理本の全盛期が一九五〇年頃から七五年頃でした。言い換えると、この時代の料理本といえば婦人雑誌の付録がその中心だったのです。

食材が豊かになり、調理道具や燃料も豊富になってくるとともに、和洋中憧れの料理を「御家庭で作れる」ことが料理本の「売り」になっていきます。戦中・戦後の「飢えないための料理」ばかりだった料理本の時代を挟んで、大正から昭和初期の家庭惣菜料理普及時代の料理本が戻ってきたような感じでした。

そして一九七五年（昭和五十年）以後は、マスコミで顔が売れた料理研究家や有名店の料理人の名前が付いた「○さんの料理本」が多くなるのです。

日本の料理本の変遷はだいたいこのようなものです。

料理本に「肉じゃが」表記を発見！

「肉じゃが」表記を発見した「主婦と生活」が一九五〇年（昭和二十五年）一月号でした。その頃から七〇年（昭和四十五年）頃までが婦人雑誌の付録料理本の全盛期でしたから、そのなかに肉じゃがも出ていたのではないかと思って戦後の雑誌付録料理本を片っ端からチェックしてみましたが、あてがはずれて最も古い肉じゃがレシピは雑誌付録料理本ではなく、NHKテレビ『きょうの料理』のテキストでした。

NHKテレビの『きょうの料理』で一九六四年（昭和三十九年）、東京オリンピックの年に紹介していた肉じゃがは、牛肉の細切れを使い、野菜はじゃが芋、ニンジン、玉葱を結構たくさん加え、砂糖、みりん、醤油、化学調味料でこってりとした味に仕上げていました。

一方、婦人雑誌付録料理本のほうにはこのNHKテキスト掲載から約十年も遅れて肉じゃがが登場するのです。

新じゃがの
つるつる煮ほか　（5月27日　放送）　わが家の料理　水　57

☆新じゃがのつるつる煮☆

表面はぴかぴかつるつるで，中はほかほかのお芋の煮っころがし，洋風好みの若い人にも大好評。

(1)　小粒のじゃがいもは掘りたてならすり鉢で水をとりかえながら，ごろごろころがすと簡単に皮がむける。きれいに皮をむき水気をきる。

(2)　こんにゃくは手でひと口大にちぎる。

(3)　なべに油を熱し，(1)と(2)を一度に入れ，じゃがいもの表面がすき通ってくる位まで十分にいためる。

(4)　(3)に砂糖大サジ3，しょうゆ大サジ4を加えてかきまわし，水大サジ2を加え，ふたをして時々ゆりうごかし，焦げつかないように気をつけながら，煮汁がなくなるまでいっ気に煮上げる。

(5)　器に盛り，ゆでたグリンピースを添える。

☆応　用＝小粒のじゃがいもがない時は，大きいのを，ころころに切って用いる。

☆肉　じ　ゃ　が☆

出盛りの新野菜の甘味と，とろけるような味が牛肉とよく合い，食べ盛りや大家族の食事に最適。

(1)　じゃがいも，にんじんはひと口大に切る。

(2)　玉ねぎは8つ割りにし，さやえんどうはすじをとり，さっと色よくゆでる。

(3)　なべに油を熱し，牛肉をいため，色がかわってきたらじゃがいも，にんじん，玉ねぎを加え，十分油がまわるまでいためる。

(4)　(3)に砂糖大サジ2，みりん大サジ2，しょうゆ大サジ4～5，化学調味料少々を加え，ふたをし，時々なべ返しをしながら強火でじゃがいもが柔らかくなるまで煮る。

(5)　器に盛り，さやえんどうを散らし，あたたかいうちにいただく。

☆ポイント＝新じゃがは強火でいっ気に煮た方がおいしい。さめたものをあたためなおしたものは，実がかたくなって味が落ちる。　（尚　道子）

材　料（5人前）

☆新じゃがのつるつる煮☆

新じゃがいも	（小粒）400g
こんにゃく	2枚
グリンピース	少々
油	大サジ2½

調味料＝砂糖・しょうゆ

☆肉　じ　ゃ　が☆

新じゃがいも	500g
牛細切れ（または並肉）	200g
新玉ねぎ	（中）3コ
新にんじん	150g
さやえんどう	少々
油	大サジ3

調味料＝砂糖・みりん・しょうゆ・化学調味料

図107　日本放送出版協会「きょうの料理」1964年（昭和39年）5月号、日本放送出版協会

図108　雑誌付録料理本で見つけた最古の肉じゃが
（出典：「愛情なべ料理と100円おかず」「主婦の友」1975年〔昭和50年〕12月号付録「愛情なべ料理と100円おかず」、主婦の友社）

ＮＨＫのテキストで紹介された後の十年間、料理本で肉じゃがという料理名は使われていませんでした。そして、肉じゃがという料理名が料理本で一般的に使われだしたのは一九七五年（昭和五十年）頃だったということになります。

参考までに、肉じゃがという料理名が使われ始めたのとほぼ同じ頃の別の料理本に出ていた薄切り肉とじゃが芋の南蛮煮の写真とレシピです（図１０９）。

料理の写真を見ても、レシピを読んでも、同時期の「肉じゃが」とほぼ同じ料理に思えるのですが、（豚肉と）じゃが芋との南蛮煮という名前で呼ばれていて、「南蛮煮」という調理法が明記されています。「肉じゃが」という表記ではこの料理に使う食材名は肉とじゃが芋であることしか伝わりませんから、どのように調理したものなのかはわかりません。考えようによっては、肉とじゃが芋を油で揚げたものであっても、茹でた肉とじゃが芋のサラダであっても、「肉じゃが」で間違いではありません。

肉じゃがは、その名前が料理本に登場し始めたのが一九七五年（昭和五十年）頃だったにもかかわらず、八〇年代にはすでに「おふくろの味」とか「懐かしい家庭の惣菜」とか言われていたのでした。たった五年から十年くらいで急に懐かしの味になるというのもおかしな話です。きっと肉じゃがという名前が付けられる前に肉じゃがのルーツとなる似た料理があったのでしょう。

図 109　「婦人倶楽部」1974 年〔昭和 49 年〕6 月号付録「毎日のおかずと料理の秘訣」、講談社

では、今日の「肉じゃが」に至るまで、肉とじゃが芋を使った料理はこの日本でどのように変化してきたのでしょうか。牛肉を日本人がよく食べるようになったのは明治維新以降です。若い頃から牛肉食をしていた福沢諭吉が食べていたのは、硬い牛肉を鍋でグツグツ煮て食べる「牛鍋」のような料理だったはずです。また、イギリス留学組が覚えてきた「ビーフシチュー」は明治初期の「牛肉＋じゃが芋」料理の原型になったと考えられます。たしかにイギリス留学から帰ってきた東郷平八郎らが海軍の兵食に牛肉とじゃが芋の煮物を取り入れて、のちにこれを「うま煮」または「甘煮」と名付けています。イギリスのビーフシチューは香辛料やソースを使って煮込んだ料理でしたが、海軍では醤油と砂糖を使って、しかも短時間で完成する料理に変化しました。その当時の海軍のテキストにはイギリス風のビーフシチューという料理もちゃんと掲載されていましたから、シチューができないからその代用として肉じゃがを作らせたのではないと思われます。このうま煮や甘煮が今日の肉じゃがのルーツだという見方もできますが、今日の肉じゃがにたどり着くまでには日本各地の伝統的な「イモの煮物」「イモの煮っ転がし」など、戦後増えてきた肉料理の影響があったとみるのが自然ではないでしょうか。

2 肉じゃがと命名される前のじゃが芋のレシピ

日本人が食べてきた芋類を古い順に並べると、大和芋（長薯、自然薯、山芋など）、里芋、じゃが芋、さつま芋（甘藷）となります。料理本を開いてもじゃが芋とさつま芋が多くなるのは明治以降のことで、それ以前のイモといえば、里芋と大和芋が中心でした。これらのイモを使った料理も肉じゃがのように肉と一緒に調理するのではなく、だいたいが単体で出汁で煮るものでした。

長い間和食のなかにあった里芋や大和芋を出汁で煮る料理にじゃが芋やさつま芋が加わり、畜肉や魚肉が加わるようになっていき、今日の肉じゃがが生まれたのではないでしょうか。

では、肉じゃがのルーツになりそうなじゃが芋料理を資料から拾い出していきましょう。いまにして思えば、あれもこれも肉じゃがの「ルーツ」だったんだと思えるような料理を、古い料理本のなかから拾い出してみました。

「馬鈴薯の煮やう」
ビーフシチュー風肉じゃが

石井治兵衛『日本料理法大全』（博文館、一八九八年〔明治三十一年〕）で紹介されていたものですが、イギリス風ビーフシチューをとことん簡素化した、日本的ビーフシチューのようなものです。

作り方を現代風に書くと――。

- じゃが芋を軟らかく煮る。
- うどんの粉（小麦粉）を入れる。
- 牛肉を入れて塩味をつける。
- 煮汁が少々ある。
- 山椒やトウガラシなどのスパイスを使う。

これらのことから推測すると、デミグラスソースや玉葱などは使わないけれどトロミがついた煮汁のビーフシチュー日本風といったところで、牛肉とじゃが芋の煮物であることに違いはありません。これも、のちの肉じゃがの

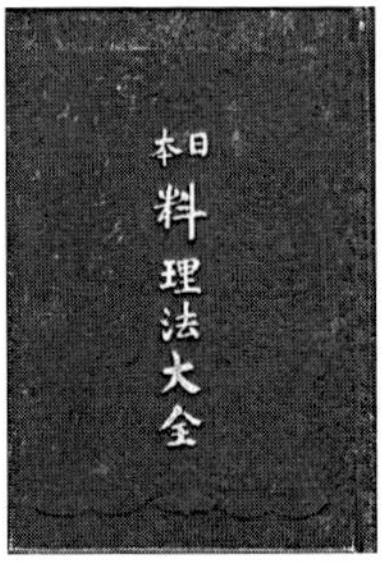

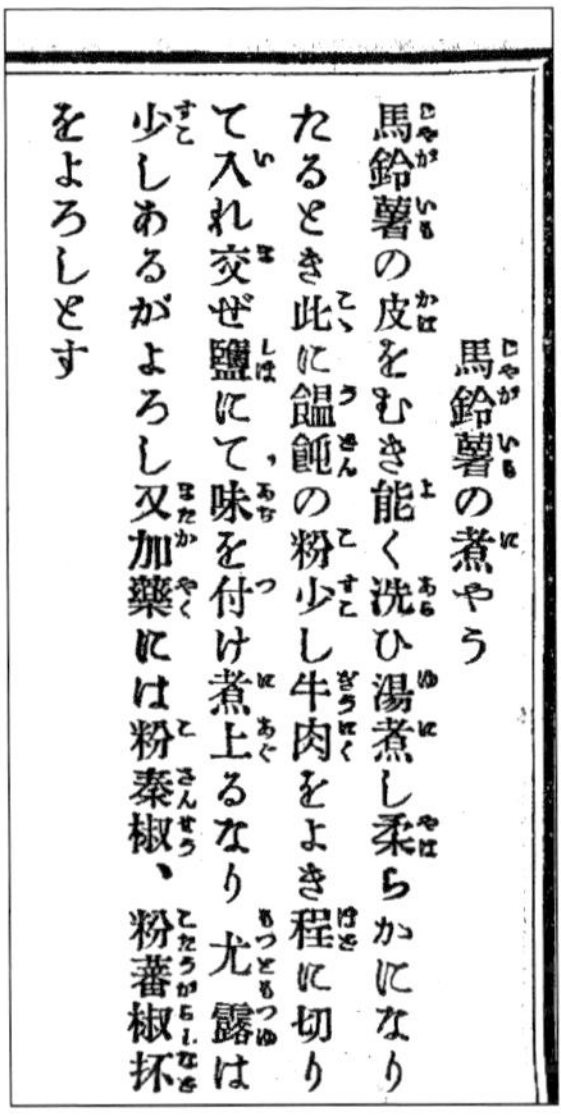

馬鈴薯の煮やう

馬鈴薯の皮をむき能く洗ひ湯煮し柔らかになりたるとき此に饂飩の粉少し牛肉をよき程に切りて入れ交ぜ鹽にて味を付け煮上るなり尤も露は少しあるがよろし又加薬には粉秦椒、粉蕃椒抔をよろしとす

図110　石井治兵衛『日本料理法大全』博文館、1898年（明治31年）

ルーツの一つだったのかもしれません。

某軍艦の献立にあった海軍料理

一九〇七年（明治四十年）の斎藤覚次郎編『料理辞典――飲料食品』（郁文舎）のなかで某軍艦の食事献立というのを紹介していました。

この日の昼食、煮込みに使われていたのが「牛肉＋馬鈴薯（じゃが芋）＋玉葱」で、この料理が大正時代に書かれた『軍隊調理法』では「うま煮」とか「甘煮」という名称に変化しています。

海軍では明治初頭からイギリス流の料理を取り入れていて、その一つがビーフシチューでした。

とはいえ、本場のようなビーフシチューを作るには時間がかかりすぎたのでしょう。軍艦の厨房で兵隊が調理をするのですから、デミグラスソースがどーのこーの言ってられません。広い洋上でいつ敵艦と遭遇するかわからない臨戦態勢ですから、調理時間は最小限にするというのが原則です。だから先に取り上げた『日本料理法大全』の「小麦粉と塩」で作るビーフシチューもどきみたいな「牛肉＋じゃが芋」料理を採用し、だんだん改良していったと思われます。

しかしこの献立表を見ると、この日の昼ご飯が牛肉とじゃが芋（馬鈴薯）で、晩ご飯が牛肉と里芋になっていますから「いも&にくの煮物」がよほど

1907m40料理辞典「軍艦内の食事」

某軍艦に於て十月一日の献立、

	晝食	夜食	朝食
飯	乾麵包、砂糖、焙麥	同　白米、挽割麥、焙麥	同　白米、挽割麥、菜
煮込	牛肉、馬鈴薯、球葱	同　牛肉、里芋、菜漬	同　味噌、干魚、茄子、蘿蔔漬
汁粉	小豆、麥粉、砂糖		

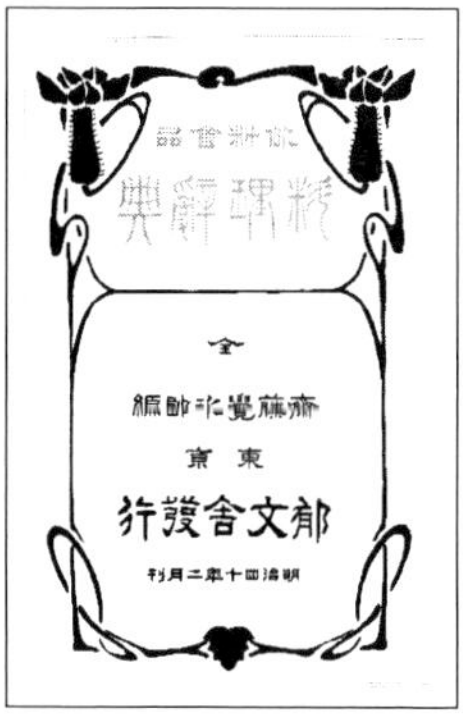

図111　斎藤覚次郎編『料理辞典――飲料食品』郁文舎、1907年（明治40年）

好きだったのでしょうか、海軍は。

「甘煮」（うまに）が のちの肉じゃがに

「料理の友」（大日本料理研究会）という家庭料理普及用テキストだった月刊雑誌に掲載されていました（図112）。

ここでは玉葱に代わってゴボウが使われています。味付けも「さとう、せうゆ（醤油）」と明記され、今日の肉じゃがに近いものになっていました。

イギリス流のビーフシチューでは牛肉や牛骨をじっくり煮詰めたデミグラスソースを使い、ハーブや香辛料もたくさん使うところを、日本人は牛鍋、すき焼きのように砂糖と醤油を入れて素早く調理してしまう手法を使ったのではないでしょうか。

肉豆腐と肉じゃがが 合体した料理

「家庭料理講義録」という月刊雑誌は貴族や政治家など上流階級のご婦人方を対象としたお料理の教科書で、東京割烹講習会が編集していました。ちなみにこの東京割烹講習会の会長は伯爵夫人の板垣絹子、顧問は大隈重信でした。その「家庭料理講義録」に載っていた「煮物」というのがこれです（図113）。

図112 「料理の友」1915年（大正4年）10月号、大日本料理研究会

図113 東京割烹講習会編「家庭料理講義録」冬の巻、1915年（大正4年）2月号、東京割烹講習会

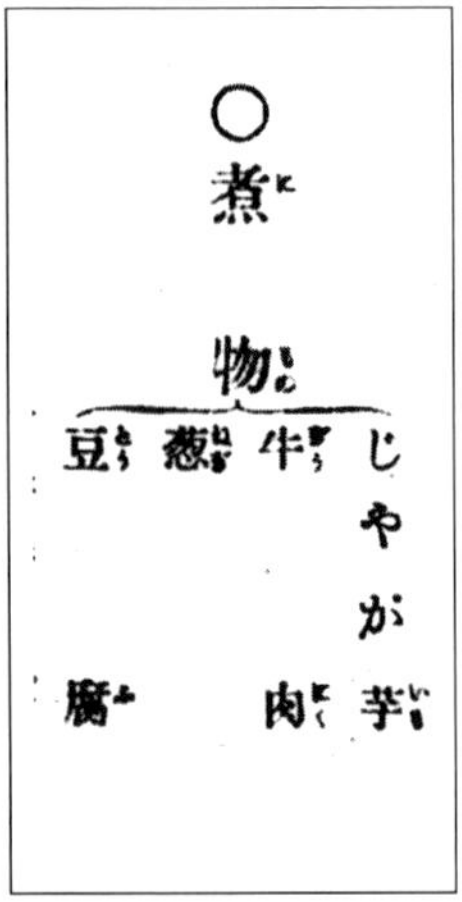

玉葱ではなく日本葱を使い、豆腐が加わってきますから、今日の肉じゃがと肉豆腐を足して二で割ったような煮物でしょう。

このレシピは次のようになっていました。

○煮物の製法

馬鈴薯の皮をむきまして、縦に六つ位にきつて、水にさらし灰汁(あく)をぬいて置き、葱をよくあらつて白い根の所ばかりを、長さ一寸五分位にきつて、たてに割つて置き、豆腐はやつこにきつて置くのです。牛肉も出来る丈けうすくきつて置きます。次に、

味醂五勺と醤油五勺と白砂糖五匁位を煮たてゝ、煮出汁一合を入れ、煮立ちましたら、馬鈴薯のきりましたのと、葱の切りましたのを入れて、凡そ十五分間位たちまして、煮えかゝつて来ましたら豆腐をきつたのを入れ、又五分間たちましたら、牛肉をうすくきつたのに、両面とも葛粉を出来るだけ細末(こな)にしたのをつけて、前の馬鈴薯や葱や豆腐の煮えて居ります中に入れて、凡そ五分間もたちますと、すつかり煮えます。これを皿へ盛つて粉山椒をふつて出すのです。

粉山椒の拵へ方は、山椒をよく焙烙で炒りまして、擂鉢の中へ入れよく摺りましたら、毛篩でふるつて出すので御座います。

つまり、六等分したじゃが芋と五センチくらいに切った葱を出汁：みりん：醤油：砂糖＝2：1：1：1の煮汁で十五分煮て、豆腐を加えてさらに五分煮る。葛粉をつけた薄切り牛肉を最後に加えてから五分で完成となっていますから、約二十五分間で作れる料理だったようです。

実際に作ってみると、煮えにくいと思われたじゃが芋にも十分に火が通っているし、結構濃い味がしっかりついています。最後に入れた薄切り牛肉は煮る時間が短いので硬く煮しまることがなく、しかも葛粉でトローンとして

いました。ただ、今日の居酒屋で見るような煮崩れた肉じゃがにはなっていません。じゃが芋の角はしっかりしていて、食感はサクッ……ホクホクでした。

豚肉を使った肉じゃがの始まり

国立栄養研究所が編集した『美味栄養経済的家庭料理日々の献立――其調理法』（文録社、一九二四年〔大正十三年〕）は、正月から暮れまでの毎日の理想的献立を書いたものです（図１１４）。これまでの「いも&にくの煮物」では牛肉を使っていましたが、ここで初めて豚肉を使ったレシピが登場しました。同じ料理本のなかにもう一つ豚肉＋じゃが芋の煮物が出ていて、こちらは味付けが醤油ではなく味噌味になっています。この料理がのちのち豚肉を使った肉じゃがになっていったのでしょう。

豚バラ肉じゃがの源流

一九四〇年（昭和十五年）になると豚肉を使ったレシピが目立つようになりますが、これは好みの問題というよりは牛肉不足によるものと思われます。シベリア出兵や日中戦争で戦場に送る兵食として牛肉の缶詰が用いられていましたから、国内では牛肉が不足していた時代でした。当然肉じゃがのようなものも豚肉で作るようになります。しかし、この頃は豚肉が使えたからまだよかったのです。四二年（昭和十七年）以後の料理本では、うさぎ肉などが使われるようになります。

図１１５のレシピは一九四〇年（昭和十五年）ですから、まだ日米戦争は始まっていません。豚肉も砂糖も酒も十

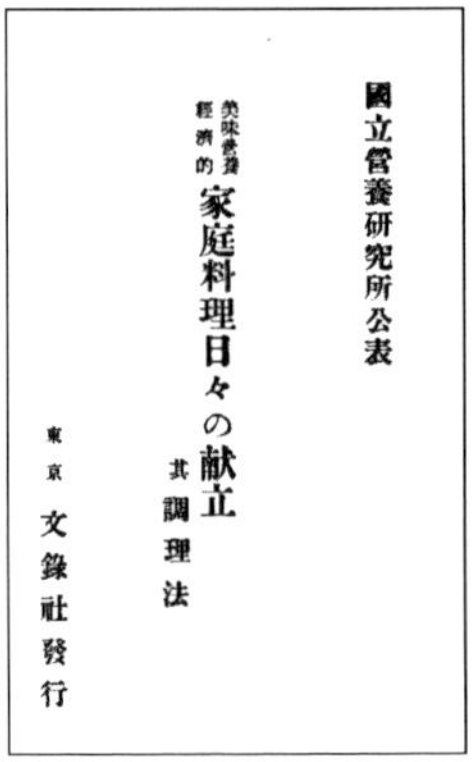
國立營養研究所公表
美味營養 經濟的 家庭料理日々の献立
其調理法
東京 文録社發行

図114　国立栄養研究所公表、村田三郎編『美味栄養経済的家庭料理日々の献立――其調理法』文録社、1924年（大正13年）

分に使っていますが、この後、食糧物資が不足してきて、このような砂糖を十分に使うレシピが再び登場するようになるのは五〇年（昭和二十五年）頃からのことです。

　肉じゃがという料理のもとになった「いも&にくの煮物」にはこのようなものがありました。これらの料理に知恵や工夫が加わって、やがて今日の肉じゃがになっていくのです。

『軍隊調理法』に「肉じゃが」はなかった

　肉じゃがは海軍が発祥の地である……というような都市伝説を目にすることがありますが、海軍の調理テキストに肉じゃがが表記は見当たりません。陸軍と海軍の料理テキストからそれらしきものを拾い出してみました。

　まず、帝国陸軍の「牛肉軟煮」の作り方です。

図 115 「主婦之友」1940年（昭和15年）5月号付録「支那料理と支那菓子の作方」、主婦之友社

プをひたひたに注し、蒸器に入れて三十分ほど蒸します。

蒸し上りましたら皿に伏せて徐かに汁をしため、この汁を火にかけて、少量の鹽、胡椒でお味を調へ、片栗粉の水溶きを加へてとろつとさせ、型から抜き出した野菜の上にかけておすゝめします。

◈馬鈴薯と豚バラ肉の煮込み

新馬鈴薯と豚のバラ肉をこつくり煮含めたとても美味しいお惣菜です。

新馬鈴薯は、擂鉢でこするやうにすると楽に皮がとれますから、きれいに皮を洗ひ流して、丸のまゝ使ひます。

バラ肉は七分ほどの角切にし、醤油をまぶして暫くおいてから、よく煮立つた油に入れて茶褐色に色づくまで揚げ、次に熱湯の中をさつとくゞらせ、油脱きしておきます。

肉を鍋に移し、スープか、なければお湯をたつぷり被るほど入れ、臭み脱きに葱を二三切入れ、一時間ばかり弱火にかけてゆつくりと煮込みます。

箸が楽に通るやうになりましたなら、馬鈴薯を入れて、十分はかり煮たところで、醤油大匙五六杯、酒大匙一杯、砂糖大匙二杯くらゐで甘鹹い濃目のお味をつけ、更に三十分はかり、焦げつかせぬやうに注意しながら煮込みます。

馬鈴薯がふつくり煮えましたなら、葱は取り去つて、肉と馬鈴薯を大きな器に盛り、残りの汁に片栗粉の水溶きを流してとろつとさせ、つやつやとてりの出たところを、盛つた上からたつぷりかけ、青茹の莢豌豆を色彩に添へませう。

馬鈴薯と豚バラ肉の煮込み

◈蕗のそぼろ餡かけ

蕗はなるべく太目のものを、五人前で五六本用意し、色よく茹でて皮を剥き、一寸五分くらゐの長さに揃へて切つたら、出来上り圖のやうに、五本づつ束ねて干瓢で眞中を結びます。

鍋にラードを大匙三杯ほど煮立てて、鶏の挽肉五十匁を炒め、ぱらつとなりましたらスープ（水でもよい）二合を注して、醤油大匙一杯、鹽と砂糖を茶匙山一杯くらゐでよいお加

（11）

一七、牛肉軟煮　熱　量三二七、カロリー
蛋白質二〇・四〇瓦

材料

牛肉（硬き肉）	八〇瓦	葱	八〇瓦
馬鈴薯	一五〇瓦	人参	二〇瓦
生姜	一瓦	醤油	一八瓱
砂糖	八瓦	食塩	二瓦

準備

イ、牛肉は細かに切り置く。

ロ、葱は三糎位の斜切となし、馬鈴薯、人参は乱切となし、生姜は薄く木口切となし置く。

調理

イ、鍋に牛肉と被るだけの水を入れ、牛肉が軟かくなるまで気永く煮熟す。

ロ、肉の軟くなりたるとき生姜、人参、馬鈴薯の順序に投入して煮立て、砂糖、食塩、醤油にて調味し最後に葱を入れて煮上げる。

備考

材料としては季節により筍、椎茸、豆麺等を用ふるときは一層よし。

（出典：前掲『軍隊調理法』一四二―一四三ページ）

このレシピを読むかぎり、この「牛肉軟煮」という料理は今日の肉じゃがのもとになった料理の一つと考えられ

図116　高森直史『海軍食グルメ物語——帝国海軍料理アラカルト』光人社、2003年

ます。

昭和十三年版海軍経理学校の『海軍厨業管理教科書』によると「甘煮」の作り方は、つぎのようになっている。（原文のまま）

甘煮
材料　牛生肉、蒟蒻、馬鈴薯、玉葱、胡麻油、砂糖、醬油
作り方　一　油入れ送気　五　十四分後蒟蒻、馬鈴薯入れ
二　三分後生牛肉入れ　六　三十一分後玉葱入れ
三　七分後砂糖入れ　七　三十四分後終了
四　十分後醬油入れ
備考　一　醬油を早く入れると醬油臭く、味を悪くすることがある。
二　合計三十五分と見積もれば十分である。

（高森直史『海軍食グルメ物語――帝国海軍料理アラカルト』光人社、二〇〇三年、一四ページ）

3 肉じゃがという料理名の裾野に広がる「いもとにく」料理

同一ページに肉じゃが「風」料理が三つ並んだ料理本

肉じゃがという料理名がまだ一般的に浸透していなかったのでしょう。

「じゃが芋と牛細切れ肉の煮物」は文句なしに肉じゃがです。その次に紹介している「揚げじゃが芋の甘辛煮」は肉じゃがの「肉抜き」だし、「じゃが芋と鶏肉のいため物」は肉じゃがの「汁なし」とも言える料理です。これらは肉じゃがではないものの、その裾野に広がって頂点に立つ肉じゃがを支えるじゃが芋料理でした。じゃが芋が、すきっ腹を満たすための救荒食物からご飯（米）を食べるときの副食として使われる時代になってきたということでしょう。

煮崩れない揚げ芋で作る肉じゃが

じゃが芋

芽は必ず取ってから調理。芽にはソラニンという毒素があるからです。皮は新じゃが芋ならすりばちのみぞでこすると簡単。ひね芋の場合は水につけておくと皮がむきやすくなります。

じゃが芋と牛細切れ肉の煮物　4個　80円／30分

●材料＝4人分
じゃが芋……4個
白滝……1個
玉ねぎ……1/2個
牛細切れ肉……100g
出し汁……2

作り方　①じゃが芋は皮をむいて食べよい大きさに乱切りにし、水につけてあく抜きをする。②白滝は半分に切ってゆで、水けをきる。③玉ねぎはくし形切りにする。④なべに油大2を熱して③の玉ねぎをいため、牛細切れ肉、じゃが芋の順に加えていため、出し汁を加えて煮立て、あくが出たらすくい取る。⑤④にしょうゆ大2と1/2、砂糖大2、塩小1/3、酒大1を加え、落としぶたをして芋を柔らかく煮、白滝を加えて（写真）3分煮る。

白滝は最後に入れる　煮汁がしみやすいので煮る時間を短く。

揚げじゃが芋の甘辛煮　8個　20円／45分

●材料＝4人分
新じゃが芋…小8個
出し汁……大3

作り方　①新じゃが芋はすりばちに入れて水少々を加え、かき混ぜてこすりつけるようにして皮をむき、洗って大きければ二つに切る。②なべに油を低温に熱し、じゃが芋の水けをふき、油の温度が急に下がらないように2〜3回に分けて入れ、揚げて（写真）油をきる。③なべに出し汁、しょうゆ大3、みりん、砂糖各大2を煮立たせて②のじゃが芋を入れ、中火にしてなべを動かし、じゃが芋をころがしながら煮汁をからめるようにして煮る。（以上・大滝）

揚げかげんは　竹ぐしを刺して楽に通るくらいまで揚げる。

じゃが芋と鶏肉のいため物　2個　80円／20分

●材料＝4人分
じゃが芋……2個
鶏手羽肉……1枚
ピーマン……3個
しょうが……1かけ
ごま油……小1
白ごま（いる）大2

作り方　①じゃが芋は皮をむいて5㎜角の棒状に切り、すぐ塩少々を入れた水に10分つけ（写真）、水けをきる。②鶏肉は細切りにして塩、こしょうをし、かたくり粉小2の水溶きをからめる。③ピーマンは細切りにし、しょうがはみじん切り。④油大2で③のしょうがと①の芋をいため、透き通ったら別器に取る。⑤油大2で鶏肉をいためて④を加え、酒大3、塩小1と1/2、ごま油、こしょうで調味。⑥ピーマンはいためて⑤に混ぜ、ごまをふる。（似内）

塩水につける　芋のでんぷんが取れ、いためてもべとつかない。

102

じゃが芋料理３種

図117　「婦人倶楽部」1974年（昭和49年）6月号付録「毎日のおかずと料理の秘訣」、講談社

肉じゃがのじゃが芋は煮崩れているのがいいのだ！と言う人が結構多いようですが、その反対に煮崩れてドロドロしたのはいやだ！の人もいるのです。作ったことがある人ならばわかると思いますが、じゃが芋って煮込みすぎると煮崩れてきます。煮崩れると煮汁がドロ〜リとしてきますが、そのドロ〜リが「好き」な人と「嫌い」な人がいるのも事実です。サラッとした煮汁と角がピンッとしたじゃが芋のほうが見た目は上品に見えますから、小料理屋などではじゃが芋をいったん油で揚げてから肉じゃがを作っていました。

ひき肉を使った肉じゃが風煮込み

ひき肉を使ったじゃが芋の煮込みは、初期の居酒屋の肉じゃがによく見られました。

一九七〇年代の居酒屋で、大鍋でぐつぐつ煮込んでいたのはひき肉を使った肉じゃがと肉豆腐でした。当時バイトをしていた居酒屋の店主に言わせると、「ひき肉だと肉が過不足なく注ぎ分けられる」ということでした。一杯百円から百二十円くらいのお得な肉じゃが、肉豆腐でしたが、「俺の肉じゃがはあいつのよりも肉がすくねぇじゃないかっ」と絡む人

図118「主婦の友」1972年（昭和47年）6月号付録「毎日の献立と料理の基礎」、主婦の友社

図119「婦人倶楽部」1965年（昭和40年）9月号付録「毎日のおかず300種」、講談社

がよくいたので肉の公平性を保った配分のためにひき肉を使っているんだ……と言われたことがあります。

4 肉じゃが登場後の発展型

肉じゃがという料理が居酒屋だけのものから家庭料理の定番になる過程では、主婦向けの料理本が活躍したと考えられます。かつては芋の煮っ転がしだったものに肉が加わることで、家庭の自慢料理になりました。そこに中華料理の「ニラと豚肉の油炒め」が合流して、中華風の肉じゃがも出てきました。居酒屋料理から家庭料理へと進化した肉じゃがは次に弁当のおかずへと進化します。といっても弁当用肉じゃがですから、汁気があってはイケナイ。そのニーズを満たすべく、煮汁がなくなるまでしっかり煮詰めて汁気を切っていました。

様々な肉じゃが発展型を紹介します。

図 120　ニラ豚（トン）と合流した肉じゃが
（出典：木村文子『煮物おかず』〔NEW LIFE SERIES〕、永岡書店、1978 年〔昭和 53 年〕）

図 121　弁当用肉じゃがは汁なし肉じゃが
（出典：「主婦の友」1979 年〔昭和 54 年〕4 月号付録「家中みんなのお弁当百科」、主婦の友社）

図 122　ワカメに汁を吸わせた肉じゃが
（出典：「主婦の友」1979 年〔昭和 54 年〕12 月号付録「あったかい今晩のおかず 100」、主婦の友社）

図 123　すき焼きと煮物が融合した「肉じゃが」
（出典：「婦人倶楽部」1978 年〔昭和 53 年〕4 月号付録「土井勝おふくろの味 53 種」、講談社）

肉じゃがは煮崩れてなきゃ派のためのレシピもあった

じゃが芋を煮崩れさせるためには、木べらでじゃが芋をかき混ぜて煮汁をとことん吸わせることです。その辺の技術が「プロの味」として料理本で紹介されていたのです。

豚肉とじゃが芋を油で炒めてから砂糖と醤油で煮詰め、最後は強火で汁気を煮からめています。この「煮からめる」過程で煮崩れが生じます。

二十世紀末、肉じゃがの立ち位置は？

これまで見てきたように、日本に古くからあった里芋の「いも煮」と西洋料理として入ってきたビーフシチューのような「肉とじゃが芋の煮物」が混じり合って、今日言うところの肉じゃがになったと考えられます。肉と芋をデミグラスソースやトマトソースで煮るところを、醤油や味噌味に代えたものという考え方をするならば、肉じゃがは和洋折衷料理なのかもしれません。しかし、醤油や味噌、そして出汁で構成されていますから、生立ちはどうであれ、和食の部類に入れても違和感はあまりありません。その一つの例が「オレンジページcooking「ミニミニブック」シリーズ」第二十二巻の

図 125　中華風の肉じゃが
（出典：読売新聞東京本社宣伝部編『読売カラー百科』読売新聞社販売局、1986 年〔昭和 61 年〕）

図 124　「新鮮」1980 年（昭和 55 年）3 月号第 1 別冊・料理付録「上手に煮る事典」、祥伝社

『和風の煮もの』（オレンジページ、一九九九年）です（図126）。

この「ミニミニブック」には「里芋の煮物」とか「筍の土佐煮」など十二種の和食を紹介していて、いかにも「昔懐かしい伝統の和食」といった感じがします。

また、この「オレンジページcooking「ミニミニブック」シリーズ」は、当時の一般家庭でよく作られていた料理やよく使われていた食材がわかるようなラインアップでした。その一部を紹介すると——。

1. ハンバーグ
2. カレー
3. スパゲティ
4. 卵のおかず
5. ひき肉のおかず
6. 鶏肉のおかず
7. じゃがいものおかず
8. かぼちゃのおかず
9. スープ
10. 炊き込みご飯
11. 鍋もの
12. お好み焼き
13. チーズケーキとチーズのお菓子
14. プリン
15. シフォンケーキ
16. コロッケ
17. 餃子
18. グラタン
19. 豚薄切り肉のおかず
20. ツナ缶クッキング
21. なすのおかず
22. 和風の煮もの
23. サラダ
24. どんぶり
25. サンドイッチ
26. 炒飯
27. シチュー
28. クッキー
29. スコーンとマフィン
30. チョコレートのお菓子

図126 『和風の煮もの』（〔「オレンジページcooking「ミニミニブック」シリーズ」22〕、オレンジページ、1999年）の目次
（「オレンジページ」は1988年にダイエーの出版部門が創刊した雑誌で料理に力を入れていました。2001年にJR東日本売却にされました。）

このラインアップの二十二番の「和風の煮もの」に肉じゃがが入っていたわけですが、それとは別に七番の「じゃがいものおかず」でも肉じゃがを取り上げています。といっても同じレシピではなく、別のレシピが載っていました。

似たような肉じゃがですが、共通しているのは、完成時には煮汁がほとんどないということでしょうか。

材料（牛肉や野菜類）を油で炒め、出汁、甘味料（砂糖やみりん）、醤油、酒などの調味料で煮詰めるというところはほぼ同じでした。

5 「肉じゃがはおふくろの味」伝説を作った料理本の見出し

肉じゃがという料理が書物やテレビなどで紹介されるときによく使われるのが「おふくろの味」という言葉です。もっとも、実際に自分のおふくろ（母親）が作っていたかどうかにかかわらず、なんとなくのイメージとして「おふくろの味」というフレーズが使われているようです。この表現は、肉じゃがという料理名が登場する前からいもを使った惣菜に使われていました。第3節

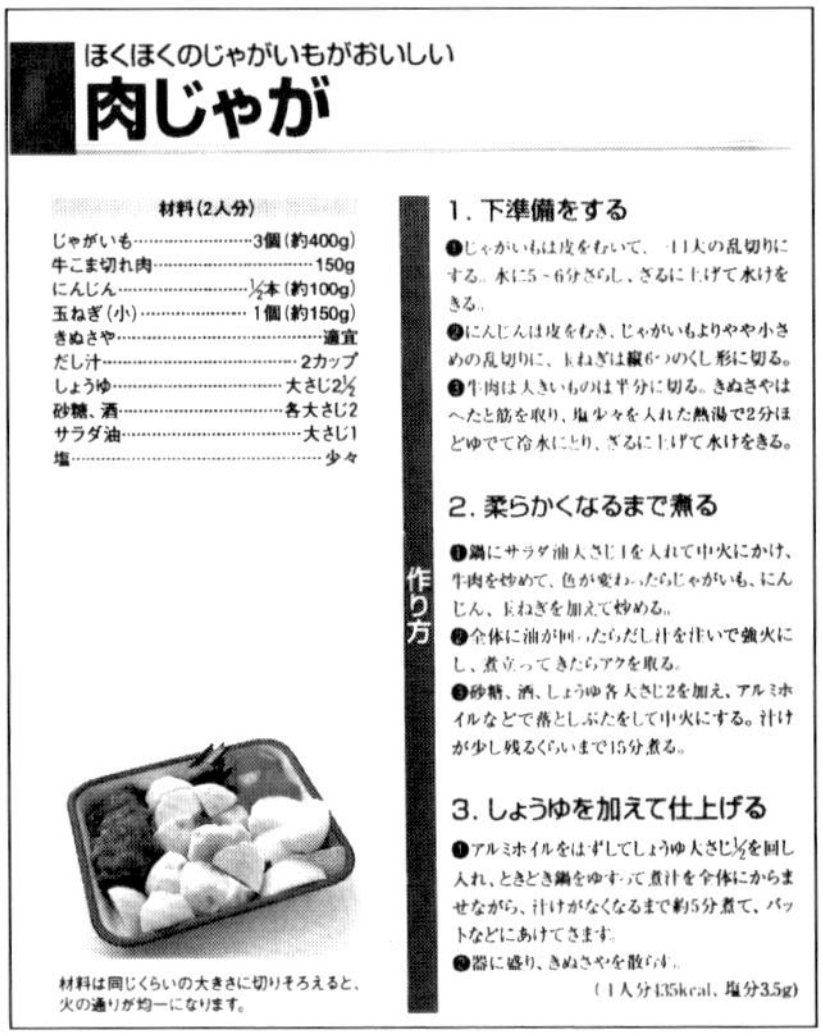

ほくほくのじゃがいもがおいしい
肉じゃが

材料（2人分）

じゃがいも……3個（約400g）
牛こま切れ肉……150g
にんじん……½本（約100g）
玉ねぎ（小）……1個（約150g）
きぬさや……適宜
だし汁……2カップ
しょうゆ……大さじ2½
砂糖、酒……各大さじ2
サラダ油……大さじ1
塩……少々

作り方

1. 下準備をする
❶じゃがいもは皮をむいて、一口大の乱切りにする。水に5～6分さらし、ざるに上げて水けをきる。
❷にんじんは皮をむき、じゃがいもよりやや小さめの乱切りに、玉ねぎは縦6つのくし形に切る。
❸牛肉は大きいものは半分に切る。きぬさやはへたと筋を取り、塩少々を入れた熱湯で2分ほどゆでて冷水にとり、ざるに上げて水けをきる。

2. 柔らかくなるまで煮る
❶鍋にサラダ油大さじ1を入れて中火にかけ、牛肉を炒めて、色が変わったらじゃがいも、にんじん、玉ねぎを加えて炒める。
❷全体に油が回ったらだし汁を注いで強火にし、煮立ってきたらアクを取る。
❸砂糖、酒、しょうゆ各大さじ2を加え、アルミホイルなどで落としぶたをして中火にする。汁けが少し残るくらいまで15分煮る。

3. しょうゆを加えて仕上げる
❶アルミホイルをはずしてしょうゆ大さじ½を回し入れ、ときどき鍋をゆすって煮汁を全体にからませながら、汁けがなくなるまで約5分煮て、バットなどにあけてさます。
❷器に盛り、きぬさやを散らす。
（1人分435kcal、塩分3.5g）

材料は同じくらいの大きさに切りそろえると、火の通りが均一になります。

図127 『じゃがいものおかず』（〔オレンジページcooking「ミニミニブック」シリーズ7〕、オレンジページ、1998年）の肉じゃが

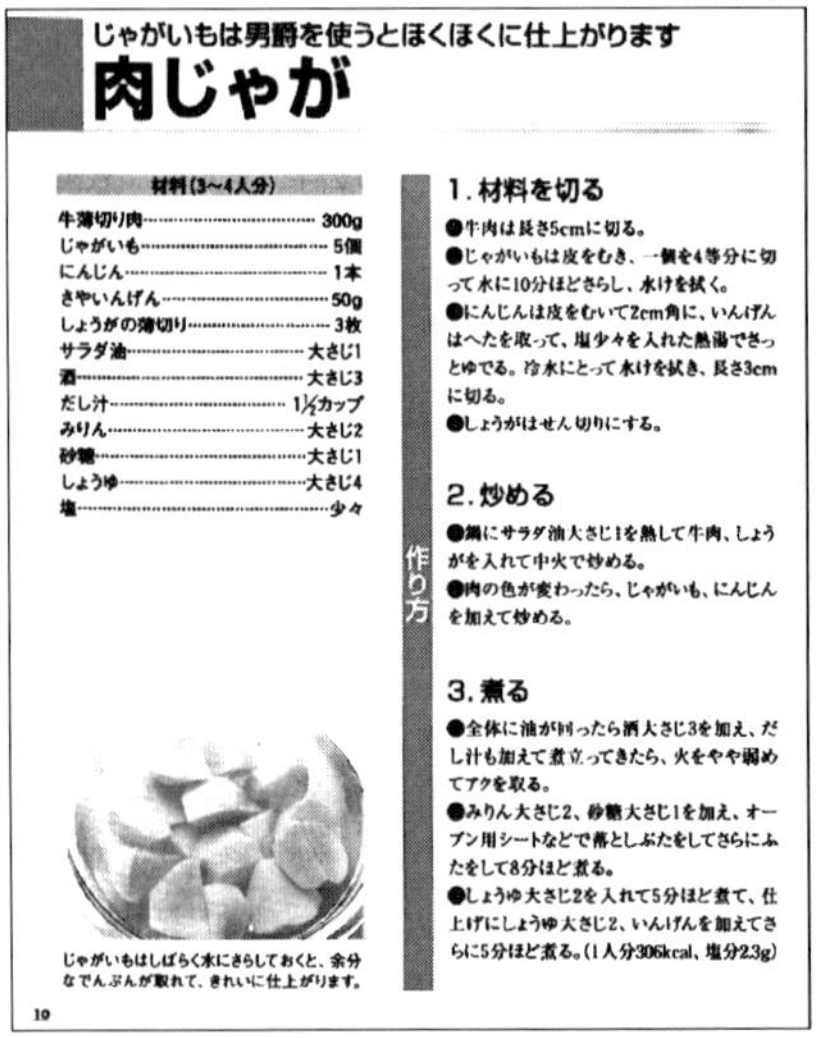

じゃがいもは男爵を使うとほくほくに仕上がります
肉じゃが

材料（3～4人分）

牛薄切り肉……300g
じゃがいも……5個
にんじん……1本
さやいんげん……50g
しょうがの薄切り……3枚
サラダ油……大さじ1
酒……大さじ3
だし汁……1½カップ
みりん……大さじ2
砂糖……大さじ1
しょうゆ……大さじ4
塩……少々

作り方

1. 材料を切る
●牛肉は長さ5cmに切る。
●じゃがいもは皮をむき、一個を4等分に切って水に10分ほどさらし、水けを拭く。
●にんじんは皮をむいて2cm角に、いんげんはへたを取って、塩少々を入れた熱湯でさっとゆでる。冷水にとって水けを拭き、長さ3cmに切る。
●しょうがはせん切りにする。

2. 炒める
●鍋にサラダ油大さじ1を熱して牛肉、しょうがを入れて中火で炒める。
●肉の色が変わったら、じゃがいも、にんじんを加えて炒める。

3. 煮る
●全体に油が回ったら酒大さじ3を加え、だし汁も加えて煮立ってきたら、火をやや弱めてアクを取る。
●みりん大さじ2、砂糖大さじ1を加え、オーブン用シートなどで落としぶたをしてさらにふたをして8分ほど煮る。
●しょうゆ大さじ2を入れて5分ほど煮て、仕上げにしょうゆ大さじ2、いんげんを加えてさらに5分ほど煮る。（1人分306kcal、塩分2.3g）

じゃがいもはしばらく水にさらしておくと、余分なでんぷんが取れて、きれいに仕上がります。

10

図128　前掲『和風の煮もの』の肉じゃが

「肉じゃがという料理名の裾野に広がる「いもとにく」料理」に詳しく述べたとおり、「安くて、手早く作れて、お腹いっぱいになる、甘辛い、いもの煮物」のことで、あくまでも田舎っぽい惣菜ですから、料理屋でお客様に出すようなものではありませんでした。そのような惣菜をわざわざ料理本に載せていたということは、芋の煮物が伝承されなくなり、家庭で作ることが少なくなっていったからだと思われます。それが一九六〇年代後半から七〇年代のことで、その頃の料理本に掲載されていた「いも&にく」の料理にはこのような表現を使っていました。

おふくろの味が恋しいとき

現在の辻調理専門学校を築いた辻勲が書いた「毎日のおかずと献立」(「主婦の友」一九六七年〔昭和四十二年〕六月号付録、主婦の友社)には「おふくろの味が恋しいとき」というフレーズのもとに「新じゃがと鶏肉のうま煮」を紹介していました(図129)。この料理は鶏肉とジャガ芋を使った「肉じゃが」でしょう。

「だんなさまの好きないなか料理」にされた肉じゃが

男(だんなさま)は外で働く人。女(主婦)は家庭で家事をする人。そ

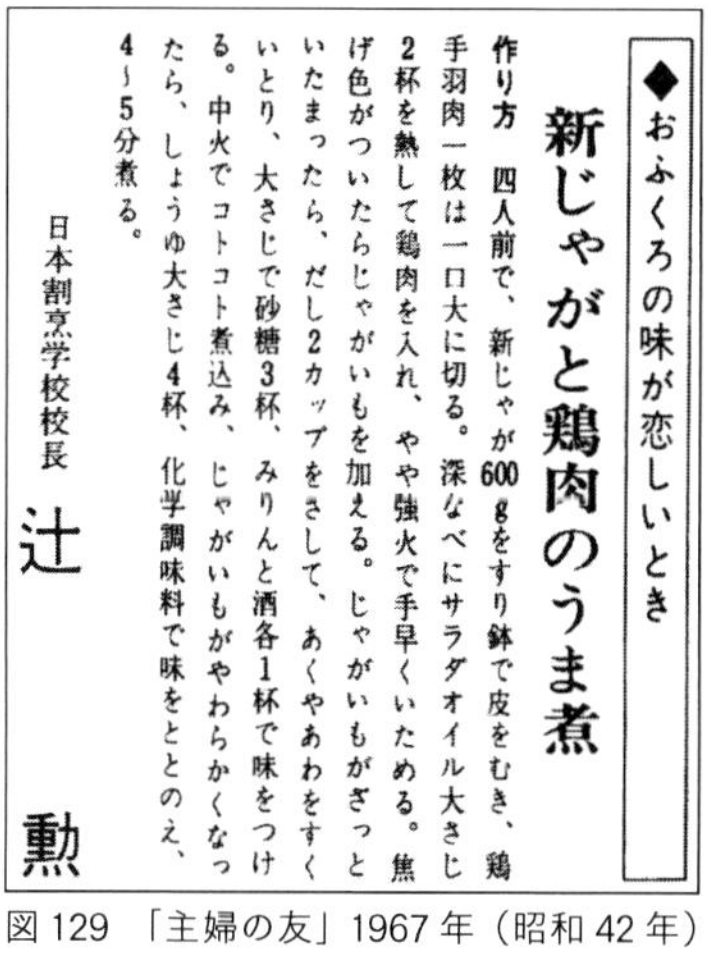
◆おふくろの味が恋しいとき

新じゃがと鶏肉のうま煮

作り方　四人前で、新じゃが600gをすり鉢で皮をむき、鶏手羽肉一枚は一口大に切る。深なべにサラダオイル大さじ2杯を熱して鶏肉を入れ、やや強火で手早くいためる。焦げ色がついたらじゃがいもを加える。じゃがいもがざっといたまったら、だし2カップをさして、あくやあわをすくいとり、大さじで砂糖3杯、みりんと酒各1杯で味をつける。中火でコトコト煮込み、じゃがいもがやわらかくなったら、しょうゆ大さじ4杯、化学調味料で味をととのえ、4〜5分煮る。

日本割烹学校校長　辻勲

図129　「主婦の友」1967年(昭和42年)6月号付録「毎日のおかずと献立――夏の手軽な料理300種」、主婦の友社

図130　「主婦の友」1972年(昭和47年)6月号付録「毎日の献立と料理の基礎」、主婦の友社

のような構図があった時代の主婦向け雑誌の料理本ですから、このようなフレーズが付けられたのではないでしょうか（図130）。「新じゃがと豚バラの煮物」、まさしくのちの肉じゃがの一パターンです。

食べ飽きないおふくろの味

婦人向け雑誌の付録料理本でも「食べ飽きないおふくろの味」というフレーズを使っていますが、見方によってはマザコン夫とも思えます（図131）。食材の種類も料理の幅も多様化してきた時代でしたから、目新しい料理をあれこれ食べてみて「洋食も中華も飽きちゃったなー、やっぱ、子どもの頃に食べたイモの煮っ転がしが食べたいなあ」状態になった「だんなさま」にうってつけだったのでしょう。

肉じゃがは飲み屋料理という認識

肉じゃがという料理名が一般化した後に出版された料理本です。「朝日新聞」の日曜版に連載された記事をまとめたもので、「料理教室一年生」というタイトルでした（図132）。「肉じゃがは飲み屋でおなじみである」「男性

図131　『一皿のおかず500種』（生活シリーズ）、主婦の友社、1975年（昭和50年）

のみ屋でおなじみの肉ジャガ。「イモは苦手」という男性にも、なぜか人気がある料理です。香りのよい新ジャガイモで作ってみましょう。

図132　朝日新聞日曜版編集部編『料理教室一年生』朝日新聞社、1984年（昭和59年）

はイモが苦手である」という認識があったようですね。

おふくろの味好み

婦人向け雑誌の付録料理本で「おふくろの味好み」と書かれると、つい嫁姑の関係性が気になってしまいます。妻の前で「おふくろの煮っ転がしが懐かしいなー」なんて言おうものなら、「どーせあたしの料理はあなたのおかあさまには勝てませんからっ！」と切り返される構図があったと思いませんか？

ここまで見てきた料理本での肉じゃがのキャッチコピーに使われていた代表的な言葉が「懐かしい」「飽きない」「おふくろの味」でした。

まだ肉じゃがというネーミングが料理本に登場する前の「肉じゃがのような料理」にも、それらの冠が見られます。

「おふくろの味が恋しいとき」
「だんなさまの好きないなか料理」
「食べ飽きないおふくろの味」
「のみ屋でおなじみの」
「おふくろの味好み」

これらは男性に情緒で訴えているようにも思えます。

これらのキャッチコピーとはいささか異なりますが、「おふくろの味から若向きの味へ」をアピールしたコピーもありました（図134）。

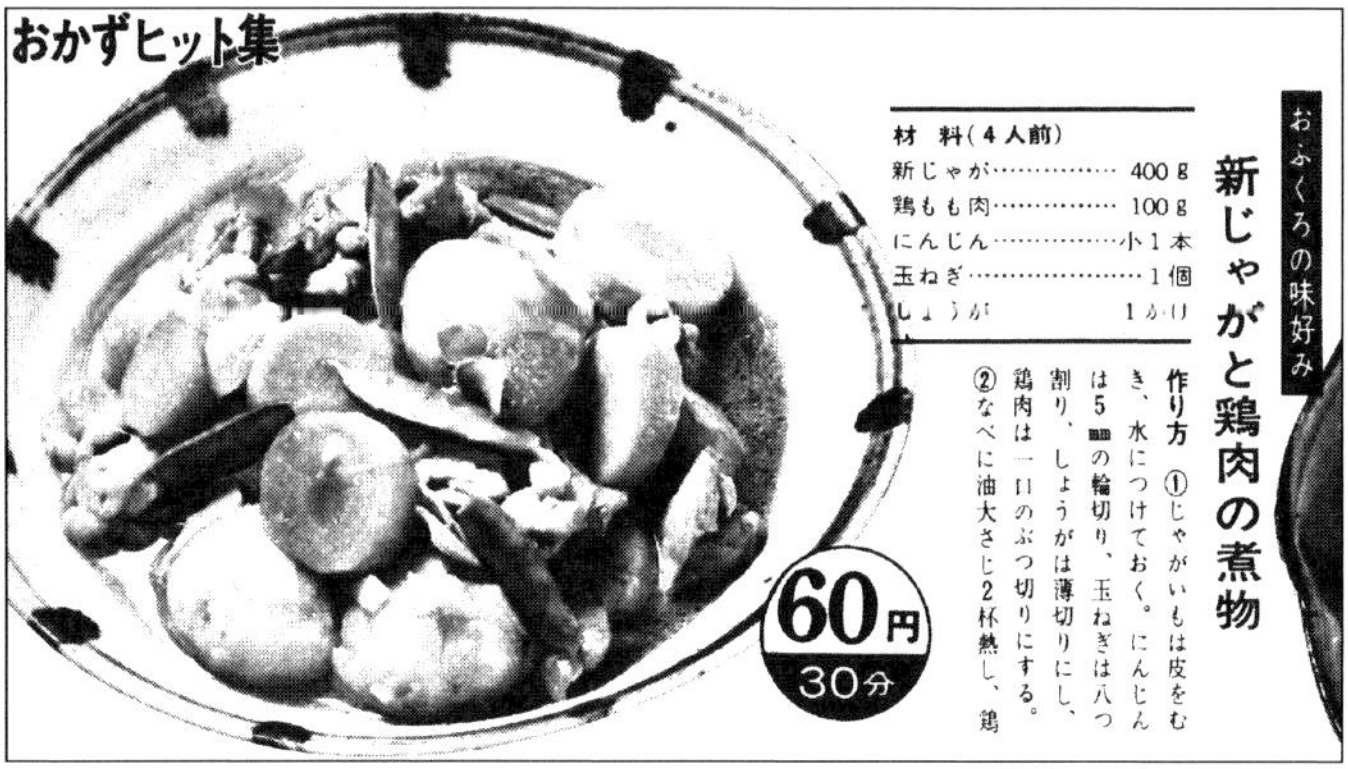

玉ねぎ……1個
しょうが……1かけ
作り方　①じゃがいもは皮をむき、水につけておく。にんじんは5㎜の輪切り、玉ねぎは八つ割り、しょうがは薄切りにし、鶏肉は一口のぶつ切りにする。②なべに油大さじ2杯熱し、鶏

図133　「主婦の友」1968年（昭和43年）6月号付録「毎日役立つ材料別おかず百科」、主婦の友社

若向きの味にした和食……の肉じゃが

芋の煮っ転がしというイメージを払拭できないネーミングが「牛肉とじゃが芋のつや煮」とか「揚げ里芋と豚の煮込み」でした。たしかに若者受けはしないかもしれません。若いモンが抵抗なく手を出してくれるようなネーミングとして「肉」を強調して「芋」を削除したら「肉じゃが」に落ち着いた……とも考えられますが、考えすぎかもしれませんね。

6 都市労働力を支えた郷愁と肉じゃが

一九四五年（昭和二十年）八月の敗戦後、日本中が必死で働き、その延長線上に高度経済成長期があったのでしょう。その過程で労働力は地方（田舎）の農業から大都会の工業、商業に移動していきます。農村からは冬場の出稼ぎが多くなり、中卒の少年たちが「金の卵」ともて

図134　「婦人倶楽部」1972年（昭和47年）5月号付録「春から夏の夕食献立と材料別の基礎料理」、講談社

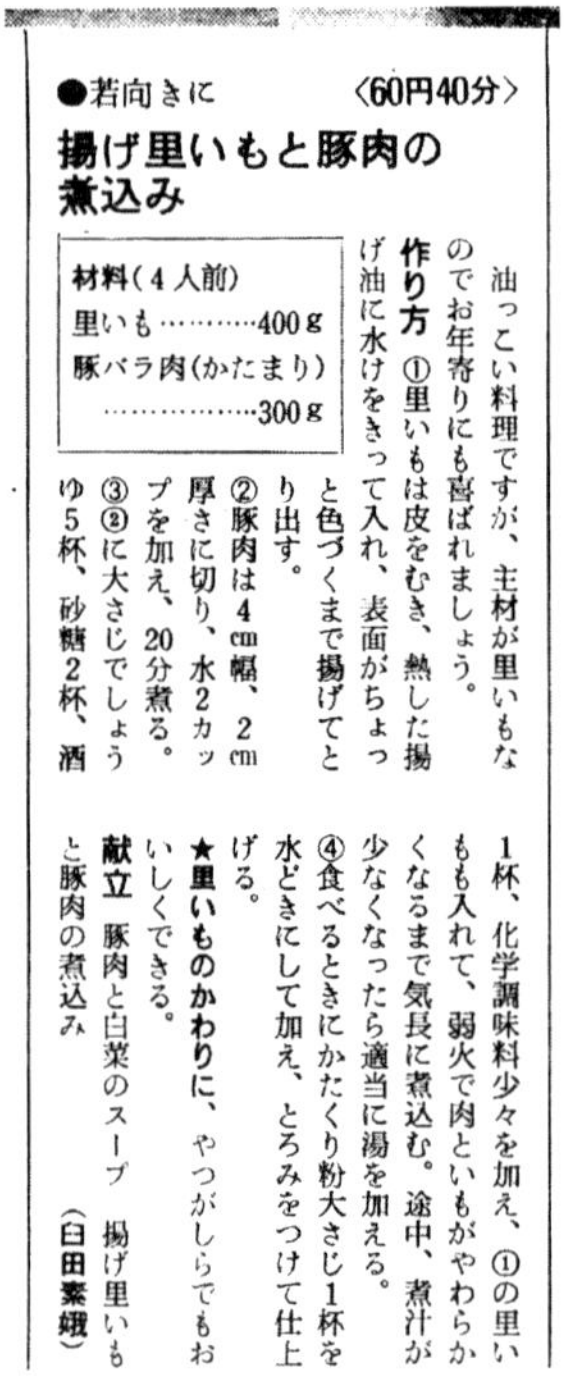

●若向きに　〈60円40分〉

揚げ里いもと豚肉の煮込み

材料（4人前）
里いも…………400g
豚バラ肉（かたまり）
………………300g

油っこい料理ですが、主材が里いもなのでお年寄りにも喜ばれましょう。

作り方 ①里いもは皮をむき、熱した揚げ油に水けをきって入れ、表面がちょっと色づくまで揚げてとり出す。
②豚肉は4cm幅、2cm厚さに切り、水2カップを加え、20分煮る。
③②に大さじでしょうゆ5杯、砂糖2杯、酒1杯、化学調味料少々を加え、①の里いもも入れて、弱火で肉といもがやわらかくなるまで気長に煮込む。途中、煮汁が少なくなったら適当に湯を加える。
④食べるときにかたくり粉大さじ1杯を水どきにして加え、とろみをつけて仕上げる。

★里いものかわりに、やつがしらでもおいしくできる。

献立 豚肉と白菜のスープ　揚げ里いもと豚肉の煮込み

（臼田素娥）

図135　「主婦の友」1968年（昭和43年）12月号付録「冬のおかず百科」、主婦の友社

はやされて上京し、工業や商業の労働力になっていきました。

地方から出てきて働く人たちのなかには、都会の居酒屋を憩いの場としていた人も多かったことでしょう。一九七〇年代までの都会の駅周辺には、小さな居酒屋がびっしり並んでいました。ヤキトリ、おでん、燗酒、ビールなど、飲んでも食べても安上がりな居酒屋の定番メニューの一つに「肉豆腐」がありました。細切りのようないわゆる「くずにく」と小さく切ったりもみほぐしたりした豆腐を醤油と砂糖で甘辛く煮た肉豆腐は、作り置きができて、肉と豆腐が同じくらいの大きさだからお玉で小鉢につぎ分けやすい居酒屋向き惣菜でした。その肉豆腐の豆腐をじゃが芋に代えたものが「肉じゃが」だったのではないでしょうか。七〇年代の居酒屋にはよく通いましたが、その頃の居酒屋のお品書きに「肉じゃが」という表記はあまり記憶がありません。「煮っ転がし」とか「いもの煮物」と書かれたものが多かったと記憶していますが、八〇年前後になってがぜん「肉じゃが」表記が増えてきたような気がします。

「いも&にくの煮物」に見る郷土色

一九八〇年代、東京・下町の居酒屋を飲み歩いていると、どこの店に行っても壁に貼ってあるお品書きに「肉じゃが」が見られるようになってきました。

東京では基本的に、大きく切ったじゃが芋と薄切りの牛肉か豚肉、それに玉葱を砂糖と醤油で甘辛く煮たものでした。仕事帰りのおやじたちでいっぱいの居酒屋で周りの人の声を聞いていると関西弁、九州弁、東北なまり……まさに地方出身者のたまり場のようで、なかには故郷の食べ物自慢をするおやじもいました。そんなおやじたちがよく話題にしていたのが肉じゃがだったのです。正確に言うと、肉じゃがではなく「いもの煮物」自慢ですが。

みなさんが居酒屋で酒を飲みながらつまんでいるのはその店の「肉じゃが」ですが、語っているのはおらが地元のいも&にくの煮物の話です。

「これはじゃが芋を使ってるけど、山形では里芋と牛肉だぁ」に対して、宮城出身のおやじは「うちはぁ豚肉使って、味噌味だども」と返していました（そりゃ、いも煮会でしょ）。そうかと思うと「芋はさつま芋、肉は豚に決まっとる」と主張する九州人もいました（そりゃ、豚汁でしょうな）。

べつにけんかをしているわけではないのですが、誰もがいも&にくの煮物に関して郷土愛があるようでした。さつま芋に適した地方ではさつま芋の煮物が家庭の惣菜＝おふくろの味となり、里芋がよく穫れる地方では里芋の煮物がおふくろの味だったということなのでしょう。

いもしか使えない時代から肉も使えるようになって、「いもの煮物」が「いも&にくの煮物」になっていきました。日本各地にはその土地に合ったいも&にくの煮物文化ができていて、高度経済成長期の東京にはそれぞれの地方文化で育った人々が集まってきていたので、人々が集う居酒屋では普遍性をもった「いも&にくの煮物」が求められたのではないでしょうか。自分の故郷で食べていた「いも&にくの煮物」とは少し違うけれど、いもとにくを甘辛く煮るという基本線は守っている料理として「肉じゃが」が登場したと考えてよさそうです。つまり肉じゃがとは、各地の「いも&にくの煮物」の最大公約数的おふくろの味だったのです。

懐かしきおふくろの味のルーツはここにあった

肉じゃがを作るためには当然「肉」が必要ですが、庶民の家庭惣菜料理にとって「肉」は贅沢な食品でした。料理のレパートリーもそう多くない普通のおふくろさんが普段の惣菜として作っていたのは、肉を使わない単なるじゃが芋の煮物だったでしょう。皮をむいたじゃが芋を塩で茹でただけなら料理本に載せるまでもないでしょうが、板垣退助夫人が主宰する「家庭料理講義録」ともなると、じゃが芋煮のレシピもレベルが高くなるようです。

「家庭料理講義」一九一九年（大正八年）七月号（東京割烹講習会）に出ていたじゃが芋料理がこれらです。

①馬鈴薯のてり煮
・四角に切ったじゃが芋を熱湯で下茹でする。
・それを、濃い砂糖水に微量の塩を加えた煮汁で落し蓋をしてどろどろになるまで煮る。
・冷めるまで煮汁に浸しておく。
このようなものですから相当甘い砂糖煮のようです。

②馬鈴薯のつくし煮
・適宜に切ってバターで炒める。
・出汁、醬油、砂糖を加えて煮詰める。
・胡椒を振って仕上げる。
バターで炒めてから甘辛く煮ていますから、肉は入ってないものの、のちの肉じゃがのようなコクがあるじゃが芋料理になっています。

③アイルシチュー
・細かく切った豚肉を二十分茹でる。
・ざく切りにしたじゃが芋と玉葱を加えて二十分ほど茹でる。
・下茹でしておいたインゲン豆を加える。
・牛乳で溶いた小麦粉を流し込み、塩、胡椒で味付けをする。
これは肉とじゃが芋が使われていて牛乳と小麦粉を流し込んでいます

図136 「家庭料理講義」萩の巻、1919年（大正8年）年7月号、東京割烹講習会

から、肉じゃがというよりは料理名どおりのシチューに近い料理です。

これらはかなり裕福な家庭向けの料理でしたが、富裕層が食べていたものは数年後には庶民がまねをして広まっていくものですから、昭和になった頃から庶民のじゃが芋の煮物も砂糖で甘くするなど、もっと手が込んだ料理になっていったのでしょう。これらが「懐かしい・おふくろの味」のじゃが芋煮を作り出したのではないでしょうか。

肉じゃが＝懐かしいおふくろの味の以前にあったのが、肉が入っていないじゃが芋煮（イモの煮っ転がし）でした。そのような下地があったから、肉じゃがという料理名が登場したばかりでも、その料理に人々は「懐かしい・おふくろの味」を感じたのではないでしょうか。

いもがなぜ「懐かしい・おふくろの味」なのか

じゃが芋の原産地は南米で、それが十五世紀頃にヨーロッパに伝わり、十七世紀頃（江戸時代）に日本に伝わったというのが今日の定説になっています。ヨーロッパでは小麦（パン）不作時の救荒食物、日本では米（ご飯）不作時の救荒食物と位置づけられていました。

米の代用としてじゃが芋が存在したということになりますが、米が天候不良などによって不作だったから代用食としてじゃが芋を食べるという状況と、米はたくさん穫れているのに食べさせてもらえないからその代用食としてじゃが芋を食べるという状況がありました。

よく耳にする「日本人は昔から米を主食として食べてきた」というのは事実誤認で、明治時代になっても米を毎日の主食にできたのは江戸のような都市生活者や身分が高い人々に限られていて、米を生産している当の農民たちは年貢米で召し上げられるから米を満足に食べられなかったのです。米を作っているのに米を食べることができない人々が主食にしていたのは粟、稗、黍などの雑穀や田んぼのあぜ道で栽培した大豆、そして里芋や山芋、じゃが芋などでした。米は食べたいが食べられないから、米のようにでんぷん質が多くて腹の足しになるじゃが芋を米の代用にしていた。民俗学では、米食文化に対してイモ食文化があった……と言われています。

日本でじゃが芋の生産が盛んになったのは北海道の開拓時代からでした。米があまり作れなかった北海道で、主食がわりに生産できたのがジャガ芋でした。男爵とかメークインなどはこの時期に北海道で栽培され始め、やがてじゃが芋は日本中の食卓を潤すことになっていきます。安くて保存性がいいから貧乏な家でも買い置きして、日々の惣菜に使ったり、米がわりの主食に使ったりすることができました。だから、鍋にじゃが芋と水を入れて火にかけ、醤油で味付けした「じゃが芋の煮っ転がし」があまり料理を知らない田舎のおふくろ料理になったのではないでしょうか。じゃが芋を茹でただけで塩や味噌で食べることもあったでしょう。ちょっと贅沢に砂糖と醤油で煮ることもあったでしょう。じゃが芋が里芋やさつま芋のことだってあったでしょう。イモの煮物というものは戦後の都会暮らしをする地方出身者にとって田舎の「おふくろ」や食の思い出を呼び起こすものだったから、「懐かしい・おふくろの・食べ飽きない」などの形容詞が付くようになったのかもしれません。

そのような「いも類」＝懐かしいという構図が根底にあったから、一九七〇年代の「肉じゃが」という料理名の登場と同時に「懐かしの」と語られるようにもなったのではないでしょうか。

今日、昔ながらの……とか懐かしの……とか言われている和食や家庭料理も、実はそんなに歴史があるものではなかったのです。「肉じゃがのような伝統的和食を食べるとなんだかホッとしますね」というようなコメントを聞くこともありますが、肉じゃがは本当に伝統的和食なのでしょうか。洋食で使う外来のじゃが芋を日常的に食べるようになったのは明治時代のことだったし、西洋の影響を受けて肉を食べるようになったのも明治時代からです。そのじゃが芋と肉を和風に煮込む料理は大正から昭和以降の食文化と言えるでしょう。そしてじゃが芋と肉を甘辛く煮付けた料理を「肉じゃが」という料理名で大多数の日本人が認識するようになったのは一九八〇年頃だと推測されますから、これは外来の食材と西洋の肉食文化を取り入れ、それを和風の調理法で煮込んだ料理だと思います。

肉じゃがという料理をたどってみて「伝統の和食」の意味が少しわかった気がします。

外来の食材、よその国や地域の調理法、調理習慣などを拒むことなくあっさりと取り入れるものの、自分たちが築いてきた味付けや調理法にうまく同化させて日本独自の料理にしてしまう力こそが「和食」だったんだと。

7 肉じゃが「おふくろの味」と「肉じゃが」論

「おふくろの味」が登場

おふくろの味の対極にあるのが「お店の味」でしょう。ここでは有名料理店（和洋中問わず）、ホテルのレストラン、懐石や精進などの伝統料理まで含めた、社会的な認知度が高く、権威あるものを「お店の味」と呼ぶことにします。

家庭料理本で「おふくろの味」という言葉が使われるようになったのは一九七〇年代の終わり頃からです。それ以前の家庭料理本は、権威ある有名店の料理人やシェフが「有名店の味」を家庭で作れるように指導してくれることが「売り」でした。家庭の主婦向けの料理本は大正時代から出始めますが、どれを読んでみても「ご家庭でお店のようなご馳走が作れますよ」とアピールしていました。それまで母親から教わった料理以外は知らなかった娘さんたちにとって、八百善のような老舗の高級料理屋やレストラン、ホテルにでも行かなければ食べられない料理を教わることができるというのは魅力的だったでしょう。昭和に入ると、婦人雑誌に料理本の付録が付くようになり、家庭の主婦たちは店の味を家庭で再現できることが料理じょうずなのだと思うようになりました。家庭料理のテキストは常に店の味を目標にして作られていたのです。

ところが、一九七〇年代の終わり頃になって「お店の味」から「おふくろの味」に目標を変えるテキストが現れ始めました。有名店でもなければ伝統的な味でもない、母親の料理を見よう見まねで覚えた程度のおふくろの味が、懐かしい味としてもてはやされだしたのです。

そして、そのおふくろの味を代表する料理として取り上げられたのが肉じゃがでした。

肉じゃがには伝統も確立された定義もなかった

- 「おふくろの味」という言葉はイタメシとか広東料理などと同じ一つのジャンルになった。
- 母親＝おふくろが作る料理の味……という「字面」どおりの意味のほかに、懐かしさを感じさせる味のことを意味する言葉である。
- 懐かしいと思える味の代表格として肉じゃがが選ばれたが、懐かしさの対象は「肉」ではなく「芋」だったと考えられる。
- 子どものゼロ歳から十八歳の期間は、その母親は二十五歳から四十三歳ぐらい。特に幼児期の母親はまだ二十代後半で料理の技術もいたって未熟だったから、素朴な煮っ転がしくらいしか作れなかったというのが現実だろう。
- 肉じゃがという料理名は街の居酒屋あたりで使われ始め、それがマスコミによって広まったと思われる（魚柄所見）。
- おふくろの味＝肉じゃがという構図は一九七〇年代後半頃、料理本などマスコミによって作られた。

肉じゃががおふくろの味というジャンルの代表格になったのはこのような理由からだったという前提に立つと、この料理には「伝統」とか「歴史」はほとんどないと言えます。

昆布や鰹節で出汁を引くとか、鯛を三枚に下ろして刺し身を作るような料理の技術をもった「おふくろ」さんはめったにいません。二十代の若い「おふくろ」さんにできる料理のレパートリーは知れたものでしょう。しかも今日のようにハムや加工ずみ食品などがなかった時代ですから、安くて保存ができるいも類を煮るだけの「イモの煮っ転がし」的な料理を作る頻度が高くなるのは当然だったのでしょう。

そのような「おふくろ」の味で育った人々が親元を離れて、外食中心、加工食品中心の食生活をするようになったときに、ふと懐かしさを感じた料理が「イモの煮物」でした。

懐かしい味の「懐かしい」のは肉ではなくイモだった

昭和初年から戦後の食糧難だった一九五〇年（昭和二十五年）頃までの料理本には肉じゃがという料理はありませんが、肉じゃがとほぼ同じであろう料理や、肉じゃがのもとになった料理と思われるものはたくさんあります。

時代をさかのぼっていくと、じゃが芋だけでなく、地方によって里芋、山芋、さつま芋などに置き換えられることはありますが、「イモの煮物」のレシピはたくさんあります。そもそもイモ類は米が食べられないときの救荒食物として重宝されていたし、腹いっぱいにもなるから主食、副食を問わず食べられてきました。生活が豊かになってくると、イモの煮物をよりおいしくするための出汁としてスルメや身欠きニシンを入れたり肉を入れたりしていましたが、戦争が激しくなってくると贅沢は言っていられませんから、またイモだけを塩か醤油で煮ただけの「イモの煮っ転がし」が中心になっていきます。イモ以外は「ありあわせの物を入れて」作る煮っ転がしですから、身の回りで入手可能な食材を使って少しでもおいしく作ろうとはしていたのでしょう。それが一九二六年（昭和初年）頃から五〇年（昭和二十五年）頃のことでした。やがて物資が出回りだし、様々な肉（牛・豚・鶏・うさぎ・馬・野鳥・鯨）の細切れ（いわゆるくず肉）を使った肉豆腐や肉じゃがが作られるようになっていきます。

人々が「懐かしい」と感じていたのはイモの煮物でしたが、すでにマスコミでは「イモの煮物」という名称ではなく「肉じゃが」になっていたので、人々はごく自然に「肉じゃが」という名称を使いました。そしてそれが本来の名称であり、きっと昔から伝統的に作られてきた、親から子へと伝えられてきたものだと思い込んだのでしょう。

おふくろの味を作った おふくろの食生活はこうだった

人が最初に覚えるおふくろの味は母乳の味でしょう。その後、母乳を卒業して軟らかな食べ物からだんだんと硬い食べ物が食べられるようになっていきます。自分で食糧を調達することも調理することもできない幼児・子ども時代に食を与えてくれるのは母親であることが大半でした。

人は生まれたときから様々な食を体験することで、おいしいもの、まずいもの、食べていいもの、いけないものなどを学習します。人は生存するために本能的に母乳の味を受け入れるのでしょうが、母乳を卒業してからは保護者（主に母親＝おふくろ）が与える「食」によって味の学習をするから、幼年期に食べたものがその人にとってのおふくろの味になっていきます。では、そのおふくろ＝母親は誰からその味を受け継いだのかといえば、やはりその母親＝おふくろでした。

生まれたときは母乳の味しか受け入れなかった人が、母親から食べさせてもらった食で味を覚え、やがて調理法を学び、成長して自分が子どもを育てる立場になると、母親から学び取ってきた調理法で、体に染み付いたおふくろの味を再現するようになります。食べることが親の庇護下にある幼年期に体験した食事や味が、その人の好き嫌いなど味覚の原点になっていきます。このように考えると、ある人にとっての「おふくろの味」とは、その人が生まれてから十八歳くらいまでに母親が食べさせてくれた食べ物の味の影響が大きいと言えます。

肉じゃがという料理が「おふくろの味といえば肉じゃが」という肩書を付けて頻繁に登場し始めたのが一九七〇年代後半頃でした。

「ステーキのような洋食も、うちのかみさんが作るスパゲティもいいけど、肉じゃがのようなおふくろの味が食べたくなるんだよなー」

マスコミが発信するこのようなコピーに、居酒屋で飲む三十代から四十代の働き盛りの人々は「わかるよ〜」とうなずいていたと思われます。その働き盛りの人々の母親たちは五十代から六十代と思われますから、一九三〇年から四〇年、つまり昭和五年から十五年の間に生まれたと推測できます。昭和五年から十五年頃に生まれた人が十八歳になるまでにどのような食体験、食の学習をしていたでしょうか。生まれてから成人になるまでの間に満州事変、太平洋戦争、敗戦、食糧難などがあり、食体験や味の学習をするはずの時期に「食べるものがない」「料理するどころではない」でしたから、それまで受け継がれてきたおふくろの味も受け継ぐことが困難だったこの人たちは、自身が十八歳頃までに経てきた食体験に基づいた食べ物を子どもに食べさせてきたのでしょう。

婦人雑誌や家庭料理本が世の中に出回り始めるのは大正時代以後のことです。これらの料理本をテキストとして家庭料理を学んだ人は多かったと思われますが、いかんせんこの時代は国策として節約、倹約、質素な食事が進められていたし、食糧も調味料までもが配給に頼らざるをえない状況でしたから、親から子どもへ、家庭内での料理の継承もあまり望めなかったでしょう。乏しい食材でいかにお腹を満たすかとか、普通なら廃棄するような野菜の種とか皮などをどうやって食べるか、などの工夫や知恵は発達したでしょうが、メリハリのあるご馳走の類いは作りたくても作れなかった。そんな昭和初年から昭和二十五年頃までの日本の食事情のなかで生まれて育った人が「おふくろの味」を子どもに食べさせ始めたのが一九五〇年頃からです。

その子どもたち、すなわち一九八〇年（昭和五十五年）頃に肉じゃがを「懐かしいおふくろの味」と感じていた人たちの母親が幼年期に食べていたものには、このような背景があったのです。

［著者略歴］

魚柄仁之助

（うおつか じんのすけ）

1956年、福岡県生まれ

食文化研究家

著書に『刺し身とジンギスカン――捏造と熱望の日本食』『台所に敗戦はなかった――戦前・戦後をつなぐ日本食』『昭和珍道具図鑑――便利生活への欲望』（いずれも青弓社）、『食育のウソとホント――捏造される「和食の伝統」』『食のリテラシー』（ともにこぶし書房）、『食べかた上手だった日本人――よみがえる昭和モダン時代の知恵』『食べ物の声を聴け！』（ともに岩波書店）、『冷蔵庫で食品を腐らす日本人――日本の食文化激変の50年史』（朝日新聞社）ほか多数

国民食（こくみんしょく）の履歴書（りれきしょ）

カレー、マヨネーズ、ソース、餃子、肉じゃが

発行 ―――― 2020年1月24日　第1刷
2023年3月15日　第3刷

定価 ―――― 1800円＋税

著者 ―――― 魚柄仁之助

発行者 ――― 矢野未知生

発行所 ――― 株式会社青弓社

〒162-0801 東京都新宿区山吹町337
電話 03-3268-0381（代）
http://www.seikyusha.co.jp

印刷所 ――― 大村紙業

製本所 ――― 大村紙業

ISBN978-4-7872-2087-5　C0021

魚柄仁之助

刺し身とジンギスカン

捏造と熱望の日本食

「食の鑑識家」が、刺し身とジンギスカン、とろみ中華風料理の起源と移り変わりを戦前・戦後の女性雑誌や料理本に載っているレシピどおりに実作して検証し、流通している俗説を覆す物的証拠を提示する。

定価1800円＋税

魚柄仁之助

台所に敗戦はなかった

戦前・戦後をつなぐ日本食

家庭の食事を作っていた母親たちは、あるものをおいしく食べる方法に知恵を絞って胃袋を満たしていった。戦前—戦中—戦後の台所事情を雑誌に探り、実際に作って、食べて、レポートする、「食が支えた戦争」。

定価1800円＋税

魚柄仁之助

昭和珍道具図鑑

便利生活への欲望

手でハンドルを回す洗濯機、電気も氷も使わない冷蔵庫、火を使わないコンロ、パワースーツ……。高度経済成長の波に押し流されて姿を消していった非電化・非化石燃料を前提にした珍道具の数々をよみがえらせる。

定価1800円＋税

吉野りり花

ニッポン神様ごはん

全国の神饌と信仰を訪ねて

古くから伝わる神様の食事＝神饌は、各地でどのように息づいているのか。軽妙な文章とカラー写真で日本全国の神饌を紹介して、地域の人々の声とともに日本の信仰と地域文化を照らす食と民俗のエッセー。

定価2000円＋税

吉野りり花

日本まじない食図鑑

お守りを食べ、縁起を味わう

季節の節目の行事食や地域の祭りの儀礼食、五穀豊穣などを願う縁起食などの全国に息づく「食べるお守り」＝まじない食と、その背景にある民俗・風習、それを支える人々の思いをカラー写真とともにガイドする。

定価2000円＋税

ふすまの むこうがわ

ひきこもる彼と私のものがたり

芦沢茂喜 著
Ashizawa Shigeki

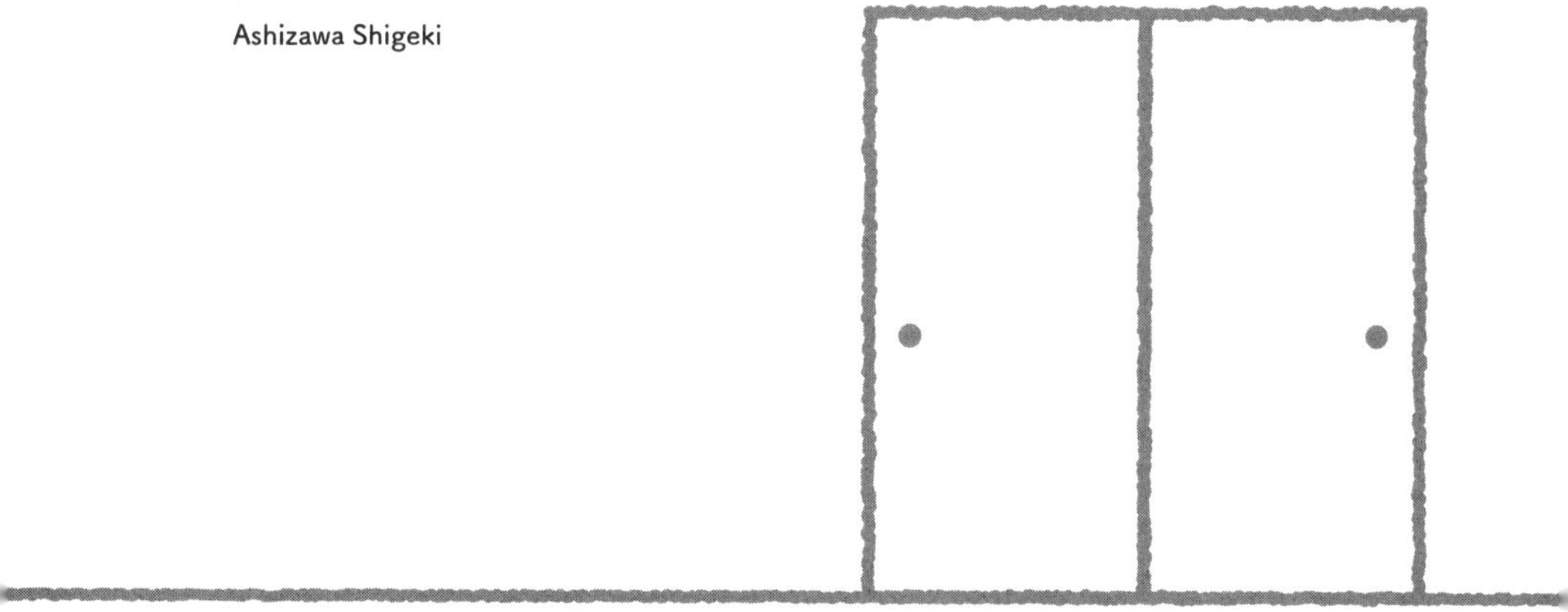

生活書院

はじめに

午前九時三〇分。台所横の畳部屋。私はいつものように、ふすま越しから、声をかけようとしました。声をかけようとした時、ふすまとふすまの間からメモ帳を手で破った紙が出てきました。紙を拾い、見てみると、「何度もスイマセン。声をかけてくれているのに。しっかり聞き取れません。自分が何をしたら良いのか、もう一度話してくれませんか？　私は重圧に弱く、体調が悪くなるため、重圧がかかることはできません」とボールペンで書かれていました。私はそれを読んだ上で、ふすまのむこうがわに声をかけました。

私：「ありがとうございます。本当にありがとうございます。私は峡東保健福祉事務所で相談員をしております、芦沢茂喜と申します。ご家族からお話を聞き、こちらに伺っています。私がお話をさせて頂いていたのは、名義変更のことです。お父さんが亡くなられてから、時間が経ちました。お父さん名義のものを変更する必要があります。お父さんの財産なので、お母さんとケンジさん、弟さんに相続の権利があります。お母さん、弟さんは現状から、お父さんから弟さんに名義を変更したいと話しています。
ただ、そのためにはケンジさんの印、具体的には市役所に登録された印鑑が必要になります。市役所に行き、印鑑登録をして頂きたい。その上で、書類に印を押して頂きたいです」

沈黙の後、ふすまのむこうから声が聞こえました。一五年、人と話していないはずですが、大きく、しっかりと聞き取れる声でした。

彼：「父が亡くなったのはいつですか？」
私：「一か月前です」
彼：「亡くなった原因は何ですか？」
私：「亡くなった原因は私には分かりません。それについてはお母さん、弟さんから話をしてもらいたいと思います。お母さんを呼び、話をしてもらいますか？」
彼：「いいです。話を聞くのが重圧になります。私は何をすれば良いですか？」
私：「市役所に行き、印鑑登録をしてもらいたいです。免許証などの身分証明がある場合は、登録してもらう印鑑を持って行けば手続きができます。身分証明がない場合は、同居で既に印鑑登録をしているお母さんか、弟さんが市役所に行き、手続きをし、市役所より書類が家に届いたらそれを持ってケンジさんが手続きに行く必要があります。一人で行くのが大変であれば、私も同行させて頂きます。どうしましょうか?」

彼:「自分でやります。手続きはスマホで調べます」

私:「ありがとうございます。印鑑はお母さんに用意してもらいます。用意できたところで、台所のテーブルの上に置いてもらうようにします」

彼:「印鑑は安いもので良いです。そう母に伝えて下さい」

私:「分かりました。お母さんに伝えます。私は週1回、同じ時間に伺っています。来週も同じ時間に伺います。私にできることがあれば、させて下さい。今、困っていることはありますか?」

彼:「特にないと思います」

私:「体調はいかがですか?」

彼:「動悸がずっとしています。昔から。それが苦しくて」

私:「それは一日中ですか?　動悸がしない時もありますか?」

彼:「ずっとあります」

私：「そうですか。それは辛いな～。動悸以外に、頭痛や腹痛など、他のものもありますか？」
彼：「頭痛があります」
私：「それもずっとありますか？」
彼：「頭痛は以前あって、今もたまにあります」
私：「そうですか。そのような状況で、眠れていますか？」
彼：「途中、起きてしまいます」
私：「途中とはどのくらい起きてしまうのですか？」
彼：「一日二～三回です」
私：「起きた後はすぐに眠れますか？」
彼：「眠れません」
私：「身体がだるかったりしますか？」
彼：「それはあります」
私：「そうですか。私の勝手な気持ちですが、心配です。私に何かできないでしょうか？」
彼：「大丈夫です」
私：「そうですか。でも、今日お話をして頂き、本当にありがとうございます。私にできることはさせてほしいと思っています。また、来週伺います。印鑑はお母さんに話しておきます。よろしくお願いします」
彼：「分かりました」

彼との話が終わり、別室に控えていた母と弟にケンジさんと話ができたこと、印鑑登録をケンジさんがすると話していたこと、台所のテーブルの上に登録する印鑑を置いておいてほしいことを伝えました。それを聞いた母の目は涙で溢れ、その場に泣き崩れ、横にいた弟はそんな母の背中をさすっていました。

翌日の夜、母がテーブルの上に印鑑を置くと、二日後の朝には印鑑は無くなっていました。そして、三日後の朝、母が起き、台所のテーブルの上を見ると、手続きを済ませた印鑑登録証が置かれていました。

前回の訪問から七日後、同じ時間に同じ場所から私は声をかけました。

私：「おはようございます。芦沢です。テーブルの上に印鑑登録証があるのを見ました。手続きをして頂き、ありがとうございます。手続きは一回で大丈夫でしたか？」
彼：「免許証があったので、大丈夫でした」
私：「そうですか。それは良かった。市役所にはどうやって行かれたのですか？」

彼：「歩いて行きました」

私：「歩くにしても、距離がありますね。外に出るのは久しぶりだったのではないかなと思いますが、どうでしたか？」

彼：「夜中に、外に出たことはあります」

私：「そうですか。外に出られたことはあるのですね。でも、今回は市役所が開いている日中。どのように行ったのですか？」

彼：「家を夜中に出ました。外を徘徊して、八時三〇分になったら市役所に行き、手続きをしました。その後のことは頭が真っ白でほとんど覚えていません」

私：「大変なことをさせてしまいました。申し訳ありませんでした。そして、ありがとうございました。お母さんと弟さんに伺ったら、他の手続きが済み、整理できたところでケンジさんに話をし、印を押して頂くという流れになるそうです」

彼：「私は重圧がかかることはできません。私に何か求められても、何もできません。私は何かしないといけないのですか？」

私：「印を押して頂ければ、これまでと生活は変わらずにできると聞いています。何かしたいことはありますか？」

彼：「そういうのはないです。私は一〇年以上何もしていません。そんな自分に何かできるとも思いません」

私：「そうですか。そのような気持ちなのですね」

彼：「学生の時、就職活動をしたのですが、何がしたいのか分からず、なかなか決まりませんでした。そんな時、家庭が大変で、自分自身がどうしたら良いか分からなくて。部屋にこもるようになりました」

私：「それから一五年、今の生活を続けていることを考えると、私は辛いと感じます。私が分からないから教えて下さい。日中、部屋でどのように過ごされているのですか？」

彼：「横になっています」

私：「いろいろ聞いてスイマセン。横になって、何をしているのですか？　スマホを見るのですか？」

彼：「前はスマホを見たりしましたが、今は見ていません。ただ、横になっています」

私：「横になっている。その他は何もしないのですね」

彼：「人生をどう過ごすかではなく、人生をどう終わらせるかばかりを考えてしまいます。そうすると、動悸がしてきます」

私：「今はなくても、学生時代の頃は何かしたいことはありましたか？」

彼：「ありませんでした」

私：「好きなことはありましたか？」
彼：「本を読むことぐらいです」
私：「どのような本ですか？」
彼：「色々です。特にジャンルはありません。気になったものであれば何でも読みました」
私：「そうですか。今、気になっていることはありますか？」
彼：「今後のことです」
私：「今後のこと？」
彼：「自分が何をすれば良いのかということです」
私：「何をすれば良いのか、一緒に考えさせて頂きたいと私は思っています。ぜひ、よろしくお願いします」
彼：「スイマセン。来てもらって。はい」

それから一週間後。同じように訪問すると、台所のテーブルの上にノートを破った一枚の紙が置かれていました。そこには「食事を残したのは体調が良くないからではありません。気にしないで下さい」と書かれていました。初めて、母に宛てて書いた手紙でした。先日と同じように私は彼に話しかけました。

私：「おはようございます。芦沢です」
彼：「はい」
私：「体調はいかがですか？」
彼：「良かった時がありましたが、その次は悪くなりました」
私：「そうですか。以前、お話をされていた動悸や頭痛はいかがですか？」
彼：「たまにあります。眠れないことが多く、昼に寝てしまいます。そうすると、寝ているのか、起きているのかよく分からない感じになります」
私：「体調の悪さがあるということであれば、病院で診てもらうこともできます。それは抵抗がありますか？　同じような状態の方と先日、一緒に病院に行きました。一錠ですが、お薬をもらい、飲むようになりました。一昨日、その方に会ったところ、薬を飲まれて、二週間で調子が良くなったと話していました。いかがですか？」
彼：「抵抗はあります」
私：「そうですか。今、困っていることはありますか？」
彼：「どうしても先のことを考えてしまいます。自分には何もできない。こんな自分はいない方がいいのではないのか、そんなことを考えてしまいます。考えるとそのことで不安になり、落ち着かなくなります」
私：「自分はいない方がいいのではないか。私は多くの方とお会いしていますが、お会いする多くの方が同じようなことを話されます。ここに来させて頂き、月日が経ちましたが、そのような気持ちを持ち続けて過ごすのは辛いと感じます」
彼：「家族に何かあっても、私には何もできません。家族に迷惑をかけるだけです」
私：「そうですか。そのようなお気持ちなのですね。きれいごとに聞こえるかもしれません。何もできていないとケンジさんはお感じになるのかもしれませんが、私は伺っていて、部屋であってもタケシさんがここに居て頂けるから、ご家族は生活ができているのだと思います。……今は難しいかもしれませんが、ご家族とふすま越しでもお話ができ、私とも対面できると良いかなと私は思います」
彼：「家族に会うのは難しいです。……でも、実は着替えてあります」
私：「ええ、会って頂けますか？」
彼：「はい」
ふすまが開き、彼は部屋から出て来ました。彼と会い、話ができたこの日、私が彼のところに訪問するようになり三年半、両親から相談を受けて七年の歳月が経っていました。ケンジさん

（仮名）は四〇歳。私が両親から相談を受けた時は祖父母、両親、弟の六人で生活をしていました。地元の小・中学校を卒業後、高校に進学。高校卒業後は県外の大学に進学し、サークル活動に参加するなど、活発な学生生活を過ごしていました。ただ、大学四年になり、就職活動をするようになると、状況が変わっていきました。就職試験を受ける企業を数社選び、試験に臨むものの、不採用の結果が続きました。そして、同時期に母が体調を崩し、病院に連れて行くなどの介助をケンジさんがしなければならなくなり、ケンジさんの負担は増大していきました。家庭内での会話も減っていき、就職試験も受けなくなり、就職が決まらないまま、卒業式を迎えることになりました。両親と共に卒業式を終え、自宅に戻った日の翌日から自宅にこもるようになりました。

両親は当初、大学を卒業した後の休息期間であり、しばらくすれば動き始めると思っていました。でも、ケンジさんは五月に入り、ゴールデンウィークが過ぎても動きませんでした。今後が心配になり、ケンジさんが部屋から出てきて、一緒に食事をしている時に、父が「今後をどうするのか」と聞いてみました。ケンジさんは箸を止め、両親の問いかけには何も答えず、自分の部屋に戻ってしまいました。そして、翌日からケンジさんが食事の時間に部屋から出てくることはなくなりました。家族が寝静まった頃に部屋から出てきて、冷蔵庫の中から食べられるものを取り出して食べ、入浴し、部屋に戻るようになりました。両親は以前と同じように、しばらくすれば、元に戻ると思いました。でも、一か月が過ぎ、二か月が過ぎても、家族がいる時間にケンジさんが部屋から出てくることはありませんでした。両親は部屋の前で声をかけてみることにしました。父は「厳しく本人に言わないとダメだ」と言い、部屋のふすまを叩きながら、「いい加減にしろ。お前ももう大人なのだから、しっかり大人として行動しろ」と声をかけました。母は自分が体調を崩したことがケンジさんに影響したと考え、「お母さんが体調を崩したのがいけなかったの。ごめんなさい。お母さんが悪かったの。謝るから、出てきて」と声をかけました。でも、ケンジさんからの反応はありませんでした。

両親は、ケンジさんとどう接したら良いか分からなくなりました。部屋から出てくる夜中に待ち伏せをし、話をしようとしました。でも、何を話してよいのかが分からない。手紙を書いてみようとしました。でも、考えがまとまらず、何と書いてよいのかが分からず、時間ばかりが経過していきました。そんな両親を見ていた弟が業を煮やし、ふすま越しから、「兄貴、いい加減にしろよ。大変なのは兄貴だけじゃないのだぞ。家族に迷惑をかけるなよ」と声をかけますが、ケンジさんが反応することはありませんでした。元々、ケンジさんとは仲が良くなかった弟は「勝手にしろ」と言い、それ以降、ケンジさんに関わることを拒否するようになりました。

時間ばかりが流れていく中で、両親は不安になり、知り合いから聞いた相談機関に相談に行くことにしました。ケンジさんは二七歳、自宅にこもるようになってから五年が経過していました。

訪ねた相談機関は自宅から車で一時間以上かかる所にありました。両親は近隣の目などを気にしていたので、近くに違う相談機関があることを知っていたものの、遠い相談機関に行くことにしました。相談機関では面接を受け、担当者から生育歴やこれまでの経過などを聞かれました。聞かれた後、次回の相談日を伝えられ、一か月に一回、その相談機関を訪ね、担当者に現況を伝えることになりました。相談日の初回は両親で行きましたが、二回目以降は母のみで行き、担当者に話をしました。

ケンジさんの状況は変わりませんでした。両親の起きている時間には部屋から出てきませんでした。父が時折、「いい加減して、出てきなさい」と言い、ふすまを叩くものの、ケンジさんが部屋から出てくることはありませんでした。そのことを担当者に伝えると、担当者より、「お母さんも声をかけてみて下さい」と言われましたが、母は声をかけることができませんでした。自分が体調を崩し、病院の付き添いなどをさせたせいでこうなった。ケンジは私を恨んでいる。そんな私が話をしても、どう反応するかが分からないと母は思いました。でも、そのことを担当者に話すことができず、担当者には「声をかけてみたが、ダメだった」と伝えていました。担当者からアドバイスを受けるものの、それを実行することができず、実行できないことを担当者に伝えられない状況は続き、二年が経過しました。

その年の三月、二年間担当した相談員が異動となり、四月より新しい相談員が担当になりました。相談日。新しい相談員の自己紹介を受け、話をしました。引き継ぎをされたとはいえ、改めて生育歴などを聞かれました。今度の相談員からは、両親が協力することが大事であり、両親揃って、声をかけるか、手紙を書いてみるように言われました。

父は機会を見て、声をかけることはしていたものの、「いい加減しろ」と一方的に言うだけで、本人の話を聞く姿勢を取ることはできませんでした。そんな父に「もっとケンジの話を聞くように」と母から言っても、「そもそもお前の育て方が悪い」と言い、父が母を責めるため、母から父に話すことはできませんでした。また、母が単独でケンジさんに話すことも、母の自責の念からできませんでした。手紙については、書いてみようと思ったものの、相談員からはどのような文面で書いたら良いのかのアドバイスもなかったため、どう書いてよいか分からず、書けませんでした。そして、そのことを新しい相談員に話すこともできませんでした。母は相談に行っているのに、相談員のアドバイス通りにできない私達が悪い。そのことを相談員に伝えると、話を聞いてもらえなくなるのではないかと思いました。そんな状況がその後三年間、続きました。三年が経過する三月、前回と同じように担当の相談員が異動になり、四月から相談員が変わることになりました。そして、四月より担当になった相談員が私でした。

本書は私と彼、ケンジさんとの七年間のものがたりをまとめたものです。

私は二〇一八年七月、前著[1]でひきこもり支援についてまとめました。二〇一九年五月と六月、ひきこもりが関係した事件が相次いで起こりました。五月は神奈川県川崎市で、ひきこもりの男性が幼稚園のスクールバスを襲撃する事件が起こり、六月には元農林水産省の事務次官だった男性が、ひきこもりの息子を殺傷する事件が起こりました。

また、二〇二〇年一月、中国武漢で新型コロナウイルス感染が発生し、二月末には全国全ての小中高校に臨時休校が要請され、四月一六日には緊急事態宣言が発表されました。五月一四日には宣言は解除されたものの、その後も続く感染拡大とそれに伴う社会の変化、ソーシャルディスタンスに代表される距離を取った人間関係が推奨される社会の総ひきこもり化（池上 2020）が起こりました。このような状況を受け、私はＮＨＫなどのマスコミからの取材や市町村が主催する講演などでお話をする機会を多く頂きました。

ひきこもり支援は、厚生労働省のガイドライン[2]によれば、家族からの相談を受け、本人と出会い、集団活動を通じて、社会参加に繋いでいくことが示されており、前著ではそれに沿った形で取り組んできたことをまとめました。ただ、一冊の本に全てをまとめる関係上、取り組む上での苦労、葛藤などを詳しく書くことができませんでした。

また、講演などを通じて、家族からの相談をどう受けたら良いか分からないとの話を相談機関から聞きました。多くの機関では家族からの相談を受けても状況が変わらず、自宅への訪問を試みるものの、本人に会えず、相談が止まってしまうといった状況に置かれていました。家族からの相談とその後の訪問について、前著では詳しく書けなかった部分を書いてみようと思いました。本書ではひきこもりと関わったことがなかった私が、ケンジさんの相談を受ける中で悪戦苦闘してきた日々を綴りました。様々な失敗をし、悩み、考え、向き合い続けた日々。そんな日々の様子を見て頂くことが、これからひきこもり支援に取り組む方、これまでひきこもり支援に取り組んできたものの、上手くいかず、悩んでいる方などの参考になればと思います。

なお、本書ではひきこもりに関する歴史、対策など、ひきこもりに関する専門書であれば通常、取り扱う内容について書いていません。これらについては、沢山のひきこもりを題材にした書籍が発刊されており、そちらを参照して頂ければと思います。また、前著同様に、本書の内容は私が所属してきた機関を代表するものではありません。事例については、ベースとなる事例はあるものの、個人情報保護の観点から個人が特定されないように、加工・修正しています。

■注

1　芦沢茂喜　2018『ひきこもりでいいみたい――私と彼らのものがたり』生活書院

2　齊藤万比古他　2010「ひきこもりの評価・支援に関するガイドライン」厚生労働科学研究費補助金こころの健康科学研究事業『思春期のひきこもりをもたらす精神科疾患の実態把握と精神医学的治療・援助システムの構築に関する研究』(https://www.mhlw.go.jp/stf/houdou/2r98520000006i6f.html)

ふすまのむこうがわ
ひきこもる彼と私のものがたり

目次

第3章　家族からの相談への対応　63

第5章 訪問について 116

第7章　本人との面談について　168

第1章

事例の背景

私とケンジさんとの七年間のものがたりに入る前に、用語の整理、なぜケンジさんの事例を取り上げるのかの理由、今回のものがたりに登場する人物の概要など、事例を理解する上で必要な背景について、確認しておきたいと思います。

まず、「ひきこもり」については、厚生労働省のガイドラインによれば、「様々な要因の結果として社会的参加を回避し、原則的には六ヵ月以上にわたって概ね家庭にとどまり続けている状態」と定義されており、本書でもこの定義に従って、「ひきこもり」を使用しています。「ひきこもり」は、この定義に従っても、人それぞれによってイメージするひきこもり像が違ってきます。「ひきこもり」が問題となった一九八〇年代、「ひきこもり」と言えば、中学校を卒業後も自宅に

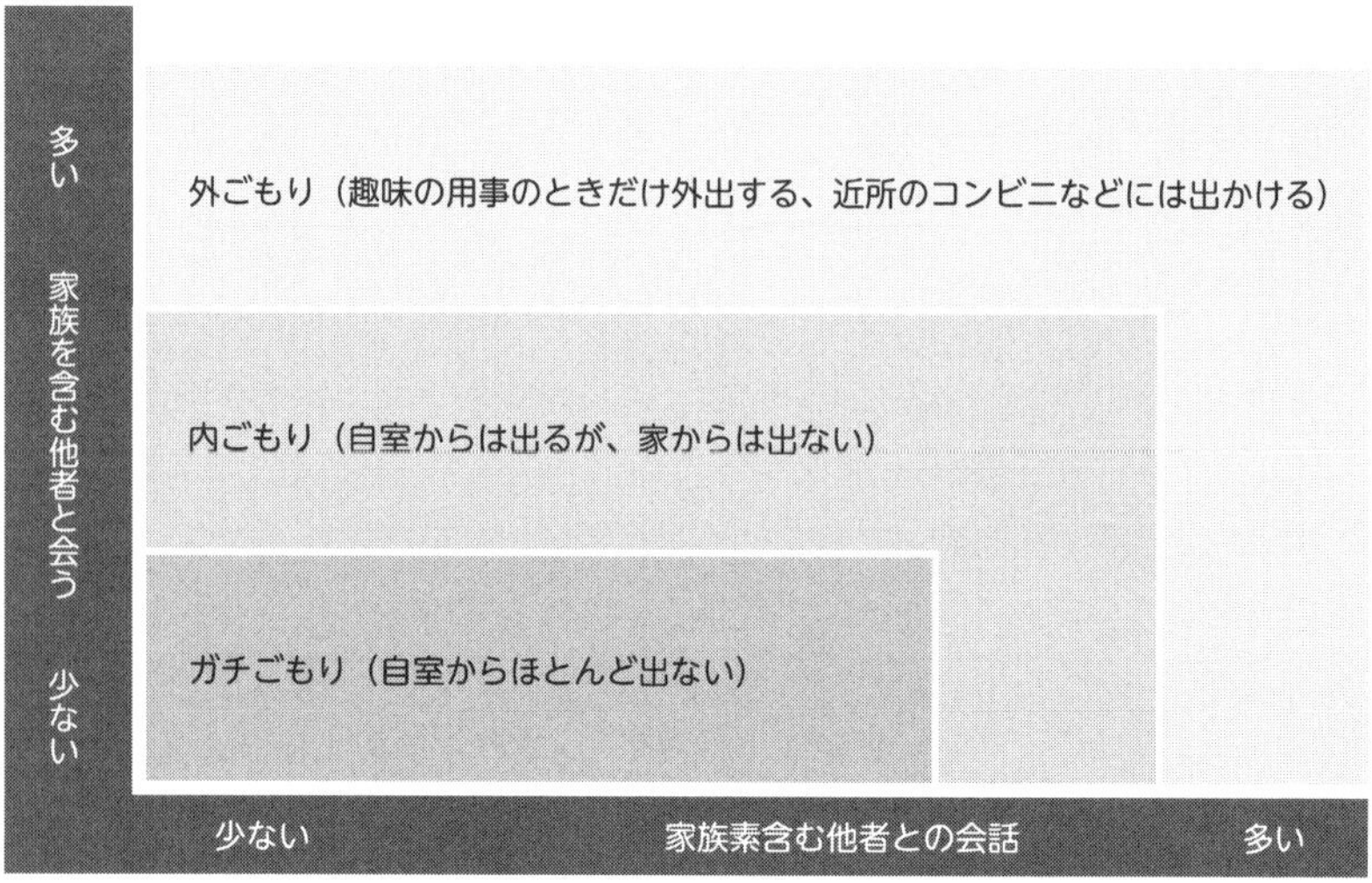

図１　ひきこもりの状態から見た分類

こもり続ける人達がイメージされました。それが、二〇歳を過ぎても、就職や就学をしないニート状態の人達をイメージするようになり、そのイメージは最近まで続いていたように感じます。前述のとおり、ひきこもりの当事者が関係した事件が相次いだ影響を受け、最近では高年齢で、ひきこもり期間が長期化した「ひきこもり」がクローズアップされるようになりました。

「ひきこもり」は、実施時期が異なりますが、内閣府の調査によれば、一五〜三九歳で五四・一万人[1]（二〇一六年）、四〇〜六四歳で六一・三万人[2]（二〇一九年）いると推計されています。四〇歳以上のひきこもりの調査結果が公表された際には、四〇歳以上がそれ以下よりも人数が多いこと、それらを足すと一〇〇万人を超えることが大きな話題となりました。

調査については、内閣府以外に、都道府県、市町村レベルでも実施されており、山梨県でも、二〇一五年七月に、民生・児童委員二三三七人を通じた実態調査が実施され、一五歳以上の把握できた当事者が八二五人、うち六割が四〇歳以上で、四割ほどが一〇年以上、現在の状態を継続しており、推計では県内に一〇四三人の当事者がいることが報告されました。[3] また、山梨県は二〇二〇年九月にも同様の調査を実施しており、把握できた当事者は六一五人、うち四〇歳代以上が七割ほどを占め、ひきこもり期間一〇年以上が四割、二〇年以上が二割と報告されました。[4]

一口にひきこもりと言っても、どのような状態像をイメージするのかで話は変わってきます。内閣府が実施した調査結果をもとに、ネット上では図書館やレンタルショップなど、「趣味の用事のときだけ外出する」、「近所のコンビニなどには出かける」状態を「外ごもり」、「自室からは出るが、家からは出ない」状態を「内ごもり」、「自室からほとんど出ない」状態を「ガチごもり」と言い、使い分けています（図1参照）。内閣府が実施した調査結果を見ると、数としては「外ごもり」が多く、実態は世間一般がひきこもりに対して頂くイメージとは違うかもしれません。

ひきこもり対策としては、各都道府県・指定都市に相談拠点として「ひきこもり地域支援センター」が設置され、生活困窮者自立支援法上の自立相談支援機関が身近な相談を担うことになっていますが、「ひきこもり」はその特性上、潜在化することが多く、顕在化する時は障害や貧困など、様々な要因が複合的に影響を与えることから、障害児・者の相談に応じる障害者基幹相談支援センター、高齢者の相談に応じる地域包括支援センターなど、様々な機関で相談に応じている実態があります。

ただ、相談件数としては少なく、私は令和元年度に所属する機関が管轄する地域（人口規模三二万人）、三市一町の自立相談支援機関、障害者基幹相談支援センター、地域包括支援センター、ひきこもり相談窓口、計二十機関を対象に平成三十年度のひきこもり相談の件数、転帰、訪問の実施状況に関する郵送調査を実施し、十八機関より回答を得ました。平成三十年度、一年間の相談件数（実数）は六四件であり、そのうち親や兄弟姉妹からの相談が三九件でした。三九件のうち、相談が継続できたのは十八件であり、十八件のうち、訪問を実施したのは十一件でした。そして、十一件のうち、当事者に会え、訪問を継続できたのは六件であり、相談件数は少なく、相談は継続できず、訪問しても当事者と会えない実態があります。

相談と言った場合、大事なことが二つあります。一つは当事者である本人が困っているか、もう一つは困っている本人が家族に困っていることを言うことができているか、できていなくても、困っている様子を家族が気づいているかです。本人が困っている場合、本人が自ら相談行動を取ることができます。また、本人が相談行動を取れなくても、家族が気づいていれば、家族の促しを受け、相談に繋がることができます。相談で問題になるのは、本人が困っているのかが分からず、家族との関係も上手くいっていない場合です。家族との関係が上手くいっていないと言った場合、①本人に話しかけることができ、本人から返事がある段階、②本人に話しかけることはできるが、返事がない段階、③本人と話すこともできない段階に分けることができます。①と②の段階であれば、家族の本人への関わり方に対して、アドバイスを行い、家族がそれを受けて行動することで本人との関係が改善に向かう可能性があります。ただ、問題は③の段階であり、家族の行動の変化だけではなかなか改善に向かいません。「ひきこもり」の状態がすぐにこの段階に行くことはなく、時間の経過が必要であり、この段階の本人、家族は共に高年齢化しています。

ひきこもり支援については、前述のとおり家族からの相談に始まり、本人に出会い、集団活動、社会参加に繋いでいくことが厚生労働省のガイドラインでも推奨されており、ひきこもり支援の入口として家族支援の重要性が指摘されています。また、本人が自ら動き始めるのを待つのではなく、家族会や家族教室の参加を通じて、家族が本人とのコミュニケーション方法などを学び、家族が相談機関などに支えられながら本人に関わることが具体策として挙げられています（図2参照）。私はそれらが重要であることは認識しつつも、現状として家族の高齢化やひきこもり期間の長期化などの影響もあり、コミュニケーションを学び、本人に関わることが難しい家族が増えてきていると感じています。

前述のとおり、内閣府の調査では、四〇歳を超える高年齢化した「ひきこもり」の数がそれ以

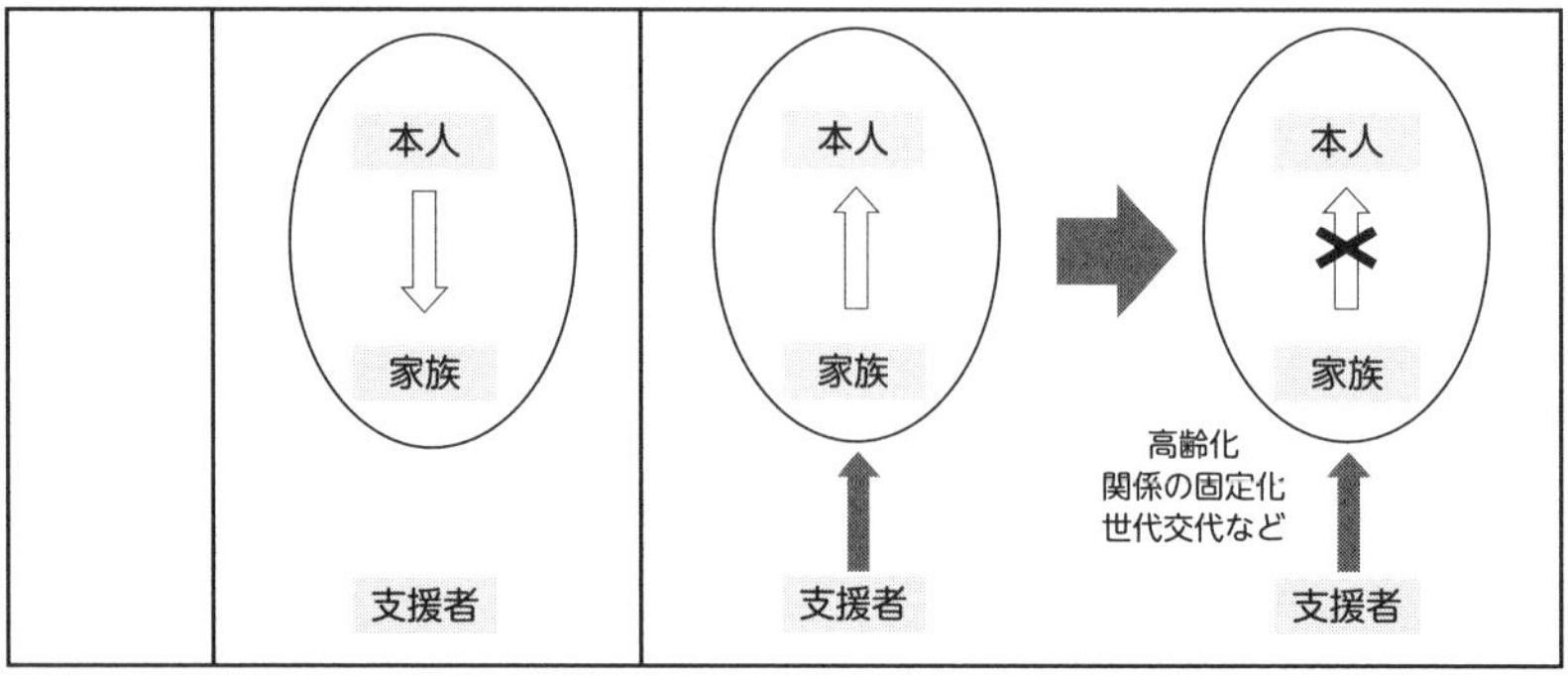

支援の主体	無	家族
支援者の役割	本人が動き始めるのを待つ	家族の本人への関わり方を変える

図２　ひきこもり支援について（家族支援）

下よりも多いことが指摘されていますが、親の介護などを契機に、このような事例が顕在化することが多く、このような事例への対応に地域の相談機関の多くが困惑しています。具体的にどのようにしたら良いのか分からないものの、何かしなければならないとの考えから、自宅への訪問を試みるものの、本人の拒否などがあり、訪問が中断することが多いことが指摘されています。関東一都六県の保健所などを対象にした調査によれば、訪問支援の現状として、「本人に会うことが難しい」に八二％、「会えても継続が難しい」に五三％が回答しています。[5] また、ＫＨＪ全国ひきこもり家族会連合会の調査によれば、ひきこもる本人の四二％、家族の四五％が「支援が継続しなかった」と回答しています。[6] 訪問を中心にした支援が求められる中で、具体的な方法も分からず、それぞれの相談機関が手探りで実践している実態があります。

　このような背景から、本書ではひきこもり期間が長く、本人も高年齢化し、家族との関係が切れているケンジさんの事例を取り上げ、一連の流れとして、家族支援、訪問、本人との関わりを綴ることにしました。

次に、今回のものがたりに登場する人物の概要について、確認しておきたいと思います（図3参照）。

＊＊＊

彼（ケンジさん）

このものがたりの主人公であるケンジさん。ケンジさんは前述のとおり、地元の小・中学校を卒業後、高校に進学しました。高校ではバスケットボール部に所属し、主将を務めました。

高校卒業後は刑法などの法律を学びたいと県外の大学に進学し、一人暮らしをしながら、飲食店のバイト、バスケットボールのサークル活動など、活発な学生生活を過ごしました。

大学四年となり、就職の内定を得ている友人が周りに出てきましたが、ケンジさんはなかなか就職活動をすることができませんでした。何がしたいのかが分からず、どういう会

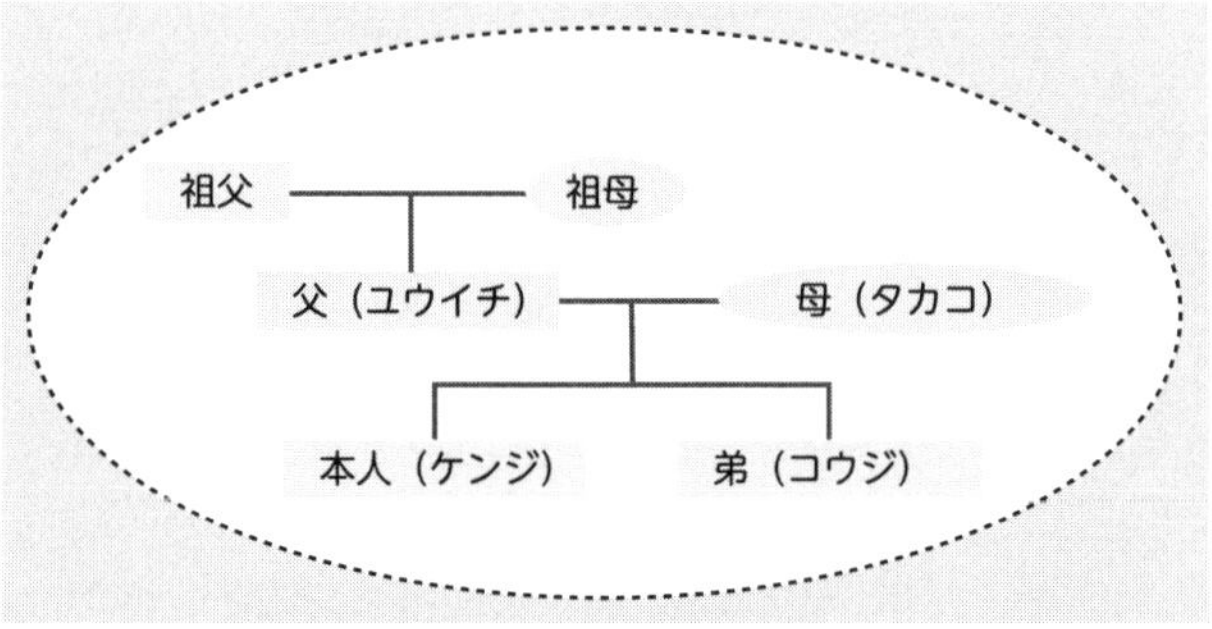

図３　家族構成図

社を受けてよいのかがケンジさんには分かりませんでした。気持ちばかりが焦る中、人間関係を築くことに元々、苦手さがあったことから、総務や経理といった事務系の仕事を探し、数社、就職試験を受けてみました。試験では苦手な面接もありましたが、ケンジさんとしては上手くできたという自信がありました。ですが、受けた試験は全て不合格。気持ちが落ち込む中、同時期に母が自宅で倒れ、救急車で病院に搬送されました。弟からの連絡を受け、自宅に戻ったところ、母は病院の処置を終え、自宅に帰ってきていました。

　母は、しばらくの間、仕事と家事を休み、病院を受診しなければならなくなりました。ケンジさんは母の介助のために、頻回に県外から自宅に戻る生活をしました。父は仕事、弟は高校生であることを理由に介助を免除されているのに、自分自身は就職試験を理由に免除されない。県外から自宅に受診のたびに戻ってきていることが納得できないものの、それを父母に話すことができず、ケンジさんは気持ちを溜め込むようになりました。

家族と話をすること自体が苦痛となり、会話もしない生活が続き、就職試験も受けなくなり、就職が決まらないまま、卒業を迎えました。そして、父母と一緒に参加した卒業式の翌日から、外に出ず、自宅にこもるようになりました。

父（ユウイチさん）

二人きょうだいの長男として生まれ、地元の小・中学校を卒業後、高校に進学。高校卒業後、大学には進学せず、地元の建設会社に就職。仕事を通じて知り合ったタカコさんと結婚。家庭のことは妻に任せ、仕事に打ち込み、高卒で管理職を務めました。

自分自身が高卒だったことから、子どもには大学に進学し、安定した仕事に就いてほしいとの気持ちが強く、努力は報われるとの考えから、泣き言は言わず、頑張ることが尊いとの考えを持っていました。子どものことは気にはなっていたものの、それを言葉に出して伝えることが苦手で、話をすると、どうしても一方的な言い方になってしまう傾向がありました。タカコさんが倒れた時、本来であれば夫である自分が面倒を見なければならないのに、努力してなれた管理職の仕事を捨てたくないとの気持ちから、大学の単位も取れ、あとは就職試験だけであったケンジさんに甘えてしまいました。就職試験は今年、受けられなくても、来年受ければ良い。自分が頑張れたのだから、ケンジも頑張れると考えていました。タカコさんの状態が落ち着いた時、ケンジさんが就職活動に向けて動かないことに納得できませんでした。

母（タカコさん）

地元の小・中学校を卒業後、商業高校に進学。卒業後、地元の会社に就職。仕事を通じて知り合ったユウイチさんと結婚。結婚を機に仕事は退職。専業主婦となり、子ども二人の育児に専念。ケンジさんが中学生になったのを機に、飲食店のパート勤務を始め、続けていました。

口下手ではあるものの、家族のことを大事にしており、学歴コンプレックスを抱えながら、頑張って管理職になったユウイチさんを尊敬していました。ユウイチさんが家庭のことをできない分、自分がしなければならないと思い、努力してきました。ですが、家事、仕事の心労が溜まり、自宅で倒れてしまいました。県外に出ていたケンジさんが通院などの時は帰ってきてくれました。就職試験で大事な時期に、ケンジさんに頼らなければいけないことに申し訳ない気持ちとともに、自分を気遣って、ケンジさんが優しくしてくれることに嬉しさを感じていました。体調が戻り、家事、仕事ができるようになった時、ケンジさんが自宅から外に出なくなりました。少し休めば出てくると思いましたが、外になかなかなか出ないため、自分自身が体調を崩し、負担をかけたせいでこうなったのではないかと思いました。

弟（コウジさん）

地元の小・中学校を卒業後、ケンジさんと同じ高校に進学。高校ではバンド活動に熱中。高校生の時に、自宅で母が倒れ、家庭は大変な状況になりました。兄のケンジさんは県外に出て、就職活動中、父は管理職で仕事が忙しい状況から、自分が母の介助をしなければいけないと思いました。ですが、バンド活動や友達と遊びたい。それをそのまま言えば、認められないため、父母と兄には「高校の勉強が忙しい」と嘘をつき、母の介助は兄に任せることにしました。母の状態が安定し、これで家庭も元に戻ると思ったら、兄が自宅から出なくなりました。自分が母の介助をせず、兄に負担をかけたのがいけなかったのではないかとも思いましたが、「その時は仕方なかった。外に出ないのは兄の責任」と思うことにしました。高校卒業後、地元の大学に進学し、卒業後に父と同じ建設業の会社に就職しました。

＊　＊　＊

それぞれがそれぞれの想いを持ちながら、お互いに想いを伝え、受け止め合うことができず、関係が切れてしまったケンジさんと父、母、弟。そして、そんな家庭に関わるようになった私。次章以降、切れてしまった関係がどうなっていくのか、見ていきたいと思います。どうぞ、お付き合い下さい。

■注

1　内閣府 2016「若者の生活に関する調査報告書」(https://www8.cao.go.jp/youth/kenkyu/hikikomori/h27/pdf-index.html)
2　内閣府 2019「生活状況に関する調査」(https://www8.cao.go.jp/youth/kenkyu/life/h30/pdf-index.html)
3　山梨県 2015「ひきこもり等に関する調査結果」(file:///C:/Users/Owner/AppData/Local/Microsoft/Windows/INetCache/IE/OH0UHVR7/hikikomoritou_tyousa.pdf)
4　山梨県 2021「ひきこもりに関する調査結果」(https://www.pref.yamanashi.jp/seishin-hk/documents/r2_tyousakekka.pdf)
5　第30年度 厚生労働省社会福祉推進事業『保健所等における「ひきこもり相談支援の現状」調査の結果概要』
6　ＫＨＪ全国ひきこもり家族連合会 2019「ひきこもりの実態に関するアンケート調査報告書――本人調査・家族調査・連携調査」

第2章

家族が変われば、本人が変わる

七年前の三月の最終週の月曜日。私は内示を受け、四月より相談機関に配属となり、ケンジさんの担当となりました。ケンジさんについては、前任者より「就職活動が上手くいかず、ひきこもりに至った事例。家族と同居しているものの、家族とは全く会っておらず、本人は昼夜逆転の生活。家族に本人への声かけをするように促してきたが、上手くいっておらず。家族からの相談をこの5年、続けている」との引継ぎを受けていました。

自分自身を責める母と本人を責める父

私との初回相談日には父母の二人で来られました。私の正面に座った父が隣の母を見つめ、見つめられた母が話し始めました。

母：「ケンジは二二歳になります。五歳下に弟がおります。私と夫、夫の両親の六人で生活しています。今の状態になって一〇年になります。ケンジは明るい子でした。高校を卒業後は大学に行き、活発に過ごしていました。問題はないと思っていました。ですが、就職活動をする段階になり、試験を受けるものの受からず。その時はケンジもイライラしていました。でも、私達は大丈夫だろうと思っていました。ですが、その後も試験は受かりませんでした。ちょうどその時に私が体調を崩しました。夫は仕事があり、弟は高校生だった為、受診に付き添うことができず、ケンジが忙しい中で手伝ってくれました。優しい子です。でも、その優しさに私が甘えてしまい……。私が悪いのです」

母は話しながら、泣き出してしまい、その後の話ができませんでした。その様子を横目で見ていた父が「ケンジは甘えているのですよ。親が大変な時に子どもが助けるのは当たり前。それが大変だったから、就職試験に受からなかった訳ではない。アイツの力がなかっただけですよ」と吐き捨てるように話しました。その後は沈黙が続き、次回の相談日を一か月後に設定し、初回相談は終了しました。

二回目以降の相談も月一回の頻度で設定しました。母は毎月、父は三～四か月に一回、母と共に来所しました。母は毎月、自分自身を責める発言をしながら泣いていました。私からの問いかけには「変わりありません」の返事。私が今の状況を動かそうと母に提案すると、「今の状態から悪くなったら困る。全て自分が悪い」と話し、母がさらに泣くという状況が続きました。父がいる時は、泣く母の横で、「悪いのはケンジ。母親が体調の悪い時に手伝うのは当たり前じゃないですか。それなのに、アイツはまだ現実から逃げ、他人のせいにしている。育て方を間違えてしまった」と一方的に言い、相談時間は終わっていました。

そして、翌月の相談日、母が「夫は先月、あのように言いましたが、夫もケンジのことを心配しているのです。ただ、言い方が一方的で。あの人は二人の子どものうち、下の弟よりもケンジを可愛がっていました。下の弟は要領が良く、何でも器量にやりますが、ケンジは不器用。一つのことにのめり込むと、それ以外のことが手につかない。夫はケンジが自分に似ているから、アイツのことが心配だと話していました。そのことをケンジに伝えればいいのに、あの人も不器用だから伝えられない。それを私が上手くまとめられれば良いのかもしれませんが、私ができなくて」と話す。そういう状況が続いていました。

母が話す「変わりません」の基準

私と家族との間で同じ話が繰り返され、八か月の時間が過ぎていきました。母が毎回の相談で話す「変わりません」。何を基準にして、「変わりません」と言っているのだろうと考えてみると、私は母の基準を理解していませんでした。もし、母の基準がひきこもる前のように母に優しくしてくれるということであれば、それは不可能な話であり、その話をいくら母としていても時間だけが過ぎてしまう。私は、母の基準を確認した上で、基準が現状から考え、高ければそれを下げ、今の状況が最低と比較してどうかと聞いていかないかぎり、話は先に進んでいかないと思いました。

私：「お待たせをしました。おかけ下さい。先月から大体一か月経ちますが、いかがですか？」
母：「変わりありません」
私：「変わりないですか？」
母：「変わらないです」
私：「変わらないとは、どのような感じですか？」
母：「何も変わらないです」

私：「食事はどうですか？」
母：「食べています」
私：「お風呂はどうですか？」
母：「入っています」
私：「食事もお風呂も、いつもと変わらないですか？」
母：「変わりません」
私：「どうなったら、ケンジさんの状況が変わったなと感じられると思いますか？」
母：「ケンジが部屋から出てきたら……」
私：「もちろん、そうですね。他にはどうですか？」
母：「私達と話ができるようになったら……」
私：「そうですね。そうなったら、変わったなと思いますよね。でも、その状態はお母さんや私が求める最高の状態かなと思います。その状態が最高だとした場合、最低の状態はどんな状態ですか？」
母：「ケンジが食事を食べず、風呂にも入らない状態です」
私：「そのようなことはこれまでにありましたか？」
母：「食事を取らないことはありました。主人がたまに我慢ができず、ふすまを叩き、いい加減出てきなさいと言った日の夜は食事を食べませんでした」
私：「お風呂はどうですか？」
母：「お風呂も主人が言った日は入りませんでした」
私：「それはその日だけですか？　それとも続きますか？」
母：「今のところ、その日だけです。主人には止めてほしいのですが、止めてくれません。その日だけでなく、続いたらどうしようと思ってしまいます」
私：「そうですか。そうですよね。食事はどんな形で食べているのですか？」
母：「ケンジの分を皿に分けて、ラップをして、冷蔵庫に入れておきます。それをケンジが自分で取り出し、温めて食べています」
私：「自分で温めるのですね。ケンジさんが料理をしたりはしますか？」
母：「私達が共働きなので、食事の用意ができない時は、簡単に野菜炒めや肉を焼いたりして食べていました。今も私が用意したもので足りない時は、冷蔵庫にあるものを出し、調理して、食べていると思います。フライパンとかが出ていたりしますので」
私：「そうですか。片付けはどうしていますか？　使った皿などはそのままですか？」
母：「前はそのままでした。でも、そのままだと衛生的に良くないので、先月に思い切って使った皿は洗って下さいと手紙に書き、テーブルの上に置いておいたら、使った皿やフライパンを洗ってくれるようになりました」

私：「それは凄い。ケンジさんに働きかけてくれていたのですね。お風呂はどうですか？」

母：「入っています。髪も洗い、髭も剃っていると思います。朝、お風呂を見ると、浴槽に髪の毛が浮いており、髭剃りに使ったカミソリも置いてあったので」

私：「食事でお願いをしたように、お風呂でもお願いをしたことがありますか？」

母：「前は入った後はそのままか、たまに栓を抜いてくれていました。ただ、ケンジが最後なので、水も汚く、栓を抜いても、浴槽を洗うということをしてくれなかったので、朝お風呂を見て、汚いと思いました。食事の時と同じように、ケンジにお風呂に入ったら、栓を抜き、浴槽を洗って下さいと手紙を書いたら、今はやってくれています」

私：「そうですか。それは凄いですね。変わっていないように見えて、お母さんの働きかけでケンジさんがしてくれることが増えているように思います」

母：「そんなことないですよ。大したことではないです」

私：「そのように感じるかもしれませんが、会話ができないと思っていた相手がこちらの話を受けて、動いたというのは凄いことです。少しのことが重なることで、大きなことに繋がっていくように思います。例えば、もう少しお願いをすることは出来ませんか？　何でも良いです。先程の食器を洗う、浴槽を洗うといった些細なことで、昔やったことがあることなら、なお良いかもしれません。食事やお風呂で、他にケンジさんがやったことはありますか？　例えば、ケンジさんは料理を作っていたということでしたが、自分の分だけですか？　ご家族の分も作ったりしていましたか？」

母：「忙しい時には、私達の分も作っておいてと言っておくと、よく作ってくれました」

私：「そうですか。よく作ってくれたのは何ですか？」

母：「野菜炒めです」

私：「例えば、同じやり方で、野菜炒めを作ってとお願いしてみませんか？　手紙に以前、ケンジが作ってくれた野菜炒めをお母さん、食べたいから、ケンジの分以外に私達の分も作って下さいと書いて、テーブルの上に置いてみませんか？」

母：「やってくれますかね？」

私：「分かりませんが、やってみましょう。ダメであれば、次の手立てを考えましょう」

母：「分かりました」

翌月の相談日、母は笑顔で部屋に入り、「野菜炒めを作ってくれました」と話しました。

私：「そうですか。それは良かった。どのような感じだったのでしょうか？」

母：「私達の分はラップをし、冷蔵庫に入っていました」
私：「そうですか。それでどうされました？」
母：「翌日、ありがとう。美味しかった。また、作って下さいと手紙に書きました。そしたら、その三日後にも作ってくれました」
私：「それは嬉しいですね」
母：「頼めば、やってくれるのでしょうか？」
私：「どうでしょう。やってくれるのかは、頼んでみないと分からないですね」
母：「次は、何を作ってくれるか、聞いてみようかなと思います」
私：「どんな形を取ろうと思っていますか？」
母：「以前、作ったことがあるものを書いて、選んで作ってとお願いしようかなと思います」
私：「やってみて、上手くいかなかったら、一度止めて、経過を見てみましょうね」
母：「分かりました」

ケンジさんが反応してくれたことで、これまで本人の働きかけに躊躇していた母のやる気は高まっていきました。

「嫌なことをして困らせる」と「喜ぶことをして動かす」

翌月の相談日、部屋に案内し、席に座るなり、母は話し始めました。

母：「先月の相談後、作ってくれたことがあるものを手紙に書いてみました。でも、作ってくれませんでした。日を少し空け、再度頼んでみましたが、ダメでした。夫も野菜炒めを作ってくれた時は喜んでいましたが、落胆し、今度は怒り始め、『親の気持ちも分からない奴は飯も食わなくて良い』と言い、私にケンジの食事量を減らせと言うのです」

私：「量を減らして、どうするのですか？」

母：「量を減らせば、ケンジも困り、こちらのいうことを聞くだろうと何度も言うので、量を減らしてみました」

私：「どうでした？」

母：「変わりませんでした。夫は減らし続け、困らせれば良い。親の気持ちを分からせないとダメだと言うのですが、私はケンジが意地になり、今度は食べなくなるのではないかと心配になりました。一週間ほど、減らしましたが、元に戻しました」

私：「そうですか。今はどのような状態ですか？　元に戻して、反応は何かありますか？」
母：「変わりません」
私：「お母さんとすると、どのような気持ちですか？」
母：「しばらくは様子を見たいです」
私：「ご主人はいかがですか？」
母：「私が勝手に食事量を元に戻したので、気に入らず、勝手にしろと言っています」
私：「理由があってしたことなので、誰かが悪いということはありません。ただ、ケンジさんと根比べをする形を取ってしまうと、お互いが意固地になってしまう。結果として、どちらかに勝敗が決まっても、あとで凝りになってしまうかなと思います」
母：「そうですよね」
私：「理解してもらいたいという話が、ケンジさんと勝負するという話に変わってしまう。そうすると、どうしてもギスギスしてしまうと思います。本人に話をする場合、二つのやり方があります。一つは、本人が嫌がることをやり、本人にいうことを聞かせようとするやり方、もう一つは本人が喜ぶことをやり、本人を動かそうとするやり方。気持ちとしては前者を選びたくなりますが、やるのであれば後者の方が本人の反発も少なく、リスクも少ないかなと思います」

母：「そうですね」
私：「例えば、本人が喜ぶこととしてはお金があります。今、お金はどうなっていますか？」
母：「一緒に食事をしていた頃は、小遣いを渡していました。でも、今は外に出ていないので、渡していません」
私：「そうですか。例えば、金額を決めて、渡すことは可能ですか？」
母：「前は渡していたので、できます」
私：「ちなみに、前はどのくらい渡していましたか？」
母：「月に一万円です」
私：「本人がお金を取るか否か、試してみても良いですか？　渡していた時は、いつ渡すとか決めていましたか？」
母：「決めていません」
私：「お金を渡す時は、ルールを決めた方が良いと思います。例えば、月末とか第三の金曜日、金額は一万円、封筒に入れ、テーブルの上に置いておくといった形で決めておくと良いかなと思います」
母：「であれば、月末の夜に、テーブルの上に置きます」
私：「それを箇条書きで良いので、手紙に書き、テーブルの上に置いてもらって良いですか？

例えば、『小遣いとして月末の夜に一万円を封筒に入れ、テーブルの上に置いておきます』といった形で書いてみて下さい」

母：「分かりました」

月末の月曜日の夜、母がテーブルに手紙と一緒に一万円を置くと、翌日の朝には取られていました。これまで夏と冬の時期になると、服や下着、布団などを母が部屋の前に置くものの、ケンジさんは一切取りませんでした。ケンジさんはお金を何に使うのか？　ケンジさんが行動するのかもしれない、当時の私はそう思いました。

翌月の相談日。母が一人で来所しました

私：「ケンジさんはお金を取った後、何か行動しましたか？」
母：「特に変わりありません」
私：「お金は取ったのですよね？」
母：「取りました」
私：「取った後は、どうだったのですか？」
母：「取る前と何も変わりません」

私：「そうですか。何も変わりませんか？」
母：「変わりません」
私：「そうですか。例えば、通販で買い物をして、荷物が届くといったこともありませんか？」
母：「ありません。前と同じです」
私：「そうですか」

私はお金を取ったら、何かに使う。そして、状況が動くと思っていました。私は納得できず、何度も確認しましたが、母の返事は変わりませんでした。その日の相談は、ケンジさんの食事、入浴の状況、母や他の家族の健康状態などを聞き、終わりました。

通信手段としてのスマホ

月日は流れ、私が担当して一年が経過しました。待ち合いに行くと、父も一緒に来ていました。部屋に案内し、席に座るように促し、席に座ると、父の方から話し始めました。

父：「年度終わりの相談には私も来ているので、今日は一緒に来ました」

私：「ありがとうございます」

父：「来年度で私も定年になります。これまで祖父母の年金と私と妻、弟の収入で生活をしてきました。退職後、私は再雇用される予定ですが、収入は少なくなります。これまでのような生活はできないと思います。それに父が先日、倒れまして……」

私：「どうされたのですか？」

父：「突然、倒れたので、救急車を呼びました。脳梗塞で、総合病院に入院しています。今日もこちらの前に様子を見てきました。麻痺が残るようです。今週は総合病院に入院し、来週の終わり頃にはリハビリの病院に転院になる予定です」

私：「大変だったですね。リハビリ後のことは何かお話をされていますか？」

父：「退院後は自宅に戻り、これまでと同じような生活をさせてやりたいと思います」

私：「そうですか。ケンジさんはそのことをご存知ですか？」

父：「救急車が来て、騒ぎになったので何かあったとは思っていると思います」

私：「ケンジさんにお話をされる予定はありますか？」

父：「特に考えていません」

母：「そんなことを言わないで。あの子はおじいちゃんに可愛がられたのだから、心配しているはず。それに、状況によっては、介護の人達にも自宅に来てもらわないといけない。

人が入ってくるのに、あの子に何も言わないなんてできないでしょう」
父：「出て来ないやつに言う必要なんかない」
母：「そんなことを言わないで」
私：「様々な思いがあるとは思いますが、おじいちゃんが入院したこと、退院後は介護の人が来るかもしれないことは伝えてあげた方が良いかなと思います。お手数ですが、手紙にそれを書き、テーブルの上に置いて頂けませんか？」
母：「分かりました」
私：「先日、月末の月曜日にお金を渡して頂きましたが、先月はいかがでした？」
母：「お金は取りました」
私：「そうですか。他にケンジさんの行動で気になったことはありますか？」
母：「特に変わりません」
私：「食事はどうですか？」
母：「食べています」
私：「ケンジさんが料理を作ってくれることはありますか？」
母：「野菜炒めを作ってくれます」
私：「お風呂はどうですか？」

母：「入っています」
私：「髭も剃っていますか？」
母：「はい」
私：「浴槽の掃除はどうですか？」
母：「してくれています」
私：「他にはどうですか？」
母：「特に変わりありません」
私：「そうですか。渡して頂いているお金を本人は何に使いそうだと思いますか？」
母：「分かりません。昔は漫画を買っていましたが、何年も見ていないので、分かりません」
父：「アイツがお金を持っていても、何にもなりませんよ」
私：「以前もお聞きしましたが、ケンジさんのお部屋にはパソコンがありますか？」
母：「あります。でも、昔のもので、ネットも繋がっていません」
私：「携帯は持っていますか？」
母：「携帯は持っています。でも、ガラケーです。もう解約した方が良いのに。以前に手紙でそのことを伝えましたが、反応はありませんでした」
私：「ガラケーは使っていそうですか？」

母：「特に毎月の請求金額が変わらないので、使っていないと思います」
私：「ガラケーでは検索や動画を見るといったこともできないですものね。スマホを置いたら、本人は取りますかね？　以前、他の相談者の方で、ご家族がスマホを置いたら、取った人がいました。ケンジさんは、どうですかね？」
母：「分かりません」
私：「そうですよね。本人が取るか否かを見るために、一度、スマホを置いてみませんか？」
母：「スマホですか？」
私：「ケンジさんが外部の情報を取ることに関心があるか否か、私は知りたいと思います」
母：「やってみても良いかしら？」
父：「俺には分からないよ。でも、芦沢さんがそう言うなら、やってみても良い。ダメなら、解約すれば良い」
母：「やってみます。あと、夫が年度末の相談に来るのは、相談員さんの異動があるかないかが気になっていて。芦沢さんは来年度もいますか？」
私：「私は異動してきたばかりなので、来年度もいると思います」
母：「そうですか。良かった」
父：「昨日から芦沢さん、異動になったらどうする？と心配していたのですよ」

相談日の翌週、母が夜にスマホをテーブルの上に置くと、翌日の朝には取られていました。しかし、お金の時と同様に、スマホは取るものの、それに伴ったケンジさんの行動が出てくることはありませんでした。

　また、ケンジさんがスマホを取った翌日、祖父は総合病院からリハビリ病院に転院し、転院から一か月後に退院し、自宅に戻ってきました。両親が共働きで、祖母はいるものの、高齢で祖父の介護をすることは難しいため、平日の日中はデイサービス、週末はショートステイを利用する形が取られました。ただ、平日の夜間は家族で対応しなければならず、祖父の部屋にポータブルトイレを置き、祖父の部屋の隣の居間に母が寝て、夜間のトイレ介助をすることになりました。母は家事、仕事をした上で、夜は祖父の介護をしなければならなくなりました。夜の介護は、センサーマットを置き、センサーが鳴ったら母が自室から介助に行く形に変わっていきましたが、祖父の介護はその後も続きました。

　母の負担の増大を心配し、私は母に「ケンジさんのことについては、弟さんに協力をお願いしてみてはどうですか?」と話しましたが、母は「弟も仕事があります。ケンジとは以前に色々あったので、とてもお願いできません。元々、私が原因でこうなったので、私がすればいいのです」と話しました。

医師のアドバイスと行動できない自分自身を責める母

大変な状況であっても、月に一回の私との面談には母が来所しました。手紙を書いた翌日には野菜炒めを作る。毎日、食事後は入浴。入浴時は髭を剃り、入浴後は浴槽の栓を抜き、浴槽を洗う。月末の月曜日は一万円を取る。ケンジさんの生活について、家族が分かること、私が家族に聞けることは決まっていきました。決まった話が終わると、それ以上の話が進まず、時間だけが経過しました

母に改めて、今の心配を聞いてみると、母からは「長く今のような生活をしているので、ケンジが病気を発症しているのではないかと心配」との話がありました。私は母に医師相談を提案しました。私が所属していた機関では月に一回、人数制限はあるものの、医師相談の日が設定されており、本人、家族と相談員が医師に話ができました。来月の相談枠が空いていたため、母の了解を得て、予約を入れました。

医師相談の日、父母が一緒に来所しました。部屋に案内し、医師の促しを受け、父母がこれまでの経過と現状について話をしました。父母からの話を聞いた医師は、「精神症状らしい話はなさそうだから、病気ではないと考えます。本人にもっと声をかけた方が良いと思います」と話しました。

医師相談の翌月の相談日。一人、来所した母に医師相談の感想を聞くと、母は「病気でないと聞き、安心しました。私が原因でケンジが病気になっていたらとずっと心配していました。先生から話を聞き、夫はすぐにケンジの所に行き、話しかけていました。夫は先生から話しかけるように言われ、今まで自分のしていたことが認められたと思ったようです。私にも声をかけるように言いますが、私はどうしても以前のことを思い出してしまい、声をかけられませんでした。私が原因なのに、私は何もできず、どうしたらよいか分からなくて」と話しながら、母は泣いていました。

父の声かけはその後も続きました。一か月が過ぎ、二か月が過ぎても、ケンジさんの行動は変わりませんでした。相談日に来所した母からの話も「変わりません」との返事が続きました。母はその間も家事、仕事、祖父の介護をやり続け、月に一回の私への相談も休まず、来所していました。相談のために、来所しても、私に話せる内容は同じもの。何もできないと母は自分自身を責める。そんな母に何もできずにいる私は、自分自身の無力さに情けなくなっていました。父がケンジさんに声かけをしても効果が出ていない。母に新たな行動をお願いするのは難しい。私は母に、「私からケンジさんに手紙を書くので、テーブルの上に置いて下さい」と伝えました。相談日のたびに、私は母にケンジさん宛ての手紙を渡しました。自己紹介や日頃、私がしていることなどを手紙に書きました。手紙を書き続けましたが、ケンジさんの行動に変化が起こることはありませんでした。

毎月の相談はその後も続きました。ケンジさんの生活状況と私の書いた手紙への反応を母に聞くと、話が止まってしまう。そんな相談が続きました。年度末の三月を迎え、私は異動の内示を受けました。

異動後も相談の継続を望む父母

異動の内示を受けた時、私は解放されると思いました。ケンジさんから離れる理由ができた。仕方がないじゃないか。異動は自分で決められないのだから。決めたのは組織。悪いのは組織。自分は悪くない。そんな言葉が私の頭の中を回りました。その一方で、ケンジさんの相談は誰が受けるのだろう？　私の代わりに来る人が受けられるのだろうか？　父母は相談員が代わることを心配していた。私が父母に異動の話をしたら、父母はどう受け止めるのだろう？　私はケンジさんの相談で何ができたのだろうか？　何もできていない。ただ、逃げているだけではないのか？　父母にケンジさんと向き合うことを求め、私だけが逃げている。そして、それを相談と言っている。それで良いのか？　相反する気持ちが行ったり来たりしていました。

内示から異動までは一週間ほど。私は母に異動の連絡を入れました。

私：「いきなりのご連絡で申し訳ありません。今、お話をしてよろしいでしょうか？」
母：「はい」
私：「先程、内示を受け、来月より他の部署に異動することになりました」
母：「……」
私：「お母さん」
母：「はい」
私：「私の代わりに女性の相談員が配属になります」
母：「芦沢さんはどちらに行かれるのですか？」
私：「私の代わりに来る相談員が現在、配属になっている○○という所に行きます」
母：「そちらに相談に行っても良いですか？」
私：「はい？」
母：「これまでに三人の相談員の方に話をしてきました。芦沢さんの前の二人の方は淡々と業務のように私達の話を聞いているように感じました。芦沢さんに話をして、ケンジは芦沢さんだったら話をしてくれるように思いました。芦沢さんが行くところに伺うので、相談をさせて下さい」
私：「ありがとうございます。ただ、配属される所はお住まいの地域は管轄外になります。また、急な対応をすることも多く、今のように定期的に相談を受けることができない可能性もあります」

母：「それでも良いです。夫とも話していて、芦沢さんが異動になったら、芦沢さんは迷惑かもしれないけど、ついて行こうと話していました。よろしくお願いします」

私は断りきれず、母の希望を受け入れました。自分自身が何もできていない。その気持ちから逃げてはいけないと思いました。

新しい部署に異動後も、母は相談に来所しました。三～四か月に一回、父が同行する形も変わらず、月に一回の相談が一年間続きました。状態が固定化している中、月一回、父母の話を聞いて、状態に変化を起こすのは難しい。訪問し、状況を確認したい。直接、本人に関われば、変わるのではないか、そんな思いを持っていました。でも、私の所属は管轄外のため、訪問ができない。どうすればよいのか、分からないまま、時間だけが過ぎていきました。

三月の年度末、通常は異動年度ではないはずが、異動の内示を受けました。異動先はケンジさんが住む地域を管轄する機関。これで本人と関わることができる。内示を受けた時に、私はそう思いました。

第3章

家族からの相談への対応

本章では、ケンジさんの事例での私の対応を踏まえながら、家族からの相談について、私が日頃考え、実践していることについて書いていきたいと思います。

はじめの一歩

私の所に家族から相談が入るまでには、①本人がひきこもる、②家族がそれを問題だと認識する、③その上で外部に相談するという段階を踏みます。①から③に至るまでの期間は一か月ほどの場合もあれば、一〇年を超えている場合もあります。ただ、一か月ほどで相談まで至ることは少なく、多くが数年を経過しています。ケンジさんの場合も、父母が相談機関に辿り着くまでに五年かかっていました。

本人がひきこもった場合、ケンジさんの父母もそうでしたが、初めは多くの家族が様子を見ます。本人のひきこもる行動をその時は重く受け止めず、しばらく時間を置けば、部屋から出てくるだろうと考えます。ですが、様子を見ても、動かない状況が続くため、初めて問題だと認識するようになります。様子を見る期間としては半年～一年が多いように感じます。

ただ、問題だと認識しても、すぐに家族が相談行動を起こすことは稀であり、時間がかかります。時間のかかる理由としては、一つは世間体が挙げられます。子どもがひきこもる状況が恥ずかしいと感じている。家の恥であり、外に知られたくないと考える家族も多くいます。そのため、住んでいる地域に相談機関があっても、行ったら、知っている人に会うのではないか、誰かに見られるのではないかと考え、相談を躊躇する。相談する時は住んでいる地域から遠く離れた相談機関に連絡を入れる家族もいます。ケンジさんの父母も自宅近くの相談機関ではなく、車で一時間以上かかる距離にある相談機関に相談をしました。

また、家族として認めたくない、受け入れたくないという気持ちが働き、相談行動を取らない場合もあります。あとは、相談行動を取ろうと思っても、どこに相談したら良いかが分からないことも挙げられます。ひきこもりが社会問題化する中で、相談機関ではホームページなどで住所、連絡先を掲載しており、それを見て、連絡を入れる家族も増えてきていますが、「８０５０」に代表されるように、家族が高齢の場合はネットから情報を得ることができず、相談先が分からないといったこともまだ多いと思います

相談に至る前に、多くの家族は自分達の力でどうにかしたい、どうにかしなければならないとの気持ちから、本人と格闘します。ある時は優しく、ある時は厳しく、懇願、説得、脅しなど、あらゆることを試みます。同居の家族が両親だったりすれば、厳しく本人に当たる父と優しく対応する母との間で考え方の相違があり、両親の間で意見の衝突が起こることもあります。ケンジさんの場合も、父は厳しく本人に言い、母がそれを止めていました。家族が相談行動を起こす時は、色々なことを試みたものの、状況が動かず、万策尽きた状況の中で、父親の定年が近くなったり、両親のどちらかに病気が見つかるなど、今後も本人を支えていくことに家族自身がこれまで以上に不安になった時だったりします。

そのため、家族から相談を受けた時は、これまで家族がどのように本人と向き合い、この問題に取り組んできたのかを聞かなければなりません。また、なぜ今回、相談行動を取ろうと動くことになったのかを家族に確認しなければなりません。なぜなら、これまで動こうと思っても、なかなか動けなかった家族が、色々な心配もありながら今回、相談に踏み切ったのには、踏み切るだけの動機があります。動機を理解した上で相談を開始しなければ、家族との間でズレが生じてしまい、あとで家族からの相談が中断してしまう恐れが生じます。

相談を受けると、もっと早く相談に来れば良かったと話す家族に出会います。相談行動を早く取らなかった自身の行動を責めるように話す家族がいます。私はそのような家族に、①相談に至るまでの期間は家族が本人と向き合い、格闘した大事な期間であること、②今回、相談行動を取れたのはそれが家族にとっての良いタイミングだったことを話し、③家族が相談行動を取ってくれたことで本人と出会う機会を持てることへの感謝を伝えることにしています。大事なことは今回家族が外部に相談行動を起こしたという今の行動であり、家族のはじめの一歩を認めることから相談をスタートさせることにしています。

悩みは持ち続ける

家族からの相談は一本の電話から始まります。電話の主は多くは母親。電話をかけるまでに大きな葛藤があり、やっとの思いで電話をかけたものの、いざ話をしようとすると、これまでの経過から何を話してよいのか分からず、「ひきこもる子どもの相談です」だけ言い、それ以上の言葉が出ず、話に詰まってしまう家族がいます。また、ひきこもる子どもを抱えたご自身の苦労を話し続ける家族がいます。電話をしてみたものの、どのように私に相談内容を伝えたらよいか分からず、戸惑う家族が多いように感じます。私は家族からの相談が入った時は、連絡を下さったことへのお礼を伝え、直接お会いする日程などを確認し、細かい話をその時は聞かないことにしています。

私達は相談を受ける際に、自分の組織、自分自身が受けられる相談か否かを判断し、より適切な機関があればそちらを紹介するように教育されます。私は細かい話を聞かないため、それから考えれば、私の対応は適切ではないと判断されるかもしれません。また、私達は、悩みは解消されることが良いことであり、相手の話を傾聴するように教育されます。多くの人も相談に対しては、そのようなイメージを持っているように感じます。私に相談の連絡を入れた家族の中には色々なことを聞かれると思っていたら、細かいことを一切私から聞かれず、拍子抜けする人もいるかもしれません。なかなか理解しづらいかもしれませんが、私は家族が抱える悩みは少なくし過ぎてはいけないと考えています。

現在はストレス社会と言われます。いかにストレスや悩みと上手く付き合っていくかが話題になったりします。確かにストレスはあればあったで困ります。でも、なければ良いのかと言われれば、私はそのようには感じません。実際になくなることはないように感じます。あるか、ないかの話ではなく、あくまでも程度の話だと思います。言い方が適切ではないかもしれませんが、家族はひきこもる子どものことで悩むから、私のところに来ます。悩みには程度、段階があり、家族は自分達で抱えることができる限度を悩みが超えた時に相談行動を取ります。逆に言えば、抱えることができる限度を超えていない場合、限度の範囲内であれば、家族が相談行動を取ることはなかなか難しいともいえます。やっとの思いで電話をしてきた家族の話を、電話である程度聞いてしまった場合、限度を超えていた悩みが他者に話す、吐き出すことで低くなってしまう場合があります。その場合、その後に家族と直接会うとの話にならず、電話での相談で終わってしまうことがあります。

また、その後に直接会い、話をする機会を設けたとしても、電話である程度のことを家族は話してしまい、私は話を聞いてしまったため、何を話したらよいか、聞いたらよいか、お互いが分からなくなってしまうことがあります。ひきこもりの相談はどうしても時間がかかります。関わりの継続を考えた場合、家族の悩みはある程度、持ち続けることが大事になります。ただ、悩みを持ち続けるとは言っても、それを家族に求めることは出来ません。限度を超えた状態で相談の連絡を入れてきた家族が一旦話をし始めてしまえば、止めることはできず、一気に全てを話そうとします。これまでの我慢を考えれば、話を止めることができないのは当然だと思います。家族が止めることができない以上、私がそのことを理解した上で、話をセーブし、細かい話は直接会った時に聞くことを伝え、日程などの確認だけをします。家族が悩みを持ち続けるのと同じように、私自身も家族の悩みに関わり続ける必要があります。家族が踏み出した一歩を受け止める私の一歩が大事になるように感じます。

これまでの相談状況を確認する

相談を受ける時、家族の相談を私が初めて受ける場合と引継ぎの相談を受ける場合で話が違ってきます。私が初めて受ける場合はそのまま家族から話を聞いていきますが、引続きの相談を受ける場合は前任者が家族とどのような話をしたのか、どのような見立てをして、関わっていたのかを相談記録などから確認します。その上で、家族に前任者にどのような話をされたか、それに対して、家族はどう思ったかなどを聞くことにしています。

引継ぎの相談でなくても、私の前に家族が他の相談機関に相談した経験がある場合は、前任者の場合と同じように家族に確認します。どのようなことを言われたか、どのような対応をされ、それを家族はどのように受け止めたのか、相談が中断してしまった理由は何かなどを聞いていきます。それらを聞かずに話を進めてしまうと、私が他の相談機関や前任者と同じ対応をしてしまい、それによって相談が中断してしまう恐れが生じます。同じ過ちをしないためにも、確認する必要があります。

ケンジさんの場合、私は前任者より「就職活動が上手くいかず、ひきこもりに至った事例。家族と同居しているものの、家族とは全く会っておらず、本人は昼夜逆転の生活。家族に本人への声かけをするように促してきたが、上手くいっておらず。家族からの相談をこの五年、続けている」との引継ぎを受けました。また、家族に話を聞くと、父は一方的に自分の主張をし、母は自責の念から本人に声をかけられずにいました。私は、家族が本人に声をかけるという前任者のアドバイス自体が、家族の状況から考えて、難しいものであると思いました。後述しますが、それが相談の段階で分かっていたのに、私はその後の自宅への訪問時に本人への声かけを家族にお願いし、失敗しています。これまでの相談状況から学び、同じ轍を踏まないことが大事になります。

困っている内容を明確にする

初めて家族に会う時、私は誰が相談に来るのかが気になります。母親のみという場合が多いですが、父親と一緒、父親のみ、きょうだいといった場合もあります。どの立場の人が相談に来るのかによって、相談の展開は変わることが多いように感じます。

初めて、家族から話を聞く時、私は本人の状況やそれへの対策の話の前に、家族が①ひきこもる本人の何に困り、②どこに原因を求め、③どのような解決を望んでいるのかを確認します。相談と言った場合、多くの人は本人の状況を聞き、それへの対策について話をすることをイメージします。実際、多くの相談機関ではそのような対応が取られています。

ただ、私は家族の話だけで対策の話は出来ないと考えています。家族の話は家族を通して話される話であり、それ以上でもそれ以下でもありません。あくまでも家族が捉えた真実に過ぎません。立場の違う人からすれば、違う話が出てくるかもしれません。ひきこもる本人に話を聞けば、違うように話をするかもしれません。そもそも、一回の私との相談で家族が全て話せるとも限りません。家族自身がその場では話せない内容もあるかもしれません。私が、家族が話したい内容に気づかず、家族に聞くことが出来ないこともあるかもしれません。家族との話は、その時の私と家族との関係の中で出てきたものに過ぎません。私がすることは、相談に来た家族自身が困っていることなどを私が理解することのように感じます。

当然ですが、家族はひきこもる本人のことで困っています。それをどうにかしたいと思い、私の所に相談に来ます。ですが、家族はひきこもる本人の何に困っているのでしょうか？　本人と話が出来ないことでしょうか？　本人が暴れることでしょうか？　本人の生活費を負担しなければならないことでしょうか？

何に困っているのかの違いは、何に問題の原因を求めるのかの違いになって現れます。本人の性格や病気、障害といったものを疑う家族がいます。ひきこり始めた当時に在籍していた学校や職場、ひきこもる本人に対する家族の対応に原因を求める家族もいます。

そして、何に問題の原因を求めるのかは、家族が望む解決策にも違いが出てきます。本人の性格に原因を求めた場合、本人を心身共に鍛えるような寮への入寮や就職を望む家族がいます。病気や障害を疑った場合は、精神科医療機関への受診や入院を望む家族がいます。

両親が相談に一緒に来られるような場合、両親の間でひきこもる本人の何に困り、何に原因を求め、どのような解決を望んでいるのかが異なることがあります。私はそのことを確認します。父親の中には、本人に原因を求め、より早い解決を望み、本人を叱り、強制的にでも本人に言うことを聞かせようと考える人がいます。実際、私との相談の前に、本人を部屋から引っ張りだそうと試み、本人との間で殴り合いのトラブルになった経験がある父親もいます。一方、母親はそのような父親の対応がダメであり、本人のことを理解していないと捉えている場合も多く、母親は父親に考え方や態度を改めるように求めます。また、父親に直接求めることが出来ない場合は、黙ってその気持ちを心の内に秘めている場合もあります。結果として、ひきこもる本人と母親との関係が強くなり、父親はそれを良くは思わず、「母親が本人を甘やかしている」と考え、家庭の中がギクシャクしてしまうといったことも起こります。

ケンジさんの事例では、父親がケンジさんの言動を甘えと考え、本人を問い詰めるような声かけをしていました。勝手にケンジさんの部屋に入ろうとしたこともありました。一方、母親はそんな父親の言動を止めようとするものの、ケンジさんがこのようになった原因は自分にあると考え、自分自身を責めていました。

家族からの相談では、私との間で一つの答えを出す前に、私を含め、立場の違いにより色々な考え方があること、考え方の違いを分かったふりをせず、表に出すことが大事になります。その上で家族との話は進んでいくように感じます。

家庭内のパターンを理解する

家族からの相談において、私は家庭内で展開されるパターンが気になります。パターンといった場合、私は二つのことを考えます。一つはトラブルになった時のパターンであり、もう一つはトラブルにならないようにそれぞれの家族が行っている行動です（図4参照）。

本人がひきこもった当初、多くの家族（多くが父親）が本人に強い口調で話し、それに対して本人が反発する出来事を経験しています。ひきこもり続ける子どもに父親が説教し、本人がそれに反発し、壁を殴る、蹴る、テレビを壊すなどの行動を起こす。今度は父親がそれに反応し、殴り合いの喧嘩に発展し、それを母親が止めるといったパターンが繰り返されることがあります。直接、本人に言わなくても、本人に良さそうと家族が思った求人情報に赤ペンで線を入れた求人広告やひきこもりに関連した記事が掲載された新聞、家族が読んだひきこもりに関連した本を机の上に置き、それを見た本人が反応し、壁を蹴るなどの行動を起こし、トラブルに発展することも

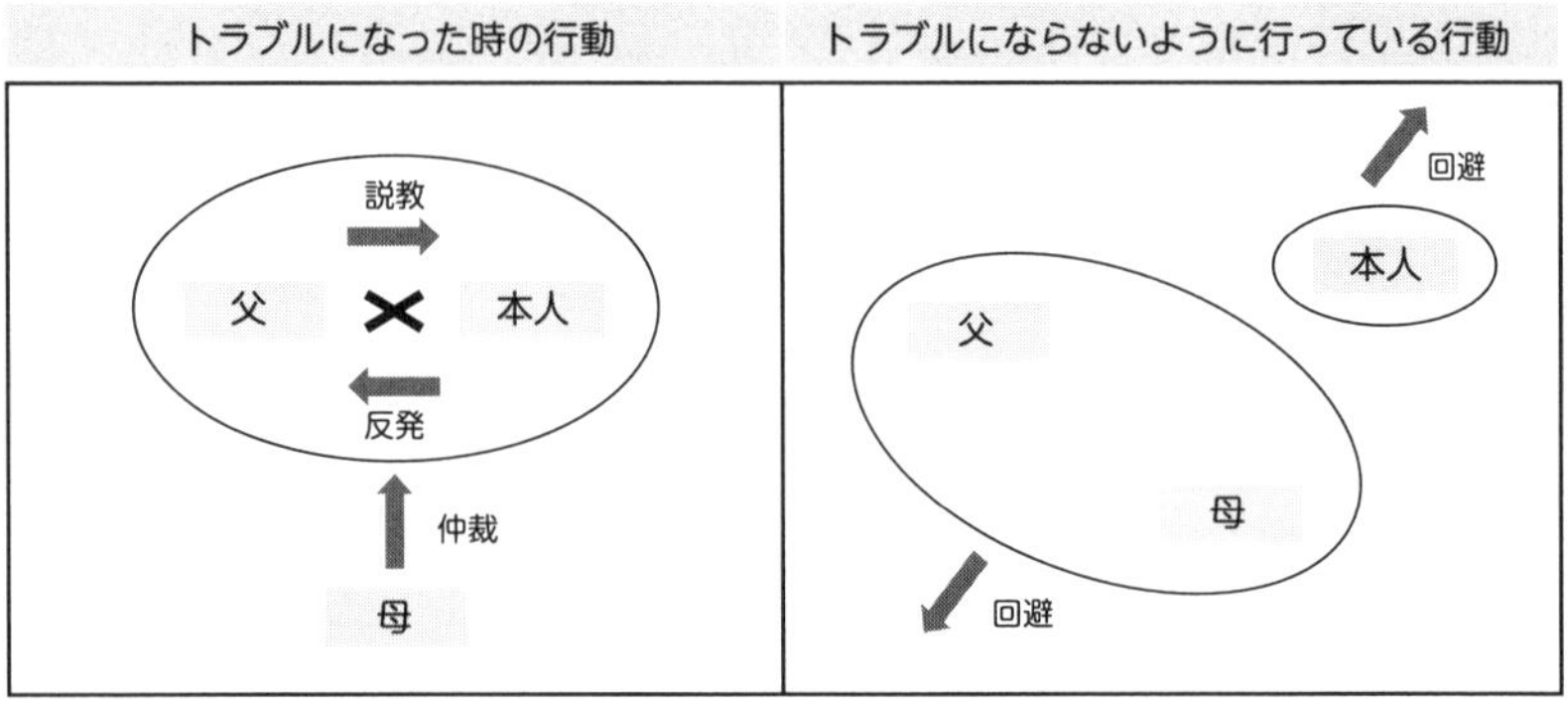

図４　家庭内のパターンについて

あります。私が訪問に行く家では居間などの壁を本人が殴り、空いた穴を家族がシートなどで隠した跡をよく見かけます。

そのようなことが繰り返されると、本人を含め、それぞれの家族はトラブルを回避するような行動を取ります。父親は子どもに何か言うのを止める。子どもは食事の時間も含め、親が起きている時間に部屋から出てこなくなる。子どもは日中の予定がある訳ではないため、多くの場合、昼夜逆転の生活となります。母親は本人の料理を自分達とは別に用意し、本人の分だけ冷蔵庫に入れる。両親の間でも子どものことは気になるものの、話さない生活を送る。子どもが部屋から出てきて、食事を取る時間になると、今度は両親がそれぞれの部屋に入るようになり、毎日の生活のスケジュールが大体決まってくるようになります。お互いがお互いの存在を気にしながらも、お互いを避けるように行動し、結果として家族間の関係が切れてしまいます。よく聞く話として、本人が部屋から出てきた時間に、親がトイレに行き、本人と鉢合わせしてしまい、声をかけられず、親が自分の部屋に戻るといったことも起こります。自分の子どもなのに、子どもにどう話したらよいのか分からない。どのような顔をして、会えばよいのか分からない。会っていない期間が長ければ、知っている昔の子どもと今の子どもがどれだけ変わっているのか、見るのが怖いと話す家族もいます。

このような状態が長く続けば続くほど、言い方が良くないですが、この状態で安定してしまいます。家族自身も「今の状態は良くないけど、トラブルに発展するよりはマシ」という感覚になってしまい、良くないとは思うものの、今とは違う行動を取ることに抵抗を示すことがあります。それが悪いということではなく、多くの家族がそうなってしまいます。

ケンジさんの場合、食事の時に父が今後のことを聞いた後、部屋から出てこなくなりました。ケンジさんは両親を避け、両親が食事を食べた後に部屋から出て、冷蔵庫から食材を出して、食べるという生活を送るようになりました。父が声かけをするものの、状況は変わらず、母は自責の念とまた本人と父との間でトラブルが起こることを恐れ、本人への働きかけを躊躇するようになりました。両親と本人とのすれ違いの生活が当初は異常だったのに、時間の経過と共にそれが普通になり、今度はそんな普通の生活が変化することを恐れるようになっていきました。

私が家族からの相談で行うことは、そのような家族のパターンを一緒に確認することになります。決して、家族の行動の良し悪しについて話をすることではありません。第三者から見て、悪いと思える行動にも、その行動を持続させている理由があります。良し悪しの判断は一旦、棚上げにし、今の家族の状況を表に出していくことが大事になります。表に出し、自分達の状況について距離を置いて一緒に眺めてみることで見えてくることがあります。問題の渦中にいては見えてきません。犯人捜しをしても、見えてきません。私と家族が今の状況に対する見方を共有することが相談を進める上で大事になります。

家族が話す言葉の基準を確認する

家庭内のパターンと共に、家族からの話を聞く場合、家族が話す言葉の基準を確認しておく必要があります。ケンジさんの事例でも書きましたが、家族から「変わりありません」との話をよく聞きます。「本人の状態はどうですか?」との質問に、「変わりありません」との答えが返ってきた場合、変化がないのだとそのまま受け止めず、何を基準にした時に「変わりありません」と家族が答えているのかを確認する必要があります。ケンジさんの家族は、本人が部屋から出てきて、家族と話をする状態を変わったと判断する基準にしていました。基準が高いと、それを満たさない本人の行動は全て除外されてしまいます。まずは、家族の基準を聞き、それが高ければ低く、できれば最低の状態まで低くした上で、今の本人の状態を聞いていくことが必要になります。

基準は本人の変化を家族に聞く時も大事ですが、家族が求める本人の状態を聞く時も大事になります。多くの家族は、家族が本人を支えることができなくなった時を考え、本人が外に働きに出て、自活できるようになることを望みます。本人と会話ができず、その状態が一〇年を超えている状況であっても、家族はそう話します。このように、家族が求める状態と本人の今の状態が離れ過ぎていると、本人に変化があっても、家族の評価は得られないことになってしまいます。家族が求める状態が高ければ、下げ、できるだけ本人の今の状態に近い状態に設定し直す必要があります。

家族の想いと本人の受け止め

家族からの相談において、状況を家族と一緒に確認した後は、家族が本人とどのように関わるのかについて話をしていくことになります。

本人と家族との関係が切れてしまった状態を修復するには、本人が家族と関わらないといけない理由を考える必要があります。関わらないといけない理由を考える時、大きく二つの考え方があるように感じます。一つは本人を困らせて、関わらないといけないように動かそうとの考え方であり、動かないと本人が不利益を被るような内容を考えます。もう一つはそれとは逆に、本人が動くことで利益を得る内容を考えます。

まず、本人が不利益を被る内容については、例えば、本人の部屋まで食事を運ぶという家族の行動を止め、居間のテーブルに食事を置くようにした家族がいます。部屋を出なければ食事は取れず、食事を取るためには部屋から出る必要があります。確かに、本人が行動する理由にはなります。ただ、この考え方については、採用する内容を間違えると本人の反発に遭い、話がこじれる場合があります。

本人をどこまで困らせるのかについては、当然程度があります。食事は細かく分けると、①食事を用意する、②食べる、③片付けるといった三段階に分けることが出来ます。また、三段階はそれぞれより細かく分けることができ、食事を用意するといっても、家族が用意するのか、本人が用意するのかで異なります。本人が用意する場合も、家族が作り、冷蔵庫に入れておいた食事を本人がレンジで温めるものもあれば、本人が一から料理を作るものもあります。また、食べるにしても、本人が一人で食べるのか、家族と一緒に食べるのかで異なりますし、片付けについても家族がするのか、本人がするのかで異なります。本人、家族の状況などから、本人が受け入れることができる内容について、どの組み合わせを選ぶのかを考える必要があります。

どちらかと言えば、本人に今の状況を分からせたいという気持ちの表れからか、父親は本人を困らせるという考え方を選び、本人にやらせようと考える傾向があります。食事に関して、本人が関わらないといけない理由を家族に考えてもらうと、これまでのように家族が本人の食事を用意することを止め、本人に全て用意させると考え、実行しようとする家族に出会います。ただ、このやり方を取った場合、本人が食事を取らず、ハンガーストライキを起こすとか、壁を叩くなどの行動を取り、家族の対応に反発することも多いように感じます。反発が起こると、多くの家族はそのことに不安を感じ、食事を用意するなど、行動を元に戻すようになります。ケンジさんの場合も、父親が食事量を減らして、本人を困らせようとし、食事量を一時、減らしてみましたが、本人の行動に変化がなく、今度は食べなくなることを心配した母親が食事量を元に戻しました。

一度、家族が行動を戻してしまうと、再度同様のことを試みることは当然、出来なくなります。本人に行動してもらおうと思い、行ったことが、本人の行動をこれまで以上に継続させてしまうことになります。家族が家族の気持ちや現実を本人に分からせたいと思うのは普通です。ただ、それを本人がどう受け取るのかが問題であり、上手くいくことは少なく、上手くいかないからこそ、今のような状態になっていると言えるかもしれません。

相談を受ける時の立ち位置

「家族だから」、「親子だから」子どもがひきこもれば、親としてはどうにかしたい。そんな親の気持ちを子どもには分かってほしい。それは子どもも同じで、親には自分の気持ちを分かってほしい。相手に自分の気持ちを分かってほしいとお互いに思う親子。そして、お互いの気持ちがぶつかり合った時、どちらの気持ちが強いかを張り合うようになります。相手の気持ちを聞くことはせず、自分の気持ちをぶつけ合う。「自分の子どもなら分かってほしい」、「自分の親なら分かってほしい」、そんな気持ちが強くなります。

でも、親だから（子どもだから）分からない、分かりたくないこともあり、話は一方通行で終わってしまう。それを繰り返すと、言葉で説明することを諦め、物を投げる、壁に当たる、暴力などに発展し、それが続くと「言っても仕方がない」、そんな気持ちになり、今度はお互いを避けるようになります。親といっても、父親と母親では子どもとの関係性は変わってきます。父親の場合は子どもとの間で衝突が起こりますが、母親の場合は子どもとの関係が近くなりすぎて、お互いに離れられないといったことが起こります。「子どものため」との気持ちから、子どもの要求することを受け入れ、行動する母親に多く出会います。「私の子どもだから」、そんな気持ちを持ち続け、どうにかしたいと頑張ります。

ひきこもりの相談を受けた時、今の親子関係がどのようなものなのかを確認する必要があります。親子の間で衝突が起きている、母親と子どもとの距離が近くなり過ぎている場合は、親子の距離を離す必要があります。逆に親子の距離が離れている場合は、親子の距離を縮める必要があ

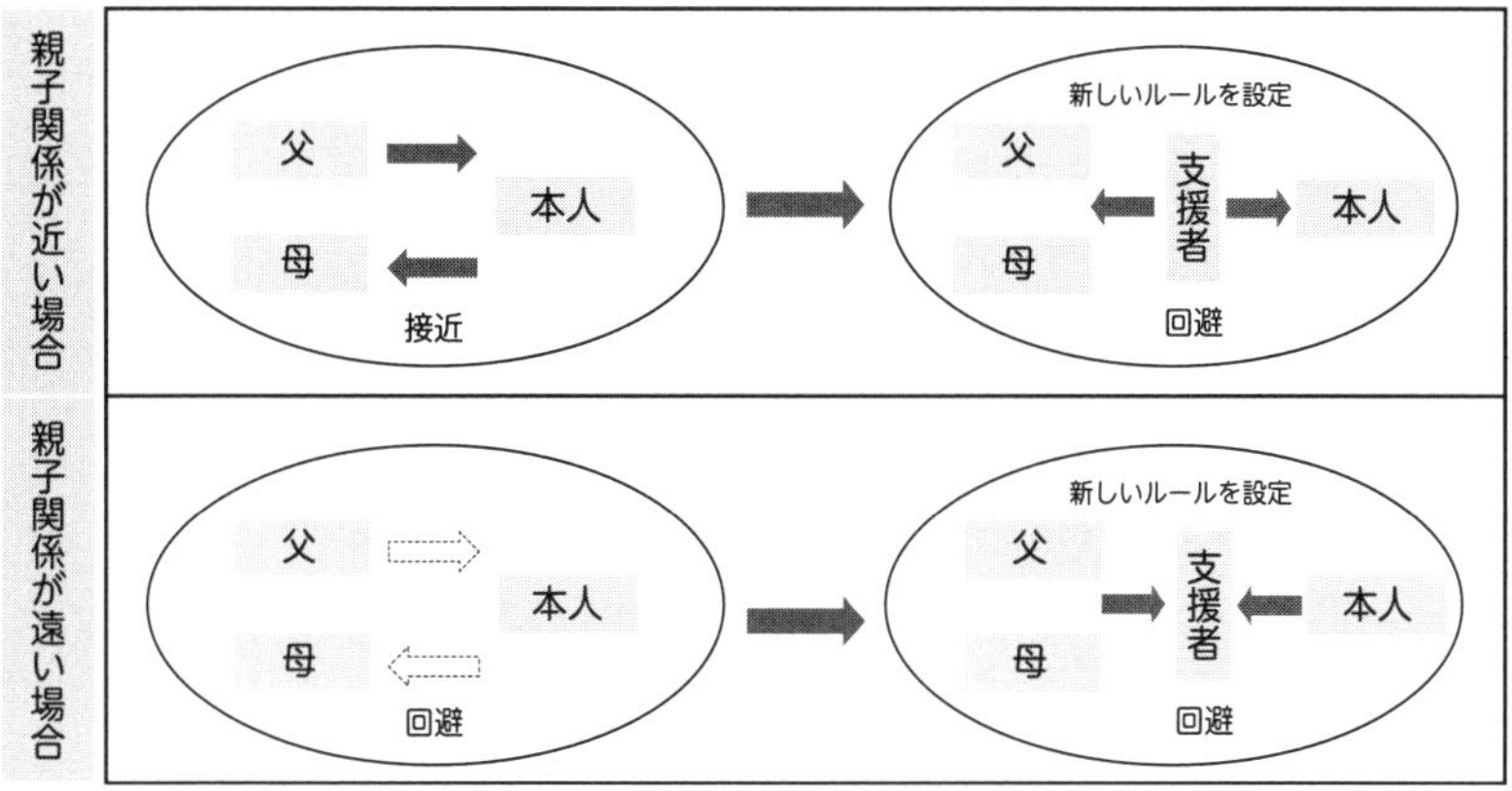

図5　家族から相談を受けた時の立ち位置

ります。離すにしても、縮めるにしても、親子が自ら自分達の状態を評価し、行動することはできません。親子関係は習慣になっているので、自分達で改めることができません。そのため、支援者が間に入り、親子の間でこれまでとは違う新しい関係、それを築くためのルールを決めていくことになります（図5参照）。

例えば、衝突が起こっている場合は、父親と子どもの間で何かを決める話はしない、何かを決める話は必ず第三者（支援者）を入れる。母親との関係が近すぎる場合は、子どもの要求のうち、どこまでを受け入れ、どこまでは断るのかを決める。親子関係が離れている場合は、親と子どもの双方に話を聞き、関係を築いても良いと折り合えるところを設定することになります。ただ、親子それぞれに話をすることができればそのような対応が取れますが、ケンジさんの場合のように親子でお互いに回避した状態が固定化されてしまうと、関わりも難しくなります。

自己責任という考え

令和元年六月、私のひきこもり支援の様子が地元のＮＨＫに撮影され、放送されました。[1]その映像はＮＨＫの特設サイト「ひきこもりクライシス」にあげられ、九月にはＮＨＫ総合のニュース「おはよう日本」でも放送されました。ＮＨＫのTwitter、Facebookなどには、映像を見た人の感想があがっていました。好意的な感想もあれば、否定的な感想もあり、否定的な感想の中には、「経済力がないと、引きこもれない」、「甘え」、「飯をやらなかったら出て来る」といったものが書かれていました。否定的な感想を見ていると、その根底にはひきこもりは自己責任という考えがあるように感じました。ひきこもるのは甘えであり、それを経済的に許している家族にも問題がある。働いていないのであれば、食事を与えなければ、自分で困って、動くようになるという考えがあると思いました。現状として、このように考える人は多く、私のところに相談に来る家族も、ひきこもる本人も、このように考える人はいました。そして、支援をする私自身もこのような考え方をしていた時期がありました。このような考え方の良し悪しの議論をしても、話は前に進まないため、このような考え方があるという事実を受け止めた上で、家族、本人、私が相談を続けていく中で、この考え方と向き合い、折り合っていくことが大事になります。

生理的欲求と安全欲求の充足

「自己責任」との考えはあるものの、言い方が良くないかもしれませんが、「ひきこもり」は同居の家族などからの援助で生計を立てているため、働かないことで生活ができなくなることはありません。そのため、「ひきこもり」にとって就労とは他者から認められる手段、自己実現のための手段と捉えることもできます。斎藤環（2020c）は、マズローの欲求五段階説（生理的欲求、安全欲求、関係欲求、承認欲求、自己実現欲求）を挙げ、人は承認されるために働くことから、「生理的欲求」、「安全欲求」、「関係欲求」が確保されなければ、「承認欲求」、「自己実現欲求」は自発的には生じないと指摘しています。[2] 前述のとおり、家族の中には、昔は生きていくために働いていたのであり、就労へ促すために、援助を止め、「ひきこもり」を困らせようとの考え方を取る人もいますが、マズローの欲求五段階説に従えば、「生理的欲求」などが確保されない中で、就労に向かうことはありません。「ひきこもり」が就労に向かうためには、「ひきこもり」が置かれている環境で「生理的欲求」などが確保されているか否かを確認し、確保されていなければ、「生理的欲求」などの確保を優先する必要があると言えます。国のガイドラインで示されたひき

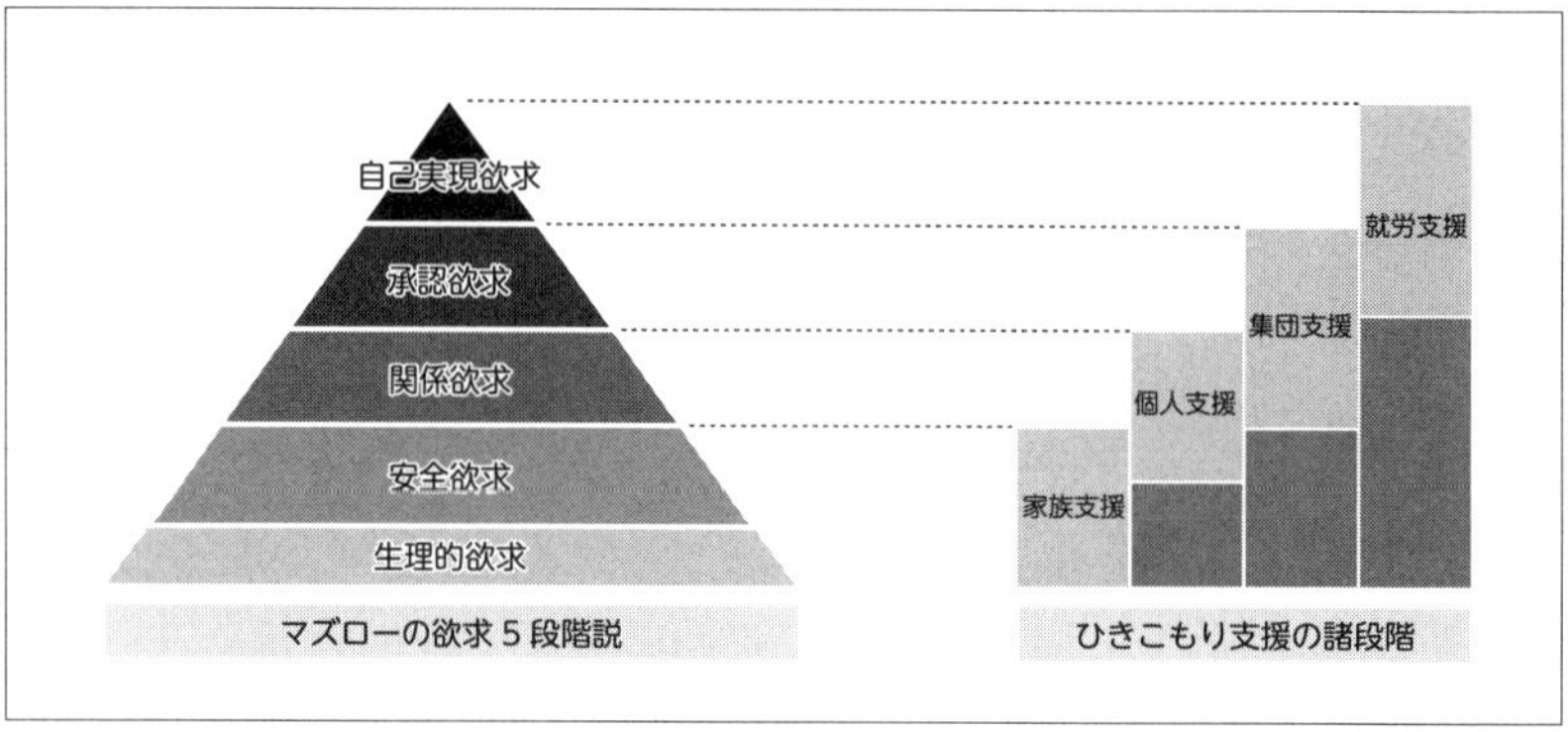

図６　欲求５段階説とひきこもり支援の諸段階との関係

こもり支援の諸段階をマズローの欲求五段階説に当てはめれば、家族支援は「生理的欲求」と「安全欲求」、個人支援は「安全欲求」と「関係欲求」、集団支援は「関係欲求」と「承認欲求」、就労支援は「承認欲求」と「自己実現欲求」がそれぞれ該当します（図６参照）。家族からの相談では、家族に衣食住の大切さと家庭が安心・安全な環境であることが大切であることを伝えることが大事になります。

本人の利益を考える

私は、家族との話の中で、本人が不利益を被る内容を家族が採用する場合は、ケンジさんの事例のように、私が話す前に家族が自分達で考え、実行していることもありますが、話をする時はその程度を考え、実行するように伝え、本人の反発が生じた時の対応について話をします。ただ、家族の気持ちもありますが、前述の通り、上手くいくことは少ないため、私は本人が不利益を被る内容の前に、利益を得る内容を考え、実行することを家族には勧めています。

本人の利益になるものとして、一番分かりやすいものとしては、お金があります。お金というと、働いていない人間にお金を渡すのはおかしいと考え、嫌な顔をする人もいるかもしれません。「働かざるもの食うべからず」であり、自分で働いて、稼げと考える人も多いと思います。ただ、今のご時世、動くためにはお金が必要であり、お金がなければ動けないのも事実のような気がします。

私は家族からの相談を受ける際に、本人にお金を渡しているか否か、渡している場合は金額とルールがあるか否かを確認します。お金は渡していないと話す家族も多く、渡している場合は月一万円程度というものが多い印象があります。ただ、一回に渡す金額は一万円でも、渡す時のルールが決まっておらず、本人が言ってきた時やお金がもうないだろうと親が思った時に渡すといったようにバラバラであり、先月は渡したが、今月は渡していないといったことも多いように思います。

私は家庭の事情があることは前提ですが、金額を決め、本人にお金を渡すこと、渡す時にはルールを決めて渡すように伝えています。ルールを決める時は、家族の考え、具体的にいつ、いくら渡すかということを本人に伝え、それに対する本人の希望を聞きます。家族ができる内容を伝え、その上で本人の希望を聞き、折り合える所を探る方が良いように感じます。

本人と話ができる場合は話をし、話ができない場合は、手紙やメールなどで伝えることを提案しています。実行した場合、家族の判断でルールを変えないことが大事になります。お金を置いたら、本人が動くことはあるかもしれません。ただ、家族の思う通りに本人が動くことは残念ながらあまりないと思います。そのため、「お金を置いたものの、使った形跡が見当たらないことから、次回は置くのは止めよう」とか、「毎月一万円と決めたが、実際使うこともないと思うから、五〇〇〇円に減らそう」といった話が家族から出ることがありますが、「それは止めて下さい」と伝えています。そうなることも考え、最初に金額を決める段階で、本人が動かなくても、家族が続けられる金額、頻度を考え、本人に提示することが大事になります。ケンジさんの場合も、月末の夜に封筒に一万円を入れ、テーブルの上に置くことを決め、家族が手紙にそのことを書き、伝えました。経験上、家族が良かれと思って、用意したもの、例えば服や布団などは取らないものの、お金だけはほとんどの人が取っていると思います。

外部との通信手段を考える

お金とともに、家族が用意したものの中で、比較的に本人が取ってくれるものとして、携帯、スマホが挙げられます。部屋の中で長く過ごす本人達にとって、外部の情報を得る手段はネットになります。経験上、四〇歳以上はパソコン、二〇～三〇歳代はスマホを使用する人が多いように感じます。

ネットを繋いで、本人達は何をしているのか？　若い世代であれば、YouTubeなどの動画を見る人もいます。プロゲーマーがゲームをしている映像、好きなYouTuberの実況中継などを見る人がいます。動画以外に、好きな作家、アイドルのTwitter、Facebookを見る人やチャットをしている人もいます。

年齢が高くなれば、動画などを見る人は少なくなり、ヤフーなどのネットニュースを見て、気になった単語などを検索し、ネットサーフィンをする人が多いように感じます。

ネット環境があれば、本人とメールで連絡を取り合う可能性が出てきます。本人に手紙を出す時、私はメールアドレスを書き、「良ければ連絡を下さい」との文面を入れています。本人と直接の会話ができなくても、本人よりメールが届くことがあります。

また、ネット環境があれば、本人に私が所属する機関や私のことを調べてもらうことが可能になります。多くの相談を受けていると、本人から私と会う前、会った後に私の名前をネットで検索してみたとの話を聞くことがあります。有り難いことに、前著の出版以降、地元の新聞、テレビなどで取り上げられ、その記事、映像などがネット上にあがっています。手紙の中で、または訪問時にそのことを伝え、もし本人が記事や映像などを見てくれれば、私のことを本人が知る契機になります。私のように、記事などがネット上にあがっていなくても、機関のホームページに、日頃行っていることなどを書いた通信などをあげておくことで、本人と関係を築く上での契機になるように思います。

本人を取り巻く環境の変化

「変わる」といった場合、本人が変わるという場合と本人を取り巻く環境が変わるという場合があります。こちらから働きかけをしたものの、本人が変わらない場合、本人を取り巻く環境の変化が本人に影響を与え、結果として本人が変わる場合があります。

本人を取り巻く環境とは家族を指すことが多く、家族の進学、結婚、出産、病気、介護、死亡などにより、家族の構造、関係性などに変化が生じ、それに本人が反応し、行動を起こすことがあります。

家族の変化は、家族が外部の相談機関に相談しようと行動する契機にもなります。これまで世間体を考え、家庭内で対応していたものの、親の病気に伴い、本人を家族だけで支えることに不安を覚え、相談行動を取るといった話をよく聞きます。

本人、家族が行動を起こす契機となる家族の変化としては、このところよく聞く話として祖父母、父母の介護が挙げられます。介護が必要になり、これまでのように家族が本人の食事などの準備ができない、介護の事業所の職員などが自宅の出入りをするといった変化が起こり、本人にこれまでとは違う行動が求められるようになります。

ケンジさんの場合、祖父がデイサービスとショートステイを利用する際の送迎時に事業所の職員が出入りすることになりました。家族は他人が自宅に来ることで本人が反応するかもしれないと心配をしますが、経験上、何のために来るのか、来る日時を事前に伝えておけば、本人が反応することはないと思います。本人達が反応するのは、何のために来るのかが理解できず、いつ来るのかが分からない時であり、訪問対象が自分自身に向いていないと分かれば、自宅に外部の人間が出入りする時間帯に部屋から出る、部屋の中で動くことを避けて、静かに過ごすことが多いと思います。

ひきこもる理由は分からないというスタンス

ひきこもりは一時期、精神保健の問題だと言われました。その反動から、ひきこもりは精神保健の問題ではないとも言われました。ひきこもり自体が幅の広い概念のため、単一の原因を求めることはできず、かといって、それが問題ではないと言い切ることもできないと思います。ただ、家族の中では、家族と会話もせず、同じ生活を続けている本人に精神保健の問題があるのではないかと考えている人は多いと思います。ひきこもる本人の問題について、初めて相談するのが精神科医療機関という家族は多くいます。

「本人を診ていないから、連れてこないと分からない」、「ひきこもる生活を続けていること自体が異常だから、本人が嫌がっても病院に連れてきなさい」、精神科医療機関でどのようなことを言われたかを家族に聞くと、このような返事が返ってきます。

家族は、本人が自分達と話をせず、ひきこもり続ける理由が知りたいと話します。でも、ひきこもる理由は本人に聞かないと分かりません。でも、本人に聞くことはできない。だからこそ、精神科医療機関にその答えを求めようとします。でも、精神科医療機関の答えは、ひきこもる理由ではなく、解決策。しかも、本人と話ができない状況下ではできない解決策。その解決策を聞き、途方にくれる家族が沢山います。

ケンジさんの場合も、母親は精神科医への相談を希望しました。精神科医より、なかなかできなかった本人への声かけをアドバイスされ、母親は自責の念をこれまで以上に強く持つ結果になってしまいました。

精神保健に本人のひきこもる原因を求めるのは、家族だけでなく、支援者も同じです。ケンジさんの相談で、医師相談を提案したのは、母親の話を受けた私でした。八方塞がりになり、どうしてよいか分からなくなっていた私にとって、第三者、精神科医の話は家族だけでなく、私自身の助けになると心のどこかで思っていました。原因が分からない状況が気持ち悪く、回答を求めたい衝動にかられていました。「精神科医の先生がそう言っていたから」と何かをする時の理由付けにしたい気持ちもどこかにありました。でも、本人に出会えない中で、精神科医と話をしても、精神科医が家族の話を聞いた上での一つの意見、見方という以上の意味はないように感じます。

そのため、家族との話で、私から精神保健の話を持ち出してしまうと、家族からの話がそれに集中してしまい、精神科医療機関に繋ぐか否か、繋ぐためにはどのように繋ぐかの話に矮小化してしまいます。既に精神科医療機関に本人が受診したことがあり、診断・治療を受けたことがある、家族が確認できる状況から本人に精神症状が疑われる行動、例えば扉や窓など、明かりが入る隙間をガムテープで目張りしているなどが見られる場合を除いて、精神保健の話を私から家族に持ち出すことはしないことにしています。家族からの相談を受ける時は、本人がひきこもる理由を無理に分かろうと一つの回答を求めず、分からないという姿勢で関わり続けることにします。

事実のみが書かれた手紙

私は本人に手紙を書きます。家族からの相談の段階でも、私が日頃、していることを写真付きで書いた手紙を印刷し、用意しておきます。家族からの話を聞いて、追加のメッセージを手書きで書き、家族に渡し、本人が見られる場所に置いてもらうことにしています。

手紙を書くといった場合、どのような文章を書きますか？　研修会を依頼され、参加者に演習として本人宛の手紙を書いてもらうと、どのように書くかで悩み、時間内で書けない人がいます。自己紹介までは書けたものの、それ以上が書けない人がいます。時間内に書いた人の手紙を見せてもらうと、「本人の身体が心配です。何か心配なことはありますか？」と書いた人がいます。身体を心配しているのは、手紙を書いた人自身であり、その心配を汲むように本人に求めているように感じます。また、「家族が本人のことを心配しています。家族の支えがなくなった後、どうしていくのか、話をさせて下さい」と書いた人がいます。家族から伝えられた心配事を本人にそのまま伝えても上手くいくことはないように感じます。

他者と交流することを避けている本人にとって、私からの手紙はどんな文面であっても、迷惑でしかありません。本人に嫌われないように、手紙を書いた理由を本人に汲んでほしいといくら私が思っても、本人が受け入れる訳はありません。どんな文面を書いても嫌われるのに、その文面に手紙を書いた言い訳や家族が話したであろうと思われる内容が書かれていれば、本人が良い気持ちになるとは思えません。

大事なことは事実のみを伝えること。「家族から相談があった」と手紙に書けば、「本人の身体が心配」、「家族が支えられなくなった後が心配」などと書く必要はありません。なぜなら、それらは私が関わる前に、散々家族が本人に話をしてきたことであり、「家族から相談があった」という文章だけで、本人は私が何をしたいのかは分かるように思います。

大事なことは事実のみ。私がどういう機関に所属していて、どんなことをしているのかを書いた場合は、それ以上は書かない。そこまで書いたら、「ぜひ○○さんの話も聞かせて下さい」と書きたくなりますが、それは書かないことにしています。ただでさえ、本人にとって迷惑な手紙なので、本人に訴えかける要素は少なくすることが大事になります。

相談の中断を防ぐ

ひきこもりの相談は一回では終わりません。ある程度の期間が必要になることが殆どです。そのため、相談の期間中に担当職員の異動があると、相談が中断することがあります。家族の立場に立てば、話ができるようになったのに、新しい職員に変わり、また同じ話をしなければならないことが負担になります。

私の場合、継続相談であれば五月の連休明け頃から「来年度、異動がありますか？」との質問を受けるようになります。上半期終わりの九月と年が変わる一月頃にもそのような質問が多くなります。多くの相談は、配属期間中に私が関わらなくても良いように話を進めます。家族の了解が得られるようであれば、早い段階でその地域を対応エリアとしている他の相談機関の職員にも相談に入ってもらうようにしています。ただ、家族の了解が得られず、私への相談を希望する場合は、ケンジさんの事例のように、私が異動先で相談を受けた場合、できることと、できないことを家族に提示します。異動した場合、管轄エリアの住民が優先のため、これまでのような対応ができないことを伝えた上で、家族に選んでもらうことにしています。もちろん、私への相談を継続した場合も、話を聞いていく中で、住んでいる地域の相談機関に協力を得ることに了解が得られれば、その時点で繋ぐことにしています。

ただ、繋いだ後もこちらから切る、繋いだ後の家族からの連絡は受けないといった形は取らないことにしています。大事なことは中断させないことであり、家族が相談できる先を増やしていくことだと思います。もちろん、相談先が沢山あると分散してしまい、相談にならないという話があります。それはその通りだと思います。なので、相談先の優先順位は必要です。ただ、相談先が一か所だけ、担当の○○さんだけになってしまうのは、そこがダメになった時に全てがダメになってしまうリスクを抱えることになります。私は引継ぐ相談であっても、異動になる時は異動先の連絡先を家族に伝えています。引継いだものの、引継ぎ先と上手くいかなくなった場合に、家族が相談の連絡ができる形は残すようにしています。

■注

1　ＮＨＫ甲府放送局が平日夕方放送している「News かいドキ」で取り上げら、ＮＨＫの特設サイトにその内容が掲載されています。「ふすまの向こう側と」https://www3.nhk.or.jp/news/special/h.kikomori/pages/articles_31.html

2　斎藤環 2020c「ひきこもりの理解と対応」斎藤環・畠中雅子『新版　ひきこもりのライフプラン－「親亡き後」をどうするか』岩波書店：3-40

第4章

「私が変われば、本人が変わる」

ケンジさんの住む地域を管轄する機関に配属となりました。私は父母に、月に一回の来所相談を止め私が訪問することを提案しました。父母も訪問を望んでいたため、私が訪問することと訪問する日時を書いたケンジさん宛の手紙を母に渡しました。

声をかけられない私

初回訪問日。世間体を気にして、自宅に外部の車が止まることに抵抗があるとの話が父母よりあり、私は自宅近くの公共施設の駐車場に車を停め、歩いてケンジさんの自宅に向かいました。ケンジさんの自宅は二階建て。玄関を入り、一階には居間、台所、ケンジさんの部屋、祖父母の部屋、トイレ、お風呂があり、二階に父母の部屋と弟の部屋がありました（図7参照）。

母に案内され、ケンジさんの部屋に行きました。ケンジさんの部屋の出入り口は一か所。入口はふすまで閉められていました。食事を父母と一緒に食べていた時に、父が勝手にふすまを開けたことがあり、それ以来ふすまには大きな荷物が置かれ、外からは開けられないようになっているとの話が母よりありました。

ふすまの前に立ち、話しかけてみました。

私：「こんにちは。ケンジさん。芦沢茂喜と申します。お父さんとお母さんから話を聞き、ケンジさんにお会いしたいと思い、今日は伺いました。何か困っていることはありますか？　私に何かできることがあれば、させて頂きたいと思っています……」

話しかけてみたものの、私は話を続けることができませんでした。何を話してよいのか、分かりませんでした。私はケンジさんのことを父母から聞いているものの、ケンジさんのことを知らない。知らない相手に私は何を話すことができるのだろ

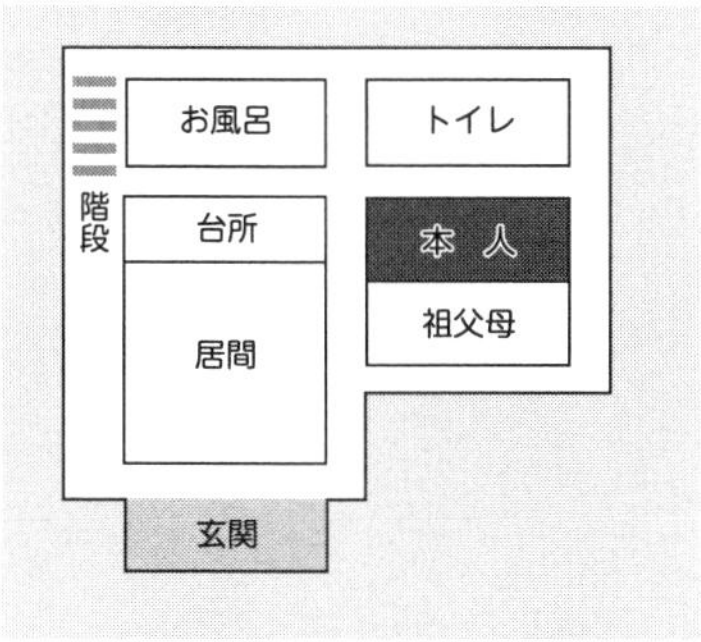

図7　ケンジさん宅の見取り図

う？　話をしながら、私は頭が真っ白になりました。何もできず、初回訪問は終わりました。

私がしていることを紹介する

相手のことを知らないから話ができない。自分のことだったら、話ができる。私は日頃していることを手紙に書いていました。手紙に書いたように自分のしていることを話そうと思いました。次の訪問日。私は日頃していることを話しました。

私：「私は一日、五～六人の話を聞いています。話を聞いて、その方がやっても良いかなと思えることを相談しながら、一緒にやっています。以前、ケンジさんにお渡しをした手紙にも書かせて頂きましたが、茶道や蕎麦打ち、陶芸、料理、あとラテアートなんかもしました。スポーツもしました。卓球やバトミントン。少しでもやってみても良いかなと思えるものがあれば、ケンジさんとも一緒にしてみたいと思っています……」

訪問時間は一時間。父母から三〇分ほど話を聞くので、同じく三〇分ほど、ふすまの前で話しました。日頃していることを写真付きで紹介した手紙を書き、母に頼み、台所のテーブルの上に置いてもらい、次回の訪問でその手紙に書いた内容について話をすることを続けました。でも、本人の生活は変わりませんでした。

音楽を流し、ゲームをする

動かない状況に焦る中で、ひきこもり支援で有名な白梅学園大学の長谷川俊雄先生の講演を聞きました。講演で、先生はメール相談を通じて、ひきこもり当事者から反響の大きかったJPOPの曲を紹介していました。私の話は響かなくても、JPOPの曲ならケンジさんに響くのかもしれない。ケンジさんにかける言葉が見つからず、どうしたら良いか分からずにいた私は、長谷川先生が講演で紹介していた曲を訪問時にかけてみました。Aqua Times の『決意の朝に』、Mr. Children の『Gift』をかけ、「この曲は自宅で生活を続けている方々からの反響の大きかった曲として紹介されています。ケンジさんはどんなふうに感じますか？」と声をかけました。紹介された曲以外に、自分自身でも曲を探し、手嶌葵さんの『明日への手紙』や『テルーの唄』、WANIMA の『やってみよう』などもかけてみましたが、状況は変わりませんでした。

曲がダメならば、今度はゲームをと考え、ゲームを持って行きました。ふすまの前でゲームをしてみました。プロジェクターとゲーム機を繋ぎ、ふすまに映してみました。

私：「ケンジさんはゲームをしましたか？　ケンジさんの年齢だとスーパーファミコンをしましたか？　私のところに話に来て下さる方の中にはゲームが好きな方がいます。一日一〇時間近くもされる方がいます。ドラクエ（ドラゴンクエスト）を二日でクリアする方もいます。私はこのところ、訪問でご自宅に伺うことが多くなりました。部屋にテレビのない方も多いので、プロジェクターに繋ぎ、こんな形で一緒にゲームをやっています。ケンジさん、一緒にやってみませんか？」

ソフトを変え、何度かしてみましたが、変わりませんでした。

漫画本を持って行く

母が相談時に、ケンジさんが漫画本を買っていたと話していたことを思い出し、改めて母にどんな漫画を読んでいたのかを聞きました。ケンジさんは週刊の少年漫画雑誌を買っていました。年齢を考え、子どもの頃に人気のあった漫画、「ドラゴンボール」などを持って行きました。同世代の他の相談者が読んでいる漫画本も持って行きました。訪問時に漫画本の話をし、手紙にも書き、漫画本を居間のテーブルの上に置きましたが、ケンジさんが漫画本を取ってくれることはありませんでした。

スイーツと紅茶

ケンジさんはどんなものが好きなのか、改めて母に聞きました。私は同時期に珈琲が好きという相談者に会っていました。ケンジさんも珈琲が好きかもしれない。そんなことを考えました。母に聞くと、珈琲は苦手で、紅茶を飲み、チョコレートケーキを食べていたとの話がありました。早速、紅茶とチョコレートケーキを用意し、声をかけました。

私：「ケンジさん、こんにちは。今日、紅茶とチョコレートケーキを持ってきました。ケンジさん、食べませんか？　一緒に食べなくても、大丈夫です。持ってきたので、ふすまを少し開けて頂ければ、そこから入れます。私がいると、取りづらければ、私が席を外すので、その間に取って頂けませんか？」

声をかけても、ケンジさんが紅茶やチョコレートケーキを取ってくれることはありませんでした。私は焦っていました。両親には長い間、距離の遠い中、私のところに話に来てもらいました。

やっと、私は訪問することができたのに、何もできずにいる。ケンジさんへの声かけ後に、母、仕事が休みの時は父からも、一緒に話を聞きましたが、状況が変わらない中で、父母の話を聞く自分自身が情けなくなりました。

父母が本人に声をかける

私は耐えられず、父母に応援を頼みました。声かけに加わってもらうことにしました。今から思えば、自分自身が何をしたらよいのか分からず、助けてもらいたい気持ちになっていました。支援者として訪問しているはずが、私自身が助けの必要な相談者になっていました。

私：「ケンジさん、芦沢です。ケンジさんのところにお邪魔をして、時間が経過しました。ケンジさんに届く言葉が見つからず、情けなさで一杯になっています。会いたい。話がしたいと思っています。今日はお父さん、お母さんも一緒にいます」

父：「ケンジ、いい加減にして出てきなさい。芦沢さんがこんなに来てくれているのに、出てこないなんて失礼だろ。ちゃんと挨拶しなさい」

母：「ケンジ、出てきて。お母さんが悪かった。ケンジに嫌な思いをさせてしまい、本当にゴメンナサイ。償うことができないかもしれないけど、ケンジに会って謝りたい」
父：「お前がそんなことを言う必要はないだろ」
母：「だって、私が悪いのだから」
父：「お前が悪い訳ではないだろ。病気だったのだから。仕方ないだろう」
母：「だって……」

今から思えば、私は何をしたかったのか？　自分自身の置かれた状況に耐えられず、両親を巻き込み、嫌な思いをさせている。これまで本人に声をかけることを避けてきた母にまで嫌なことをさせている。自分自身の保身ばかりを大事にしている私の言葉、言動にケンジさんが応えてくれるはずはない。私は訪問後の帰り道、車を運転しながらそう思いました。

逃げたい気持ちと通い続けるとの想い

逃げたい。異動が決まった時、継続相談にせず、代わりの人に引継げば良かった。他の人もそうしている。自分の変な責任感で引き受け、結果として両親を傷つけている。どうしようもない。私にはどうにもできませんと正直に両親に言おう。できないのであれば、できないことを伝えることが専門職の責任だ。そうしよう。

でも、それで良いのだろうか？　逃げるのであれば、異動の内示が出た時に逃げていれば良かった。あの時だって、もしかしたらこのような状況になるかもしれないことは想像していたはず。想像していた上で、引き受けたのは自分自身ではないのか？　今回、逃げて、次に別の家族からの相談を私は受けることができるのか？　自分に都合の良い理屈を考え、自分を慰めて、何がしたいのか？　逃げるのはいつでもできる。自分自身が両親、ケンジさんを傷つけたとの自覚があるのであれば、通い続けよう。両親やケンジさんから止めて下さいと言われるまでは続けよう。次の訪問日までの間、悶々と考えていましたが、訪問日当日、自分の気持ちを決めました。

祖母の介護

訪問し、母に前回、嫌な思いをさせてしまったことを謝りました。前回から今回の訪問日までのケンジさんと家族の様子を聞くと、ケンジさんの様子は変わりありませんでした。家族については、祖母が入院したとの話がありました。元々、肺炎を起こしやすかった祖母が先週、熱発し、かかりつけの病院に連れていったところ、肺炎と診断され、入院したとの話でした。祖父に続いて、今度は祖母。入院はそれほど長くならないとの話が病院からあったようですが、祖母の退院後の生活について考えなくてはいけなくなりました。祖母は祖父と違い、日中にデイサービスに行くことを拒否。日中は祖母とケンジさんしか自宅にはおらず、ケンジさんに祖母の面倒を見てもらうことは難しいため、ヘルパーに日中は来てもらい、家事援助などをしてもらうことになりました。

祖父の時は、介護の人が来ると言っても、祖父がデイサービス、ショートステイに行く時の送迎時のみでしたが、今後はタケシさんの部屋に隣接した台所や祖父母の部屋にもヘルパーが出入りするため、ケンジさんにそのことを伝える必要があると思いました。母に手紙を書いてもらい、手紙をテーブルの上に置いてもらいました。訪問時に私からもそのことについてケンジさんに話をしました。

私：「ケンジさん、こんにちは。芦沢です。先日、お母さんが手紙で書いてくれましたが、おばあちゃんが肺炎で入院しています。来月の中旬頃には退院になり、家に戻ってくる予定です。以前、おじいちゃんが退院した時に、介護の人が出入りするとの話があったと思います。今、おじいちゃんは、平日の日中はデイサービス、週末はショートステイというサービスを利用しており、送迎の時に介護の人が手伝ってくれています。おばあちゃんにもおじいちゃんと同じデイサービスを勧めましたが、おばあちゃんは人が集まっているところが嫌なようで断られました。そのため、平日の日中はケンジさんとおばあちゃんの二人きりになります。以前もそうだったと言われるかもしれませんが、おばあちゃんに物忘れが見られるようになり、服薬や身の周りのことができるのか心配があります。そのため、日中の時間帯にヘルパーさんがおばあちゃんのお手伝いで定期的に入ってくれることになりました。ケンジさんにも関係することなので、ケンジさんと話をしたいと思いますが、どうですか?」

声かけをしましたが、ケンジさんの反応はありませんでした。反応がない中、祖母は退院し、週三日、日中の時間帯にヘルパーが入る生活となりましたが、ケンジさんの生活状況は祖母の退院前後で何も変わりませんでした。

私を通した話をする

家族から相談を受けていた時、私は家族の行動が変われば、本人の行動が変わると思いました。また、本人の行動を変えるためには、本人を追い詰めるのではなく、本人の好きなことなど、本人が動く動機づけになるものを用意するのが良いと思いました。家族の来所相談から私の訪問に相談の形を切り換えた時も、その考えを私は変えませんでした。音楽、ゲーム、漫画本、スイーツ、紅茶といったように本人が好きだった、他の相談者が好きだと言ったものを用意して、相手との話の糸口にしようとしました。でも、ケンジさんと関係を築くことはできませんでした。好きなことを糸口にすることは大事なことではあっても、外部との関係そのものを遮断している相談者には届かない。遮断している相談者に届く言葉を私は持っていない。例えがよくありませんが、釣りをする時に撒き餌を撒き、魚が釣れるのを待っている状態であり、お腹がすき、食べたいと少しでも思っている魚は餌を食べてくれるかもしれませんが、そもそも食べたくない、食べないと思っている魚には撒き餌も意味がないと思いました。関係を築くことを遮断している相談者が関係を築いても良いかなと思ってもらうためには、私が関係を築いても良いと思える人として見られないといけない。他人事のように、物の話をするのではなく、自分事して私は何を感じ、考えているのか、私を通した話をしないといけない。そう思いました。

父の病気

訪問日。自宅を訪ねると、母の目は涙目になっていました。「どうされました？」と聞くと、「先週、主人が健診を受けました。健診を受けたら、再検査という結果だったので、一昨日、検査を受けにいきました。そしたら、病気が見つかり、手術が必要と言われ、そのまま入院になりました。主人には言っていませんが、状態が良くないので手術をしても良くならないと先生からは言われました。私、どうして良いのか、分からなくて」と言い、母の声は泣き声になっていました。ケンジさんには、昨日の手紙に「お父さんが健診でひっかかり、入院し、手術を受けます。状態が良くないかもしれず、お父さんに会ってあげて下さい」と書いたとの話でした。

私はふすまの前に立ち、ケンジさんに話しかけました。

私：「ケンジさん、こんにちは。芦沢です。お変わりありませんか？　寒くなってきて、体調も崩しやすくなってきましたが、体調はいかがですか？　私がケンジさんの家に伺うようになり、今年で三年を迎えます。ご家族が私のところに来られて七年。ケンジさんが今の生活をされるようになり一八年の月日が経過しました。私のところには沢山の相談が来ます。今の生活が長くなった方もたくさんいます。私、家に伺っていて、ずっと思うことがあります。一〇年、二〇年と同じ生活をし続けるというのは、どんな気持ちなんだろうと。今の生活が良いとか悪いとかの話をしたい訳ではありません。ただ、私には皆さんと同じ生活ができない。今のような生活を続けている、続けられる力が凄いと思いました。私は家族からお話を伺った時、ケンジさんに今の生活を変えてもらおうと考えました。でも、訪問を続けさせてもらい、ケンジさんの生活を見させて頂くと、ケンジさんの生活を変えようという考えそのものが傲慢であり、そのように考えるのは止めようと思いました」

私：「ケンジさん、お母さんが昨日、書かれた手紙を読まれましたか？　お父さんが一昨日、入院されました。健康診断でひっかかり、再検査を受けたところ、手術が必要とのことで入院になったようです。私は一日、五〜六人の方のところに伺っています。伺って、話を聞くのが私の仕事です。話を聞くのが仕事であれば、私は支援者失格なのかもしれませんが、今日は私の話をさせて下さい。私にも父がいます。ケンジさんがお父さんとの間で色々あったように、私も父との間で色々ありました。父親のことがムカつくこともありました。でも、そんな父が先月、亡くなりました。私、父が亡くなった時、どうしてよいのか分からなくなりました。あれだけムカついていたのに、自分の中にポッカリ穴が空いたようになりました。私は何も自分の話をして、ケンジさんを説得したい訳ではありません。ケンジさんの経験はケンジさんにしか分かりませんし、私の経験は私にしか分からないのかもしれません。でも、今回、お父さんの入院、手術の話を聞き、ケンジさんに伝えたいと思ったことがあります。ケンジさんはお父さんのことでムカついたことがあったかもしれない。会いたくないかもしれない。でも、ケンジさん。ムカつくという気持ちは、ムカつく人がいて初めて成り立つのだと思います。ムカついた人がいなくなったら、それを思うことも、言うこともできない。ムカついたのであれば、お父さんにムカついたと言ってみませんか？　私はもう言えないから、ケンジさんには言ってほしい。私の勝手なエゴですが、そう思いました」

私は目を閉じ、感じたことを話し続けました。ふすま越しから、これまでは全く聞こえなかったゴソゴソと身体を動かす音と「うるさい」という本当に小さな声が聞こえました。

父の死亡

訪問日の三日前、母から父が亡くなったとの連絡が入りました。三日後の訪問はキャンセルとし、二週間後に訪問することになりました。二週間の間、私は母に連絡を入れ、状況を確認しました。ケンジさんは父の葬儀に出席しませんでした。母と弟は食事が取れず、夜に眠れない状況が続いていました。私は心療内科のクリニックに連絡を入れ、急遽の診察をお願いしました。母と弟は受診し、薬を処方してもらいました。

訪問日。初めて訪問の場に弟が現れました。母と弟に体調を聞くと、「薬を飲んだことで、眠れるようになりました」との話がありました。眠れるようになったと話すものの、母と弟の目の下にはクマができていました。母は「ケンジはお父さんのことをそこまで憎んでいるのでしょうか。お父さんとのお別れもしないで」と話し、弟は「兄貴はダメな奴だ」と吐き捨てるように話しました。

私はふすまの前に立ち、話しかけました。

私：「こんにちは、ケンジさん。芦沢です。お変わりありませんか？　お父さんが亡くなり、先日葬儀がありました。ケンジさんにとっても大変なことですが、お母さん、弟さんにとっても大変だったと思います。お母さんと弟さん、お父さんが亡くなった後、食事が食べられなくなり、眠れず、大変な状況になってしまいました。私の方で連絡をさせてもらい、お母さんと弟さんには心療内科を受診してもらい、薬を処方してもらいました。今はそれを飲み、少しずつ眠れるようになりました。誰が大変かを争うつもりはありません。誰かが大変だから、ケンジさんもガンバレと言うつもりもありません。ただ、このままでは家族がダメになってしまうと私は思います。ケンジさんは以前、お母さんが病気になった時に負担を背負い、大変だったと思います。それを知っていて、こんなお願いをするのは支援者として失格かもしれません。でも、お願いしたい。ケンジさん、ケンジさんの家族を助けてくれませんか？　今、お母さんも弟さんも限界です。ケンジさんに助けてほしい。お願いします」

私はふすまの前で頭を下げました。ふすま越しからは前回同様にゴソゴソする音が聞こえ、声ははっきり聞き取れないものの、ボソボソ何か言っている声が聞こえました。

一週間後の訪問日。玄関で迎えてくれた母は私に、「少し眠れるようになりました。心療内科で頂いた薬を飲まずに眠れる日も出てきました。弟のコウジは、先週は薬を飲みましたが、今週は飲まずに過ごしています。ケンジの様子は一週間、何も変わりありません。ケンジはお父さんの葬儀に出てくれませんでした。今週末には納骨をしてしまうので、その間にケンジにお線香をあげてほしい」と話しました。私は母に、「本人に話をしてみます」と言い、ケンジさんの部屋に向かい、部屋のふすまの前に立ち、話しかけました。

私：「こんにちは、ケンジさん。お変わりありませんか？　体調はいかがですか？　寒い日が続いています。体調を崩しやすいので、気をつけなくてはいけないと思います。先日は一方的に私の気持ちを伝えてしまい、申し訳ありませんでした。嫌な思いをされたのではないかなと思います。私はケンジさんのところに毎週伺っています。伺う前と後、車の中でどんなお話をすればよいのかと考えています。私にケンジさんの気持ちが分かるのかと言えば、分からないと思います。同じ経験をしていない私がケンジさんと全く同じ気持ちになれる訳はないと思います。そう考えれば、私の話すことは所詮、綺麗事なのかもしれません。ただ、ケンジさんにとっては迷惑であっても、私はケンジさんのところに三年、伺っています。その中で感じることは当然、あります。綺麗事ではあっても、お伝えしたいことは伝えたいと今の私は思います。先程、お母さんと話をしました。お父さんの葬儀が終わり、今週末には納骨になるそうです。おじいちゃんの部屋に仏壇があるので、お線香を一本、ケンジさんにあげてほしいと話していました。お別れの仕方に正解はないように思います。でも、どういう選択をするにしても、自分の中で折り合えると良いなと思います。あの時ああしていれば良かったと思っても、時間は当然、戻ってきてはくれませんから。また、来週、同じ時間に伺います。よろしくお願いします」

法事後の手続き

訪問日。母と弟が迎えてくれました。母にお線香のことを聞くと、「あげてくれたのかは分かりません。ただ、お線香をあげる時に使うライターが出されていたので、もしかしたらあげてくれたのかなと思いますが、分かりません」と話しました。

弟は父の死後、土地などの名義変更などをしなければならず、仕事を休んでいました。母からは、「父が亡くなり、父の名義のものを弟に変更したいと思っています。ケンジにも相続の権利はありますが、仕事をしておらず、相続をしても維持することができません。弟に相続させるつもりでいますが、手続きを進める上でケンジの印が必要になります。あの子は印鑑登録をした印を持っていないので、市役所に行き、印鑑登録をし、登録した印を書類に押してもらう必要があります。ケンジには昨日の夜、手紙にそのことを書きました」との話がありました。

私はいつものようにふすまの前に立ち、話しかけました。

私：「こんにちは、ケンジさん。芦沢です。お変わりありませんか？　寒くなりましたね。体調は大丈夫でしょうか？　こちらは寒くなると、雪が降ったりしますか？　私、雪が苦手で、だんだんダメですね。年を取ると、寒いのが耐えられなくなってきます。ケンジさんはそんなことはありませんか？　昨日、お母さんが書いた手紙に書かれていたかもしれませんが、お父さんが亡くなり、お父さん名義になっているものを変更する必要がありあります。ご家族で話をされ、弟さん名義に変更するのが良いのではないかとの話になっています。ケンジさんの生活は弟さん名義になっても変わらないと聞いています。ただ、弟さん名義にするためには、ケンジさんの承諾の印が必要になります。印であれば何でも良いのではなく、市役所に印鑑登録をした印が必要になります。ケンジさんが市役所に行き、印鑑登録の手続きをし、登録した印を書類に押してもらう必要があります。ケンジさんの印がないと名義変更ができず、家族全体が困ることになってしまいます。ご協力をお願いします」

私は前回同様に、ふすまの前で頭を下げました。

それから一週間後、訪問し、いつものようにふすま越しに声をかけようとした時に、ふすまとふすまの間から紙切れが出てきて、本人の声が聞こえました。

それから一週間後、ふすまが開き、本人が出てきました。

私が両親の相談を受け、七年。ケンジさん宅を訪問して三年半が経っていました。

第5章

訪問について

訪問に関しては、家族からの相談を受け、すぐに行うことは通常はないと思います。家族からの相談を何度か受けたものの、状況が変わらず、状況を変える打開策として、訪問を行うことが多いように感じます。ただ、訪問については、それぞれの考え、方法で実施しており、実践の蓄積がなかなかなされていないように感じます。また、実際に訪問したものの、本人と会えず、相談そのものが中断してしまったとの話を多く聞きます。

本章では、ケンジさんの事例での対応を踏まえ、訪問について、私が日頃考え、実践していることについて書いていきたいと思います。

訪問前の準備

私は、訪問は準備でその成否が決まると思います。訪問前に何を準備する必要があるのか？まず、訪問する日時を決める必要があります。通常は、家族と私がそれぞれ都合のつく日時を出し、お互いが大丈夫な日時を決めることになりますが、大事なこととして本人の都合を確認する必要があります。もちろん、私が本人に直接確認することはできません。そのため、家族に本人が何時頃、起きているのかを聞くことになります。本人と家族が会っていない場合は、何時頃に部屋から音が聞こえるか、明かりがついているのかなどを聞き、私の勤務時間内で本人が起きていると思われる時間に訪問時間を設定することにしています。ケンジさんの場合、部屋から出てくるのは家族が居間からそれぞれの部屋に移ってからのため、生活自体が夜型ですが、家族から朝にゴソゴソと部屋から音が聞こえるとの話があり、朝の九時三〇分に訪問時間を設定しました。

訪問をする場合、本人の状況にもよりますが、様子を確認するだけの一回の訪問であればしない方が良いと思います。そもそも、一回で様子を確認することはできません。様子を確認したいのであれば、訪問を継続し、経過を見ていかないと分からないと思います。

経過を見るということで言えば、難しいことですが、訪問頻度、時間、曜日を最初のうちはなるべく固定することにしています。次の訪問がいつなのか？　それを考えながら、生活を送るのは本人にとって苦痛だと思います。決まった間隔で、決まった曜日の決まった時間に来ることが分かる方が本人に安心を与えるように感じます。ケンジさんの場合は、水曜日の九時三〇分、週一回の訪問という形を取りました。もちろん、私の訪問件数の増加や連休の影響などで、予定通りにいかないこともあります。その場合は、曜日、時間、訪問頻度の順で変更を加えます。例えば、曜日を変える（水曜日を火曜日に）、次に時間を変える（九時三〇分を一一時に）、最後に訪問頻度（週一回を二週に一回に）を変えることにしています。

次に、地域の状況にも寄りますが、山梨県の場合、訪問時に車を使用します。車を使用する場合、どこに車を停めるのかを確認する必要があります。自宅の駐車スペースに停めて良いのか？車体に機関名などが書かれていない車であっても、ケンジさんの事例のように外部の車が自宅の駐車スペースに停まることに家族に抵抗がある場合は、自宅近くの公共施設などの駐車場に車を停め、歩いて訪問することにしています。

訪問日時が決まり、車を停める場所も確認できたら、本人に私の訪問をどう伝えるのかを考える必要があります。本人に伝えずに訪問する人もいると聞きますが、私は必ず伝えることにしています。本人に伝えない理由として、伝えたら本人が拒否をして会えないからとの話を聞きますが、仮にそれで会えたとしても、次に会うことは難しいように感じます。なぜなら、大事なことを最初に伝えない人に会い続けたい人はいないと思います。

本人への伝え方については、家族から話してもらう場合と私から本人に手紙を書く場合があります。家族から話してもらう場合、私は次のことをお願いしています。話してもらうのは当日の訪問時間前か、前日の夜。本人に伝えて、訪問までの時間があると、本人が色々と考えてしまいます。ポジティブなことを考えてくれれば良いのですが、ネガティブなこと、例えば「何で知らない人が家に来る。親が俺のことを言ったんだ……」などと考え、上手くいかないことが多いため、本人に訪問を伝えるのは前日の夜、できれば訪問時間の前にしてもらっています。

また、話す内容は、「今後の生活のことで芦沢さんという人に相談をしています。○月○日の○時に芦沢さんが家に来ます。会えるようであれば会って」とだけ伝えて下さいと話しています。ただ、難しいのは、家族にそれだけ伝えて下さいと話しても、いざ話し始めるとそれ以外のことを家族が話してしまうことがあります。

例えば、私がお願いした内容を伝えた上で、「芦沢さんがわざわざ来てくれるのだから、絶対に会ってね。私やお父さんも年で、今後のことを考えないといけないの。あなたも自分のことを真剣に考えてね」などと家族が本人に話したいことを追加してしまうことがあります。そうなると、本人には私が訪問するという事実よりも、親の気持ち、感情の方が残ってしまいます。大事なことは、本人に親の気持ちを分かってもらうことではなく、私という第三者が家に来るという事実を伝えること。ただ、それだけ、それ以外の情報はこの時点ではいりません。

これに関しては、後述しますが、私が訪問し、本人に話をする時も同じです。感情に訴えかけることが素敵であると、どこかで私達は思っているところがあります。ただ、感情はコントロールできません。こちらが伝えたい通りに、相手が受け取ってくれるとは限りません。関係を遮断している相手に話をする時は、感情を扱わず、事実のみを扱うことが大事になります。

私が伝えてほしい内容以外のことを家族が話してしまう恐れがある場合、家族が本人に話をする自信がないと話す場合は、私から本人に手紙を書き、家族にそれを本人が見ると思われるところに置いてもらいます。文面は、①家族より、今後の生活のことで相談を受けた、②○月○日の○時に訪問することになった、③話ができるようであれば、会ってほしいというもので、それ以外のことは書かないことにしています。ケンジさんの場合、父母が本人に私の訪問の件を伝えることは難しく、家族からの相談の段階で既に本人宛の手紙を私が書いていたことから、私が本人に手紙を書き、テーブルの上に置いてもらいました。

そして、訪問した時に、どんなことを本人に話すのかを考える上で、家族に本人が好きなこと、嫌いなことなどを聞くことにしています。家族との間で話ができていた時は、本人はどんな話が好きだったか、嫌いだったかなどを家族から聞き、当日に私から本人に話す内容について考えます。好きだったものがあれば、当日までに準備ができれば持っていきます。好きな本、ゲームなど、本人との間で話をするキッカケとして使います。ケンジさんの場合、家族が本人と一〇年以上会話を交わしておらず、最近の状況が分からないため、家族が本人に会っていた時にどうだったかを聞きました。家族と本人が会っていない期間が長い場合、本人に関する情報が乏しくなるため、本人にどのような話をするのかを事前に考え、準備することができません。その場合は、後述しますが、今、本人が置かれている状況を想像し、自分だったらどんなことを思うだろうかなどと考え、話をすることにしています。

訪問時にすること

自宅に行く前に、自宅周辺を回ることにしています。自宅の駐車スペースではなく、自宅近くの公共施設の駐車場に車を停める場合は、自宅に向かうまでの間、周辺を歩いて回ります。自宅はどんな場所に建っているのか？　通りに面しているのか？　周辺に住宅はどのくらいあるのか？　隣の住居との距離はどのくらいか？　などを確認します。

また、自宅が昔からその場所に建っているのか？　引っ越してきたのか？　なども家族との話で事前に聞き、周辺を回った時に近隣の家の古さなどを見たりします。昔からずっとそこに住んでおり、周辺も同じように昔からそこに住んでいれば、良く言えば近所付き合いがあり、お互いのことを知っている関係であり、悪く言えばしがらみがあり、近所の目を気にするといったことが想像できます。ケンジさんの場合、自宅は祖父が建てたものであり、近隣は昔からそこに住んでおり、近隣の家との距離も近いものでした。

自宅に着いたら、玄関の方角を見ます。南向きで、太陽が入るか否かを確認します。そして、訪問時間が日中であれば、カーテンの閉まっている部屋があるか否かを見ます。本人に話を聞くと、太陽の明かりを嫌がる人が多いように感じます。部屋はカーテンを閉め、太陽が出ている時間帯を避け、夜間に外出している人が多いため、訪問する時は自宅に太陽の明かりが入るか否かを見ることにしています。ケンジさんの自宅は、玄関は南向きですが、本人の部屋は一番奥にあり、日中に太陽の明かりは入らない場所でした。

自宅に入ったら、家族に本人の部屋の場所を教えてもらいます。その上で、台所、トイレ、お風呂の位置関係を確認します。台所、トイレ、お風呂は生活をする上で、本人が出入りをするところなので、本人の動線を確認します。そして、居間と本人が避けている家族の部屋の場所を聞きます。居間は家族が多くの時間を過ごすところであり、本人の部屋から家族の話し声やテレビの音などが聞こえるか、聞こえるようであればどのくらいかなどを確認します。あと、家族の中で本人が会うことを避けている人の部屋の場所を聞きます。

よくある話として、両親と会うことは避けているものの、祖父母とは会える人がいます。本人が避ける人の部屋はどこか、本人の部屋から近いか、その部屋を避けて、トイレに行けるかなどを確認します。ケンジさんの場合、玄関を入り、すぐに居間があり、居間に面して祖父母の部屋が手前に、ケンジさんの部屋が奥にありました。ケンジさんの部屋からトイレとお風呂は近く、本人が避ける父母と弟の部屋は二階のため、夜に食事、お風呂を終え、家族がそれぞれの部屋に移ったら、部屋から出て、ケンジさんが過ごすことはできると思いました。

本人の部屋に行く前に、家族に私の訪問について伝えた後、または私の手紙をテーブルなどに置いた後の本人の様子を聞きます。「何でそんな奴が来るのだ」、「俺は会わない」などの声の反応があったか、壁を叩く、物を投げるなど、行動で反応があったか、手紙の場合は手紙を破る、ゴミ箱に捨てるなどの反応があったかを確認します。反応があった場合は、初回訪問はあまり時間をかけないことにしています。ケンジさんの場合、私の手紙を訪問日前日の夜にテーブルの上に家族が置きましたが、訪問日の朝、家族がテーブルを見ると、置いておいた手紙はそのままになっていました。本人からの反応はなく、本人が手紙を読んだか否かも分かりませんでした。

家族が本人と話ができる場合は、家族から本人に私が来たことを伝えてもらいます。家族の声かけで、私がいる部屋に来てくれる人もいますが、多くは拒否されます。私が本人の部屋に行く時は、家族の同行は頼まず、一人で行くことにしています。家族はうしろ、または離れた場所で見てもらうことにします。

本人の部屋の前に着いたら、私はふすまやドアをノックしないことにしています。ふすまやドアをノックせず、自己紹介から始めます。ふすまやドアをノックし、戸に手をかける行為は、本人がひきこもり始めた頃に家族が行いがちなことであり、私がそれをした場合、以前の嫌な記憶が本人に蘇るような気がします。ケンジさんの場合も、以前、本人の部屋に父が勝手に入ろうとしたことがありました。私は家族からの相談を受け、訪問します。本人からすれば、家族の味方が自分のところに来ると当然、思います。そう思う相手が家族と同じ行動を取れば、「やはり家族の味方だ。俺の気持ちも考えずに一方的に来て」と本人は思います。大事なことは、本人がそう思っているだろうと考え、それをどうズラしていけるかになります。「家族の味方であり、きっとこういうことをするだろう」と本人が思いそうなことを、しないことを繰り返していくことが大事になります。

初回訪問で本人に伝えること

次に、ドアの前に立ち、本人に向けて話をします。私達は話を聞くトレーニングを受けて、仕事につきます。そのため、本当に聞くことができているのかは分かりませんが、話を聞くことはできます。ただ、話をしてくれない、話をすることを拒否している本人からは、話を聞くことができません。その場合、私が本人に話をする必要があります。ただ、話をするトレーニングは受けてきておらず、そもそも人前で話をすること自体が苦手な場合、話すことに戸惑うことになります。何を話したら良いのか、どう話したら良いのか、分からず、私のように自己紹介をした後に、言葉に詰まり、それ以上何も話せなくなります。

言葉に詰まり、何か話をしなくてはと思うと、余計に何を話して良いのか分からず、無言になってしまう、または言わなくて良いことを言ってしまったりします。家族が相談した人が家に来るという状況だけでも、本人にとってはストレスになります。テレビなどで、本人の意思に反して扉を壊し、無理やり部屋から連れ出す「引き出し屋」の映像を本人が見ていたりした場合、自分も部屋から出されるのではないかと恐れているかもしれません。初回訪問で大事なことは一回でどうにかしようと思わないことです。行ったからには、何か本人に話をした、何か爪痕を残そうと考える人もいるのかもしれません。部屋から出てきて、相談するように説得しようと試みる人もいるのかもしれません。ですが、何を言われ、何をされるのかと恐怖を感じている本人に、私が何を言っても上手くいかないと思います。

初回訪問では、本人が拍子抜けするくらい何もしない方が良いと思います。私は通常、初回訪問では①家族から相談があったこと、②私が在宅で生活を続ける人の相談を受けていること、③お話をしたいと思っていること、④ただ、すぐに話ができるとは思っておらず、まずは私のことを知ってもらいたいと思っていること、⑤定期的に訪問すること、⑥今日は訪問させて頂き、ありがとうございますと伝え、終わることにしています。

訪問の回数を重ねると、部屋の前で三〇分ほど話をしていることもありますが、初回は五～一〇分ほどで終えることにしています。本人と会えない間は、本人を理解することではなく、私を本人に理解してもらうことが大事になります。

どのように話すか

話をするといった場合、何を話すのかと共に、どのように話すのが大事になります。自分の声が他人にはどのように聞こえるのかを考えたことはあるでしょうか？　私の声は男性にしては高いと言われます。また、私は焦ると、早口で話す傾向があります。本人の立場で考えたら、高い声で早口で話されたら、嫌だろうと私は思いました。私は低く、ゆっくり話すことを意識するようになりました。

令和元年六月、地元のＮＨＫの放送で、私が訪問している様子を見られた人からは、私の話し方が平坦だとの感想を多く頂きました。元々は、抑揚のある話し方をしていました。ただ、抑揚のある話し方は、相手に言葉以上のものを感じさせてしまうと思いました。ひきこもる本人達のことを、空気の読めない人と言う人がいます。ですが、多くの人の話を聞いていると、本人達は空気を読みすぎてしまう人、誤作動してしまう人だと思うようになりました。言葉以外に、何でそのことを言ったのか、それにどのような意味があるのかと、相手の裏の裏まで考えようとしてしまう人が多いように感じました。そのため、私は本人に話しかける時、感情を込めず、抑揚をつけないように話をするようになりました。

また、話をする時は一気に話し続けるのではなく、一つの話が終わったら、少し間を置き、次の話をするようになりました。切れずに、話し続けられたら、本人達が嫌がるだろうと思いました。話をするのは私の都合であり、本人の立場を考え、本人が私の話を聞いたらどのように聞こえるのかを想像しながら、話をしています。

私を理解してもらう努力をする

私を本人に理解してもらうためには、どうしたらよいのか。ケンジさんの場合のように、私は日頃していることを記した写真付きの手紙を作成し、それに次回の訪問日時を書き、訪問時に置いていくことを繰り返しました。次回、訪問時には手紙に書いた内容を題材に、本人に声かけを行いました。例えば、珈琲が好きな人がラテアートをしてみたいと話したため、知り合いの喫茶店の店主に頼み、開店前の時間に行き、ラテアートを習ったことがありましたが、その時の様子を記した写真付きの手紙を作成し、ケンジさんの訪問時に以下のように話しかけました。

私：「ケンジさん、こんにちは。芦沢です。お変わりありませんか。先日に伺った時に、置いていった手紙に書かせて頂いたことについて、お話をさせて下さい。ケンジさんは珈琲よりも紅茶の方が好きかもしれませんが、先日珈琲が好きという男性に会いました。

彼はちょうど、ケンジさんと同じくらいの年齢。珈琲は元々、インスタントで飲んでいたようです。でも、ドリップをして飲んだら、どんな味がするのか試してみたくなり、豆を砕くミルと珈琲豆を買い、飲んでみたそうです。飲んでみたら、美味しくて、それ以来、インスタントは止めたそうです。珈琲が好きになった彼は、喫茶店にも行くようになり、カフェラテなども飲むようになりました。ケンジさん、カフェラテを飲んだことがありますか？　珈琲にミルクを入れ、ハートなどをカップの表面に描いたものを見たことはありますか？　あれをラテアートというそうですが、彼があれをしてみたいと話すので、先日知り合いの喫茶店の店主に協力してもらい、開店前の時間に教えてもらいに一緒に行ってきました。店主が見本を見せてくれ、彼がやってみたのですが、なかなか上手くいきません。写真に四つのカップが写っていると思います。奥の二つが店主の作ったもので、手前の二つが彼の作ったものです。同じようにハートの形を描いたはずなのに、彼のものはなかなかハートが上手く描けませんでした。簡単そうに見えて、難しいと見ていて、感じました。

彼と同じように、ケンジさんは何か好きなこと、興味があることはありますか？ 何ができるのか、どこまでできるのかは、やってみないと分かりませんが、ケンジさんと相談しながら、何かできると良いなと思います。次回は来週の水曜日、九時三〇分に伺います。どうぞ、よろしくお願いします」

訪問時に、「会って下さい」とは敢えて求めず、本人にも話さず、私が日頃、していることのみを話して終わるという訪問を続けました。警戒している本人達に、まずは本人の意思に反することを私がしないことを分かってもらう必要があると考え、このような形の訪問を取ることにしています。

本人との間の話題を探す

ただ、本人に私のことを理解してもらうと言っても、日頃していることを話し続けるにも限界はあります。そうなると、前述のとおり、家族から聞いた本人が好きなこと、最近の状況が分からなければ好きだったことを考え、声をかけることにしています。ケンジさんの場合は、漫画本、スイーツや紅茶などを持って行き、それを材料に話をしました。

本人の好きなことが分からない、話す材料が見つからない場合は、他の相談者との間で話題になったものなどを材料にします。ケンジさんの場合でも、音楽やゲームなどを取り上げました。

ひきこもり期間が長く、年齢が高くなるほど、話題を探すのが難しくなります。前述のとおり、ひきこもり期間が長く、家族が本人と会話をしていなければ家族から事前に情報を得ることができません。また、音楽やゲーム、漫画は本人にとっては刺激になります。ひきこもり期間が長く、年齢が高くなると、それらの刺激を避ける人が多いように感じます。

音楽の音が嫌、ゲームをすることが疲れる、漫画でも字を読むのが大変と話す人がいます。また、年齢が高くなり、若い時に比べ体型が中年体型となり、お腹が出てくることが気になると話し、甘いものを取らないと話す人がいます。勝手な想像で好きなのかなと思い、コーラなどの炭酸飲料やハンバーガーやカップ麺などのインスタント食品を置いても、健康に良くないとの理由から取らない人もいます。何を題材にするのかは、家族からの情報、本人の年齢などから考え、選択する必要があります。

困っているのは誰なのか？

私のことを理解してもらう努力をした。本人との間で話題になりそうなものを探し、それを話してみた。それでも、上手くいかないことはあります。実際、ケンジさんの場合、それを続けましたが、本人の動きはありませんでした。

八方塞がりとなると、当然その状況を打破したい気持ちとなり、私のように、元々本人との関係が上手くいっていなかった両親が本人に声かけをするといった手段を取ってみたり、「できません」と家族に言い、その場から逃げ出したい気持ちになったりします。

なぜ、こうなってしまうのか。私は冷静になり、考えてみました。私は、私も家族と同じになっていると思いました。私は家族から相談を受けた時に、本人を家族が望む方向にコントロールしようとすることを止めるように伝えていました。家族が本人と適切な距離を取ることが大事であり、本人の問題は家族が代わりに背負わず、本人に返していくこと。家族が困って、困った家族を安定させるために本人を動かそうとするのは上手くいくはずがないと伝えてきました。

でも、今の私の状況は家族と同じだと思いました。何をしても、本人は動いてくれない。家族からの話を受け、私が自ら出向いているのに、上手くいかない。本人が私の話に乗ってきてくれない。困っているのは本人でも、家族でもなく、私であると思いました。

変わらない状態が続いていることが変わっている

訪問を続けても、本人の状態に変化がない、変わらないことがあります。その状態が続くと家族だけでなく、私自身も正直、不安になります。ひきこもり支援は、本人と家族や私を含む環境との間で、折り合いをつけられるかが大事だと思います。家族が本人の状態を認められず、家族の求める状態に変わることを求めれば、本人の意思に反して、強制的な手段を取ることになります。逆に、家族が本人の状態を認めた場合、本人の状態が今のまま変わらず続くかもしれない不安に家族は向き合うことになります。何か本人に刺激を与えれば、反発に遭う。刺激を与えなければ、動かない。時間が経てば、動く保証もない。本人が動こうと思っていても、動けないこともある。強制でも、放置でもない、ギリギリのラインを考え、訪問を続けることが大事になります。

訪問は前述のとおり、本人のふすまなどの前で話しかけたら、家族の話を聞きます。その上で家族の不安を聞きます。多くの家族は、「このまま訪問を続ければ、動きが出てくるのでしょうか？」と話します。私は家族に、「出てくるのか否かは分かりません。ただ、訪問を続けなければ出て来ないことは分かります。動きがないと不安になります。ご家族も不安でしょうが、私も不安です。でも、おかしな話に聞こえるかもしれませんが、変わらない状態が続いているという今の状態が変わっていると思います。外部の人が自宅に来て、声をかければ何らかの反応があっても良いと思いますが、それが全くない。全くないこと自体が、通常を考えれば変わっていると思います。本人が反応をしないという反応をしているので、これがどうなっていくのか、定期的に訪問させて頂きたいと私は思います。」と話します。

そして、「家族の中には状況が動かないので、外部の人に頼み、無理矢理にでも本人を連れ出そうと考える方もいます。テレビなどでも、取り上げられたものをご覧になったこともあるかもしれません。実際、私のところに相談に来られた家族の中にも、業者に頼んだ経験のある方はいます。ただ、本人の意思に関係なく、無理矢理に行うので、本人を連れ出せても、出せなくても、本人と家族の関係はその後、最悪になります。家族が良かれと思ってやったことも、本人が家族を恨み続ける結果で終わってしまいます。それを考えれば、今の形を当面、続けさせて頂きたいと私は思います」と話します。

令和二年七月一六日、『ＮＨＫクローズアップ現代＋』で私の訪問の様子が放送されました。[1]

新型コロナウイルスの感染拡大で、訪問などのひきこもり支援が難しくなる中で、どうしたら支援を継続し、つながりを保ち続けられるのか、親子が一歩を踏み出すために何ができるのかをテーマに、私の映像と共に、私が大切にしていることが「支援の三か条」として取り上げられました。三か条とは、①一定のリズムで訪問、②正論は言わない、③ゴールを求めないになります。三か条は、どれも私が訪問時に大切にしていることですが、訪問を続ける上で、家族にこのような私の考え、行っていることを説明し、理解を得る努力を続けることが大事であると思います。

本人の話を私を経由して戻していく

周りとの接触を拒否している本人に何をすれば良いのか？　これまで書いてきたことは、私が悩み、考えて、実践してきたことです。ここに書かれていることをすれば、本人は動くのかと言えば、動いてくれる人もいます。でも、動いてくれない人もいます。

私は、ケンジさんに私のことを理解してもらおうと思い、私が日頃していることをふすま越しに話しかけました。ケンジさんが好きなことを家族に聞き、他の相談者が好きだと話したものを聞き、用意できるものは用意し、声をかけました。話し方も注意し、変えてみました。手紙を書きました。動きがなくても、訪問を続けました。自分の思いつくことは全てやりました。でも、ケンジさんの行動は変わりませんでした。

私はケンジさんに白旗を上げました。私がやってきたことは、ケンジさんに届いていない、ケンジさんに対して私は無力であることを認めました。

私は支援者という役割に固執していました。ケンジさんに支援者として寄り添うにはどうすれば良いのかを考えていました。でも、本人のためと言いながら、私が支援者であるために、支援者であることを私自身が自覚するためにやってきたこともあるように感じました。支援者の仮面を被り、役割を演じたい私の話がケンジさんに届く訳がないと思いました。

私は支援者の役割を降りてみることにしました。私が相談を受けるのではなく、私がケンジさんに相談するという形を取ることにしました。ケンジさんの相談を家族から受け、訪問を続けているものの、ケンジさんと話ができず、困っている私が、何を心配し、何を困り、何を考えているのかをケンジさんに話してみることにしました。相談者は私なので、私を主語に話すことにしました。

ケンジさんの場合、本人が嫌っていた父に病気が見つかり、手術を受けることになりました。手術を受けたものの、父は亡くなってしまいました。父が亡くなった後、名義変更をする必要が出てきました。それぞれの段階で、私は私自身が父を亡くした時に感じた気持ち、考えたことなどを交えて、話しかけました。自己開示をどこまでするのかに関しては、職種や立場により考え方が色々あると思います。私のやり方が正解か否かは分かりません。ただ、言えることとして、私がやり方を変えてからケンジさんは出てきました。ケンジさんだけでなく、他の相談者の中にも出てくる人が増えてきました。あと、一番大きいのは、私自身が本人の前で話をすることが楽になりました。

前述のとおり、訪問は準備ができているか否かで成否が決まると私は思います。事前の準備なく、ただ訪問し、ふすまなどの前で自分の思ったことを話せば、本人が出てくる訳ではありません。これまで書いてきたことは、訪問を行う上で必要なことです。私自身、行わなかった時に比べ、本人と会えるようになりました。会い続けられるようになりました。ただ、それらを全部してもダメな場合、最後に残るのは支援者の役割から降りた私自身であると思いました。

私が思ったこと、感じたことを本人に話しかける時に、注意していることがあります。私の経験をただ話すことはしない。経験を話し、私がこう思ったから、本人もそう思ってという流れの話はしない。なぜなら、それらの話のスタートは私の経験であり、本人のものではありません。私は、本人の置かれている状況を想像した時に、これまでの私の経験ではこんなことを感じ、考えた。もし、私が感じ、考えたようなことを本人も感じ、考えているようであれば、私だったらこんなふうに行動するかもしれないなどと話を続けていくことにしています。スタートは本人であり、私の話はただの通過点。私という通過点を経由して、本人の話に戻していくことが大事だと思います。

本人を取り巻く環境の変化を考える

環境の変化により、本人が動くことを迫られる時があります。前述のとおり、祖父母、親の介護が本人を取り巻く環境の変化として出てくることが、高齢化の影響もあり、増えてきたように思います。介護が必要になったのが、祖父母なのか、親なのか、介護は外部の事業所がやってくれるのか、家族がするのかによって、話は変わってきますが、ケンジさんの場合のように、介護が必要になったのが祖父母で、介護は外部の事業所が行う場合、外部の事業所が出入りする時間帯を避ければ、本人は変わらず、生活を送ることができます。

ただ、ケンジさんの事例のように、父の病気や死亡といったように社会的に役割を果たすことが外部から期待され、名義変更のように手続きをしなければ不利益を被る恐れが生じる場合は、祖父母の介護と違い、本人に与える影響は当然、大きくなります。

本人と話ができず、家族相談を継続する中で、両親のどちらかが病気、その後死亡するという経験をケンジさんだけでなく、他の事例でも経験してきました。令和二年一一月、NHKがドラマ『こもりびと』を放送しました。武田鉄矢演じる元教師で厳格な父が余命宣告を機に、一〇年以上に渡ってひきこもり生活を送る松山ケンイチ演じる主人公と向き合う日々が映像化され、大きな話題になりました。ドラマでは父は亡くなり、父の葬儀で主人公がひきこもり生活から出て、喪主を務める展開になっていましたが、経験上、両親のうち母親が病気や死亡した場合、本人への影響は大きく、動くことはありましたが、父親の場合は病気や死亡した場合であっても、本人の生活はその後も変わりませんでした。父親の死亡後、葬儀には出てくると母親は期待したものの、本人は出て来ず、ケンジさんの場合のように、「あの子はそれほどまでお父さんを恨んでいたのですね」と母親が私に話す場面を何度か経験しました。本人を取り巻く環境が変化することで、本人の生活にどのくらいの影響が出てくるのかを想像しながら、本人への働きかけを考えていく必要があります。

■注

1　放送された内容については、番組ホームページで確認することができます。「ひきこもり支援　つながりをどう保つ?」(https://www.nhk.or.jp/gendai/articles/4443/index.html)
また、当日取材の来た記者の記事もＮＨＫのホームページに掲載されています。「コロナ渦のひきこもり支援の現場で起きていたこと」(https://www3.nhk.or.jp/news/html/20200710/k10012508011000.html)

第6章

本人が変われば、家族が変わる

選択肢の間を左右に揺れる想い

ケンジさんのところに行き、ふすまの前に立ち、話しかけること三年半。堅く閉ざされていたふすまが開き、ケンジさんが出てきました。ケンジさんは上下紺のジャージ姿。身長は一六五センチほどの小柄で、体型は痩せていました。髪は短く切られ、髭も剃られていました。母と弟はケンジさんが出てくる前に、移動してもらい、居間で話をしました。

私：「こんにちは、ケンジさん。芦沢です」

彼：「あっ。どうも」
私：「今日はありがとうございます」
彼：「いえ。芦沢さんが来てくれているのは分かっていました。でも、出られなくて」
私：「私はお話をしたかもしれませんが、在宅で生活をしている方のところに行き、お話を聞いています」
彼：「知っています。芦沢さんをネットで検索をしたら、出てきました。アルコールなどの相談に応じていると書かれていました。芦沢さんは僕のことをどう思っていますか？」
私：「どういうことですか？」
彼：「病気とか障害があると思いますか？」
私：「私は医師ではないので、判断はできません。でも、気になるのですか？」
彼：「自分がこうなった原因が分かりません。最初は就職活動が上手くいかず、それに母の病気が重なりました。私自身、その当時は一杯一杯でした。父からは責められ、避けるように部屋で暮らすようになりました。最初の一～二年はどうにかしなくてはと思いました。でも、それが三年、四年、五年と経っていく中で、どうにかしなくてはとも思わなくなりました。思わなくなったこと自体が異常だと思い、その原因が何かあるのではないかと思いました」

私：「そうですか。身体の不調はありますか？先日、話されていた動悸はどうですか？」
彼：「父が亡くなったのを知ってから、動悸が酷くなりました」
私：「今はどうですか？」
彼：「あります。でも、酷い時とそうでもない時があります」
私：「頭痛はどうですか？」
彼：「たまにあります」
私：「腹痛もありますか？」
彼：「前はありましたけど、今はありません」
私：「睡眠はどうですか？」
彼：「夜、眠れず、日中寝てしまうことがあります。寝つきはよくありません」
私：「何時ぐらいに寝て、何時ぐらいに起きていますか？」
彼：「バラバラです。以前は夜に寝て、朝は起きるようにしていましたが、時間の感覚が無くなってしまい、今はバラバラ。怠けているのだと思います」
私：「そう思うのですか？」
彼：「思います。自分の今の年齢では働いているのが普通だと思います。でも、私は働いていない。家族が大変な時に助けないといけないのに、何もしていない。母や弟に迷惑をかけている。怠け癖がついてしまっていると思います」

私：「怠け癖ですか？」

彼：「怠け癖です。動こうと思えば、動けるのに、動かない。甘えていると思います」

私：「そうですか。私は動こうと思うことが凄いと思いますよ。動かないではなく、動けないように感じます」

彼：「そんなことはないです。母や弟が自分のことをどう思っているのかが気になります」

私：「どんなふうに思っているとケンジさんは思っていますか？」

彼：「母は、私がこうなったのを母のせいだと思っていると思います。そんなことないのに。母が母自身を責める話を聞く度に、私は申し訳ない気持ちになります」

私：「そうですか。弟さんはどうですか？」

彼：「弟は私のことを恨んでいると思います。父のことも、家のことも私が何もできないから、弟に押しつけてしまった。私がしっかりしていれば、私がすることなのに」

私：「お母さんや弟さんがどう思っているのかについては、時間をかける中で少しずつ話ができると良いと思います。ケンジさんの方で私に聞きたいことはありますか？」

彼：「父は何で死んだのですか？」

私：「病気で亡くなったと聞いています」

彼：「急だったので、びっくりしてしまって」
私：「私も驚きました」
彼：「亡くなったのは、母が手紙で書いてくれ、芦沢さんの声も聞こえたので分かりました。ただ、信じられなくて。祖父が日中、いない時間帯に部屋に行き、仏壇に父の写真と骨があるのを見て、本当なのだなと思いました」
私：「お線香はあげられたのですか？」
彼：「あげました」
私：「そうですか」
彼：「この後、どうなるのですか？」
私：「葬儀は終わったので、あとは名義変更だけだと思います。印鑑登録証を取ってきて頂き、ありがとうございました。大変ではなかったですか？」
彼：「スマホで調べてから行ったので、大丈夫でした」
私：「外に出たのは久しぶりでしたか？」
彼：「外にはたまに出ていました。夜に窓を開けて、外に出て、散歩していました。あと、コンビニでAmazonから届く荷物を受け取ったりしていました」
私：「そうですか。外に出ることはあったのですね。今、心配はありますか？」

彼：「今後のことです。今後、仕事ができるのか、生活ができるのか心配です」

私：「そうですね。それは心配ですね。ただ、仕事については、私は沢山の方に会っていますが、今は協力してくれる会社などもあるため、大丈夫だと思います。仕事の前に私は身体が心配ですが、大丈夫ですか？」

彼：「分かりません。全然、動いていないので。先日、市役所に行った時に歩きましたが、足が痛くなりました」

私：「そうですか。身体以外に気持ちはいかがですか？」

彼：「人に見られるのが苦痛です。ネットで調べて、自分は社交不安障害、境界性人格障害、発達障害、統合失調症などが当てはまるのではないかと思いました」

私：「ご自分で調べてみたのですね。それがあるか、確認する気持ちはありますか？」

彼：「今はないです。何かあるのかもしれないけど、それを調べるのはキツイです」

私：「無理はしなくて良いですよ。まずは、できるところからやっていきましょう。今後の生活のこと、名義変更以外にケンジさんが気になっていることはありますか？」

彼：「携帯です」

私：「携帯？　どういうことですか？」

彼：「スマホの前にガラケーを使っていました。解約しないといけないのに、していなくて」

私：「ガラケーの解約ですか。携帯だと、この近くだとどのお店ですか？」
彼：「駅前の○○だと思います。電車に乗って、行けば良いのでしょうけど、行けなくて」
私：「ケンジさんが良ければ、車で一緒に行きますよ。その時は教えて下さい」
彼：「分かりました」
私：「今日の段階で、他に何かケンジさんの方でありますか？」
彼：「大丈夫です」
私：「これから少しずつやっていきましょう。私は週一回、これまでと同じで、水曜日の九時三〇分に伺います。その間に気になったことがあれば、お渡しした名刺に載っているアドレスにメールを頂いても大丈夫です。水曜日の前に伺うこともできますので、遠慮せずに言って下さい。よろしくお願いします」
彼：「よろしくお願いします」

訪問を終えて、職場に戻ると、ケンジさんからのメールが届いていました。メールには「とりあえず、よろしくお願いします」と書かれていました。その後、ケンジさんからは次の訪問までの間、何度かメールが届くようになりました。「芦沢さんは今後のことを大丈夫だと話していましたが、私は信じることができません。これまで長くひきこもってきた私に何かできるとは思えません」「出る、出ない」、「信じる、信じない」、ケンジさんは二者択一の選択肢から、どちらかを選ぶことができず、私は振り子が左右に振れるようにケンジさんの気持ちが揺れているように感じました。

生活状況を確認する

次の訪問時、私はケンジさんに今の生活状況について、聞いてみることにしました。本人と会えない時、私は家族から話を聞き、家族の話から本人の生活状況を想像していました。また、私は訪問し、家の様子を見て、本人の生活状況を確認しましたが、それらは一部であり、見ている部分が本人の生活状況を必ずしも表わしている訳ではありません。ケンジさんに直接、確認してみようと思いました。

私：「こんにちは、ケンジさん。芦沢です。今、大丈夫ですか？」

ふすまの前で声をかけると、ケンジさんはふすまを開け、居間に出てきました。居間の椅子に座り、話をしました。

私：「ケンジさん、この一週間、どうでした？　どんなふうに過ごされました？」
彼：「何もしていません。怠け癖が抜けず、部屋でゴロゴロしていました」
私：「スマホを見たりはしなかったですか？」
彼：「たまには見ました」
私：「そうですか。ケンジさんはスマホでどんなものをご覧になるのですか？」
彼：「ニュースです」
私：「ニュース？　どのようなニュースですか？」
彼：「事件とか社会情勢とか」
私：「社会情勢というと、どのようなことが気になりますか？」
彼：「アメリカの外交とか、トランプ大統領の言動とかです」
私：「昔からそのようなことに関心があったのですか？」
彼：「昔からありました」
私：「アニメとか漫画は見たりしますか？」
彼：「小学生ぐらいの時は週刊誌を買い、読んでいましたが、今は読んでいません」
私：「漫画以外の本はどうですか？」
彼：「学生の頃は本を買って、読んでいましたが、それも今は読んでいません。たまに、夜にコンビニに行き、雑誌を立ち読みするくらいです」

私：「スマホで動画とかは見ますか？」

彼：「見ません。前はタブレットがあり、それで見ていましたが、それが壊れてしまい、スマホしかないから。ただ、スマホの契約内容が分からず、動画を見てよいのか分からなかったから、見ませんでした」

私：「スマホを見る以外は、他に何かされましたか？」

彼：「外に出ました」

私：「外に？　何をされましたか？」

彼：「散歩をしました。今までも外には出ていました。夜とか朝方。誰も外に出ていない時間帯に部屋の窓を開けて、出ていました」

私：「今回は夜に出かけたのですか？」

彼：「昼です」

私：「昼に出かけて、どうでした？久しぶりですか？」

彼：「久しぶりです。誰かに見られないかとビクビクしていましたが、大丈夫でした」

私：「そうですか。でも、昼に外に出かけられるようになったのですね。スマホを見る、散歩する以外はいかがですか？」

彼：「特に何もしていませんでした。横になってゴロゴロ」
私：「生活で気をつけていることはありますか？」
彼：「朝、起きられずに寝てしまうことはあるけど、なるべく朝は起きるようにしています。夜に眠れなくなることを避けるために、カフェインは取らないようにしました。食事も食べ過ぎず、一日の食事も夜だけ食べています」
私：「そうですか。食べたいものはありますか？」
彼：「ありません」
私：「ほしいものはありますか？」
彼：「ありません。私が求めるものはありません。母親が布団や服を置いてくれたりしましたが、私は使い古しで良いのです。贅沢はできない」
私：「ケンジさんは髪の毛が短く切られていますが、どうしているのですか？」
彼：「自分で切っています」
私：「自分で？」
彼：「バリカンがあるので、それを使って、自分でやっています」
私：「そうなのですね。綺麗に切られていますよ」
彼：「上手く切れない時もあります。その時は一回、坊主にしてしまいます」

私：「坊主？」
彼：「誰かに見られる訳ではないので」
私：「そうですか。髪はいつ切るのですか？」
彼：「お風呂の時です」
私：「お風呂は毎日、入りますか？」
彼：「入ります」
私：「ケンジさんは部屋から出ないことが多かったと思いますが、トイレはどうしていたのですか？」
彼：「トイレは我慢していました。だから、水分もあまり取らないようにしていました」
私：「それは大変だ。今はどうですか？」
彼：「母と弟がいない時に、トイレには行くようになりました」
私：「おじいちゃん、おばあちゃんには会っていましたか？」
彼：「おじいちゃん、おばあちゃんにはこれまでもたまに会いました。お風呂に行く時や食事をしている時に会いました」
私：「そうですか。お母さんや弟さんに会うのは厳しいですか？」
彼：「今は無理です。母や弟が自分のことを悪く思っていると思うから」

私：「お母さんや弟さんのお気持ちは分かりませんが、印鑑登録証の手続きをケンジさんがされた時に、お二人とも喜んでいました。以前とは状況が違うような気もしますよ。また、そのことは今後に相談させて下さい。ケンジさんの方で今日の時点で他に何かありますか？」

彼：「特にないです」

私：「私は来週の水曜日、九時三〇分に伺います。その間に気になることがあれば、メールを下さい。では、また来週、伺います」

ケンジさんは私と会って以降、少しずつですが、ふすまを開けて、出てくるようになりました。朝方は外に散歩に出かけ、日中は家族が外出すると、部屋から出て、居間で過ごすようになりました。トイレを我慢することもなくなり、食事も夕食以外に、昼食も取るようになりました。私は、良い方向に行っていると感じましたが、ケンジさんからはそれに反して、不安を訴える話が多くなっていきました。

生活の安定とは裏腹に膨らみ続ける不安

私：「こんにちは。芦沢です。ケンジさん、お話ができますか？」

ふすま越しに話すと、ふすまを開けてケンジさんが現れ、いつもと同じように居間の椅子に座りました。

私：「ケンジさん、この一週間の様子はいかがですか？」
彼：「変わらないです」
私：「変わらない。何をされていましたか？」
彼：「部屋でゴロゴロしていました」
私：「スマホを見たりしましたか？」
彼：「見ていません」
私：「何かをしながら、ゴロゴロしていた訳ではなく、何もせず、ゴロゴロしていた感じでしょうか？」
彼：「何もせず、ゴロゴロしていました」
私：「何か考え事をされていましたか？」
彼：「将来のことを考えていました」
私：「将来のこと？どんなことですか？」
彼：「私は一〇年以上、何もせずに過ごしてきました。もう四〇歳です。仕事の経験もありません。これからどう生きていけば良いのかを考えると不安が強くなり、動悸がしてきます」
私：「動悸がしてくる。動悸がしてきた場合は、どうされているのですか？」
彼：「動悸が治まるのをじっと待っています」
私：「それはしんどいですね。ケンジさんが話しにくいかもしれませんが、ケンジさんの不安についてもう少し教えて頂けますか？　不安と言った場合、今後どのようになるのだろうという漠然としたものですか？　それとも、以前にお話をされていましたが、家族からどのように思われているのだろうか？　といった具体的なものですか？」
彼：「漠然としたものと家族が自分のことをどう思っているのかの両方ともあります」
私：「漠然とした今後のことについては、私は大丈夫だと思います。一つずつ一緒に話をしながら、進めていけると思います。具体的なものについては、お母さんや弟さんと話す機会を持つことも考えられますが、ケンジさんの気持ちとしてはどうですか？」
彼：「まだ会えません」
私：「そうですか。無理はしなくて良いと思います。具体的なものに取り組むにしても、少し時間がかかるとすれば、ケンジさんが困っている動悸の部分が少し良くなると良いかなと思います。以前、心療内科の話をさせて頂きました。お母さんも弟さんも、お父さんのことで大変だった時に、行かれました。また、私がお話をさせて頂いている方の中にも、動悸を落ち着かせるために受診をし、お薬をもらう方もいます。ケンジさんとすると、心療内科の受診についてはどうですか？」

彼：「抵抗があります」

私：「抵抗？　どんなものですか？」

彼：「ネットを見ると、色々なことが書かれていました。受診をして、変な治療をされても困ります。あと、薬を飲んでおかしくならないかと不安になります」

私：「そうですね。もちろん、ケンジさんが受診される場合は、私の方でケンジさんに合うかなと思う先生にお願いしようと思っています。受診についても、また考えていきましょう。まずは、訪問を続けさせて下さい。次回も、来週の水曜日、九時三〇分に伺います。その間に気になることがあれば、メールを頂ければと思います。よろしくお願いします」

心療内科を受診

訪問から三日後、ケンジさんから、私宛にメールが届きました。「動悸が止まりません。良い時もありますが、悪い時もあります。今後のことを考えてしまいます。先日、芦沢さんが病院の話をした時は断りましたが、心療内科の件、お願いできますでしょうか？」私は「ご連絡を頂き、ありがとうございます。私の方で思い当たる先生に連絡を取ってみます」と返信をしました。返信後、思い当たる先生に連絡を入れ、状況を説明し、三週間後に外来の予約を入れ、ケンジさんにその旨、メールで連絡を入れました。

三週間後の受診日。私はケンジさんとともに、病院へ行きました。病院に着き、受付を済ませ、待ち合いで待つこと一〇分ほど。名前を呼ばれ、ケンジさんと一緒に診察室に入りました。ケンジさんは、医師にこれまでの経過を話しました。大学に行ったこと。就職活動中に母の具合が悪くなり、病院の付き添いなどをしなければならず、大変だったこと。就職活動が上手くいかず、それを父から責められ、家庭の中で居場所がなかったこと。食事も一緒にするのを避けるようになると、全く家族と話をしなくなったこと。最初の一～二年はどうにかしなくてはと思ったけど、その後は時間ばかりが流れ、動けなかったこと。避けていた父が亡くなったと聞き、落ち着かなくなったことなどを、一気に話しました。

そして、「このような状況になったのには原因があり、ネットを見たりすると、自分には何か病気か障害があるのかもしれない、動悸が止まらず、不安でたまらない」と話しました。

ケンジさんの話を聞き、医師からは「病気があるか否かは今日の診察だけでは分からない。今後、検査をし、話を聞きながら、判断したい。まずは、今日は来てくれて、ありがとう。次回もぜひ来て下さい。今日、困ると話された動悸については、頓服で凄く軽い薬を出しておきます。

飲んでも、飲まなくても良いです。では、また」との話がありました。

ケンジさんはその後も受診を重ねました。薬は飲んだり、飲まなかったり。でも、不思議とケンジさんから動悸がするとの訴えは無くなっていきました。

携帯の解約

動悸と共にケンジさんは、携帯の解約について気にしていました。私は訪問時に携帯の解約について改めて、ケンジさんに聞いてみました。

私：「ケンジさん、以前気にされていると話していた携帯の解約については、どうしますか？」

彼：「携帯は古くて、使っていないので、解約しないといけないと思っています。他にスマホもあるので」

私：「そうですか。解約しに行きますか？」

彼：「解約はしたいですが……」

私：「何か気になりますか？」

彼：「携帯に友達の連絡先が入っています。携帯を解約するのであれば、友達に連絡しないといけない。でも、連絡できない」
私：「友達とはやり取りをしていたのですか？」
彼：「していません」
私：「やり取りをしなくなって、どのくらい経つのですか？」
彼：「大学を卒業してから、やり取りはしていません」
私：「結構、時間が経っているのですね。それだけ経っていたら、こちらから連絡を入れにくいですよね。でも、それだけ連絡を入れていないのであれば、解約の連絡を入れなくても良いようにも思いますが」
彼：「でも、今後同窓会などの連絡が入るかもしれない。その時に、携帯が使えないことを相手が知らないと私にはその連絡が来ないことになります」
私：「同窓会の連絡が来たら、ケンジさんは行かれるのですか？」
彼：「行きません。何もしていない私が行ける訳がありません」
私：「そうですか。解約するか、しないかを決めるのは難しそうですね。解約する場合、どこでするのですか？　近くに携帯ショップがありますか？」
彼：「駅前の携帯ショップです。そこで、買ったので、解約するのなら、そこになります」
私：「ここからどのくらいかかりますか？」

彼：「電車に乗って、三〇分ぐらいです」

私：「今日、決める必要はありませんが、ケンジさんが携帯ショップに行くのが大変であれば、車を出すので、私も一緒に行けます」

彼：「自分で行けます」

私：「分かりました。私の方でできることがあれば、遠慮せず、教えて下さい」

一週間後の訪問日。私はケンジさんに携帯の解約がどうなったのか、聞いてみました。

私：「携帯の解約はどうなりました？」

彼：「していません。一週間、ずっと考えていました。ガラケーで、もう使わないので、解約した方が良いことは分かります。でも、解約したら、これまでの繋がりが切れてしまうような気もして、決断ができません。それに携帯ショップに行って、何て話をしたらよいか、考えてしまいます。色々聞かれたら、どうしようと考え始めたら、眠れなくなりました」

私：「それはキツイですね。決められないのであれば、無理して決めなくてもよいように思います。前回、私は一緒に携帯ショップに行けるとお話をしました。解約するか否かは決めずに、携帯ショップに一緒に行き、話だけ聞きに行きませんか？　私がショップの人に話を聞くので、ケンジさんは隣で聞いているだけで良いです」
彼：「でも……」
私：「それも無理して決めなくて良いです。ただ、そういうやり方もあります。私は来週も伺うので、相談していきましょう」

訪問の二日後、ケンジさんから私にメールが届きました。「あの後、考えました。来週、来て下さる時に、一緒に携帯ショップに行って頂けますか？　解約をするかどうかは決められませんが、話だけでも聞いてみようと思いました。よろしくお願いします」と書かれていました。私は「承知しました。よろしくお願いします」と返信しました。

訪問日。私がふすま越しに声をかけると、ケンジさんはいつものジャージから着替え、チノパンとトレーナー姿で現れました。肩からショルダーバックを下げ、手にはガラケーと契約書、先月の携帯代金の請求書が握られていました。

ケンジさんを車の後部座席に乗せ、携帯ショップに向かいました。向かう間、ケンジさんは大きく溜息を何度もついていました。

彼：「はあ。はあ。はあ」

私：「ケンジさん、大丈夫ですか？」
彼：「大丈夫です」
私：「昨日、眠れました？」
彼：「眠れませんでした」
私：「眠くないですか？」
彼：「眠くないです。外に出るのが久しぶりだから、緊張してしまって」
私：「キツかったら、言って下さい。家に戻りますから」
彼：「大丈夫です」

携帯ショップに着くまでの間、ケンジさんの溜息は続きました。ショップに着き、店に入ると、女性店員が近づいてきました。

店員：「今日はどのようなご用件ですか？」
私　：「携帯の解約のことでお話を聞きたくて、来ました」
店員：「携帯はお持ちですか？」
私　：「持ってきています」

ケンジさんが持ってきた携帯を店員に差し出すと、

店員：「この携帯はお使いになっていますか？」

私　：「使っています。ただ、スマホを購入したので、どうしようかと思い、そのことでお話を聞き、どうするか考えようと思い、来ました」

店員：「スマホは携帯とは、別の電話番号を使用しているのですね。スマホは誰の契約ですか？」

私　：「……」

彼　：「スマホは父の契約です。父が亡くなったので、父名義のスマホを私に変更したくて来ました。父が亡くなったことが分かる書類を持って行けば良いとネットに書かれていたので、葬儀のお知らせの葉書を持ってきました」

店員：「ご自身の本人確認ができるものと印鑑はお持ちですか？」

彼　：「免許証と印鑑を持ってきています。あと、スマホの契約書と先月の請求書も」

店員：「ありがとうございます。ガラケーの方は解約しても良いですか？」

彼　：「お願いします」

店員：「手続きの準備をしますので、そこにお掛けになり、お待ち下さい」
彼　：「よろしくお願いします」

それから数分後、店員に呼ばれ、ケンジさんはショルダーバックから免許証などを取り出し、必要書類に記入し、解約の手続きを行いました。私はただ、横に座り、ケンジさんが手続きをするのを眺めていました。

家族と会うか否かで悩む

ケンジさんと会えるようになり、半年が過ぎていきました。ケンジさんの生活は変わっていきました。ふすまを開け、日中に出てくることが増えました。居間でゴロゴロした生活ではあっても、日中に部屋から出ている時間が多くなりました。でも、母や弟とは会えない状況は変わりませんでした。

そんな状況下で、私はいつものように訪問しました。ふすま越しに声をかけると、ケンジさんが出てきて、定位置のようにいつも座る椅子に座りました。

私：「ケンジさん、その後はいかがですか？」
彼：「変わりません」
私：「そうですか。動悸はどうですか？」
彼：「あまりないです」
私：「薬は飲まれているのですか？」
彼：「飲んだり、飲まなかったり。でも、ここ数日は全く飲んでいません」
私：「そうですか。日中は何をされていますか？」
彼：「何もしていません。いつものように居間でゴロゴロしています」
私：「何か考え事をされますか？」
彼：「今後のことを考えます。あとは、家族のこと」
私：「家族のこと？」
彼：「私が部屋から出るようになり、家族がどう思っているのか気になります」
私：「私は嬉しいと思いますが」
彼：「そんなことないですよ。「今頃出てきて」と思っていますよ」
私：「そうですかね。以前もお話をしたかもしれませんが、家族と会うのは難しそうですか？」
彼：「……」

私：「ケンジさんとご家族で話ができるのが良いのかもしれません。ただ、それはなかなか難しいように感じます。私がいる中で、ケンジさんが気になることだけ、数分だけ話をしてみませんか？　それ以外は結構です」
彼：「……母とだったら」
私：「お母さんとだったら、良いですか」
彼：「はい」
私：「お母さんには私から話をします。次回の訪問時に話をしてみましょう。ケンジさんはどんなことをお母さんに確認したいですか？」
彼：「自分のことをどう思っているのか？　父はどんな状況で亡くなったのか？　今後の生活はどうなるのか？」
私：「分かりました。その三点だけ話をしましょう。来週の水曜日、九時三〇分でお願いします。では、お邪魔しました」

母と会う

約束の訪問日。母は玄関で私が来るのを待っていました。母に声をかけ、母には居間の椅子に座ってもらいました。私はいつものように、ふすまの前に立ち、ケンジさんに声をかけました。

私：「ケンジさん、こんにちは。芦沢です。宜しいでしょうか？居間に、お母さんも来てもらっています」

そう話すと、ゆっくりふすまが開き、ケンジさんが出てきました。母は久しぶりに息子の顔を見て、手を口に当てて、ケンジさんを見つめ、小さな声で「良かった」と話しました。ケンジさんはいつもの定位置の椅子に座りました。

私：「ケンジさん、ありがとうございます。お母さんもありがとうございます。今日はケンジさんがお母さんに聞きたいことを聞く機会として設けました。ケンジさん、大丈夫ですか？　まずは、お母さんに聞きたいこと、話して下さいますか？」

彼：「母さんは俺のことをどう思っている？」

母：「どう思っているって？」

彼：「俺のことが邪魔だと思っている？」

母：「思っていないわよ。母さん、ケンジが出てきてくれて、嬉しい……」

母の話し声は涙声に変わっていました。

彼：「父さんは何で亡くなったの？」
母：「病気だったの。父さん、大丈夫だと健診の結果を母さんに見せなかったけど、以前から検査を受けるように言われていたみたい。自分でもおかしいなと思ったのか、再度健診でひっかかり、今度は検査を受けてみたら、手遅れだった」
彼：「そうなんだ。今後はどうなるの？」
母：「今後？　何も変わらないわよ。お父さん名義のものはコウジ（弟）の名義にするだけ。ケンジが印鑑登録証を取ってきてくれたから、それができる。ありがとう」
彼：「俺がしなくてはいけないのに、何もできないから」
母：「これからのことはこれから考えていけばいいわよ」
彼：「うん」

訪問を終え、職場に戻ると、ケンジさんからメールが届いていました。「芦沢さん。今日はありがとうございました。久しぶりに会った母は老けていました。時間が経ったのだなと思いました。今後ともよろしくお願いします」。

私は「ご連絡を頂き、ありがとうございます。私も含め、年を重ねれば自然と老けていきますよね。今日は大変だったと思います。ありがとうございました。こちらこそ、よろしくお願いします」と返信をしました。

ケンジさんと母が会った三日後、母から「昨夜、ケンジと一緒に晩ご飯を食べました」との電話が私のところに入りました。弟の帰りが遅く、居間で一人、母がご飯を食べていると、ふすまを開け、ケンジさんが出てきました。母と息子が時を経て、一緒に食卓を囲みました。

そして、それからというもの、ケンジさんは少しずつ日中も動くようになりました。スポーツショップに行き、スポーツウェアを買い、ジョギングを始めるようになりました。母の誕生日には、母が苦しむ腰痛にはサイズがピッタリな靴を履くと良いとネットで調べ、母に靴をプレゼントしたりするようになりました。

訪問時、変わっていくケンジさん、ケンジさんと家族の関係を見ながら、私の中には「和解」という言葉が浮かんでいました。

第7章

本人との面談について

家族からの相談を受け、訪問を重ね、本人と会えるようになった時、どうすれば良いでしょうか。本章では、ケンジさんの事例を踏まえ、本人と会えるようになった時の対応について、私が日頃考え、実践していることについて書いていきたいと思います。

本人と会えた時にどうするか？

本人と会えた時、やっと会えたと思い、色々と聞きたくなるように感じます。でも、ここで聞き過ぎてしまうと、本人との話が続かなくなります。会えるようになった最初は、本人がどのくらい話をするのかにもよりますが、こちらから聞き過ぎず、もう少し聞きたいと私が思うくらいで止めておく必要があります。最低限、聞かないといけないのは、体調と本人が気になっていること。気になっていることと言うと、それはどういうことなのかと本人が考えてしまうかもしれません。興味があるという意味なのか。考えてしまうという意味なのか。人によって、気になると言われて、受け取ることは違うと思います。私はそれを分かった上で、敢えて「気になることはありますか?」と聞くことにしています。本人にとって、興味のあることであっても、考えてしまうことであっても構いません。その時点で、本人の頭の中でひっかかったことを聞ければそれで良いと考えています。

最低限、聞くことができれば、今後の進め方についての本人の希望を聞き、こちらの提案、例えばしばらくは定期の訪問を続けること、その間に気になることがあればメールをもらいたいことを伝えます。了解が得られれば、お礼を言い、終わることにしています。

その後の訪問は、本人に会えなかった時と同じですが、訪問の曜日、時間、回数を可能な限り固定するようにします。例えば、毎週、二週間に一回、決まった曜日の決まった時間に私が行き、話をするという形を作ります。毎日、時間だけがただ流れていた本人の生活に、私の訪問というアクセントをつける、リズムを刻んでいきます。

また、訪問時に聞く内容についても構造化します。前回の訪問までの様子を聞く、外出の有無、外出した場合はどこに行ったか、行ってどうだったか、外出以外の時間はどうしていたか、気になったことはあったか、体調はどうか、食べているか、眠れているかなど、聞く内容もある程度、同じことを毎回、聞くことにしています。

私は同じにすることに意味があると思います。一つは、本人に安心感を与えます。内容が決まっていれば、次に何を聞かれるのかを考えなくてもよくなります。もう一つは同じにすることで、次回の訪問までの間に本人が、私が聞く内容について意識することができます。次の訪問までの間、あれを聞かれる、これを聞かれると日常の生活の中で本人が考えることで、何かの行動をする動機付けになるように感じます。

座る位置について

本人と会えるようになった時、どこに座りますか？　研修会でそんな投げかけを参加者にすると、参加者の多くは本人の斜めに座ると話します。真正面に座るのは、相手に威圧感を与えるため、避けた方が良く、相手が話しやすい場所を考えた場合、斜めを選ぶのは分かるような気がします。ただ、相手が私に話をしたいと思っていない場合、話を聞きますよと斜めに座られたら、相手はプレッシャーに感じるように思います。私はできれば真横、それが難しければ斜めであってもできるだけ真横に近い場所に座るようにしています。

本人から話される内容について

「何か気になることがありますか?」と聞くと、ケンジさんと同じように、「芦沢さんは自分のことをどう思いますか?」と聞いてくる人がいます。誰とも会っていない期間が長くなると、第三者の目を意識することになります。自分は周りからどう見えるのか、これまで本人が避けてきたことに向き合うことになり、気になると話す人がいます。私は「まだ、会って時間も経っていないので、〇〇さんのことが分からない。これから少しずつ話を一緒にしていきたいと思う」と伝え、「どう思うか?」との問いには直接答えないことにしています。答えても、「本当は違うのではないか? 気を遣って、そう言っているのではないか?」と納得せず、私の回答に執着する人もいるため、そのような対応を取っています。

また、「自分のことをどう思いますか?」とともに、「ひきこもりになった原因が何かあるのではないか?」と本人に聞かれます。学生時代のいじめ、不登校、教員の対応、職場での人間関係、親の対応など、本人なりの理由を話します。三〇歳を過ぎても、大学時代の教員の対応が今の自分がひきこもった原因であり、そこまで振り返らないと前に進めないと話す人もいます。原因を聞かれた時は、「分からない」と答えることにしています。原因探しをしても、ゴールはなく、延々と本人との間でその話が続くような気がします。ケンジさんが「ひきこもり始めて、一〜二年は季節が分かったものの、それ以降は分からず、時間だけが流れていた」と話していましたが、考えているだけで時間は過ぎていきます。本人の原因探しの話には乗らずに、話を進めていくことが大事になります。

話を進めるにあたり、身体的な不調を話題にすると話が進みやすいように感じます。ケンジさんもそうですが、動悸、不眠、頭痛、腹痛などの身体症状を訴える人は多く、その場合、本人もそれをどうにか解消したいという気持ちがあるので、話をしやすいと思います。頻度、程度、現在の対処法、本人の困り具合などを聞き、必要に応じて、ケンジさんもそうですが、心療内科への受診を提案することもあります。

根拠のない「大丈夫」

身体症状がない場合でも、不安を訴える人は多くいます。不安については、本人なりに原因が分かるものから、漠然としたものまであります。私は本人が将来への不安を話した時、「大丈夫」と返すことにしています。「根拠は？」と聞かれたら、「根拠はありません。でも、私は大丈夫だと思います。」と答えています。根拠がないのに、なぜ大丈夫と言えるのか？　無責任ではないのか？　そんな疑問が出てくると思います。ただ、私はこう思います。大丈夫だという根拠なんて、そもそもない。それを根拠だと言っても、本当にそれが根拠になるのかは時間が経ってみないと分からない。大丈夫という根拠がなければ、大丈夫ではないという根拠もない。根拠が両方ないのであれば、無責任でも大丈夫と思っていた方が良いと。

「大丈夫」と言うのには、もう一つ理由があります。本人、家族は現在の状態で長い期間、経過してきています。本人、家族は私よりも、自分達の状態が「大丈夫ではない」と思っています。そんな彼らと関わる私が「大丈夫ではない」と思っていれば、当然、状態が動くはずはありません。本人、家族が少しでも「大丈夫かもしれない」と思ってもらえるように、私は根拠なく「大丈夫」と言い続けることが大事なような気がします。

家族の話す内容と現実の乖離

本人から話を聞いていくと、事前に家族から聞いていた内容と本人が話す内容が違うことがあります。例えば、家族からは「本人は全く家から出ていない」との話を聞きます。ただ、本人から話を聞くと、家族が寝た後の夜中、または家族が起きる前の早朝に外に出ている人がいます。外に出る理由としては、雑誌の立ち読み、飲み物などの購入（行き先はコンビニ）、ゴミ出し、あとは散歩など。よく聞く話として、「本人の部屋から全くゴミが出てこない。あの子はどこに捨てているのか？」との話が家族からありますが、あとで本人から話を聞くと、夜中に部屋を出て、ゴミステーションや畑などに捨てていたりします。

また、トイレの使用についても、家族からは「本人はトイレを使用していない。どうしているのか分からない」との話を聞きますが、本人に話を聞くと、ケンジさんのように家族がいる間は我慢をしている人がいます。水分を極力取らないようにする。家族が起きている時間を睡眠に当てる。家族が外出した後、寝静まった後に自宅のトイレを使う。または、部屋から外に出て、公園やコンビニのトイレを使う人がいます。

あと、髪の毛の処理をどうしているのかについても、家族からは「分かりません」との話を聞きますが、本人に確認すると、切らずに伸ばしたままの人もいれば、ハサミで切る人もいます。また、家族がお小遣いとして渡したお金でバリカンを買い、ケンジさんと同じようにお風呂や部屋で刈っている人も多いように思います。誰かに見られるわけでもないので、髪が伸びたら、バリカンで丸刈りにする人もいます。本人と話ができるようになったら、家族から聞いていた話と現実が同じか否かを確認することにしています。

本人が部屋でしていること

外出、トイレ、髪の毛の処理以外に、そもそも本人は部屋で何をしているのか？「ひきこもり」に対するマスコミの報道の影響もあり、ゲームをしているとのイメージが世間にはあるように感じます。家族は本人と会い、話ができていなければ、本人が部屋で何をしているのか、分かりません。そのため、本人の部屋の出入りができていた時を思い出し、想像して、私に話します。その場合、出入りができていたのは一〇代の頃が多いため、「多分、ゲームではないか」と話す家族がいます。確かに、ゲームをしている人はいます。特定のゲームにはまり、ずっとやっている人もいます。新しいゲームが発売になれば、それをネット通販で購入し、やっている人もいます。でも、そのような人は一〇代、二〇代と年代が若く、ひきこもり期間も短いように感じます。

年代が高く、ひきこもり期間も長い人の中にもゲームをしている人はいます。でも、その数は若い世代よりも少なく、新しいゲームではなく、多くは一〇代の頃にやっていたゲームを思い出したように押し入れから取り出し、やっています。

また、年代の高い世代にはゲームよりも、ネットで時間を過ごしている人が多くいます。前述のとおり、若い世代にもネットで過ごす人はいますが、若い世代はスマホを使い、映画や

YouTubeなどを見たり、自ら投稿したりする人がいますが、年代が高くなると、スマホではなくパソコン、動画ではなくニュースを見ている人が多くなります。ニュースは何を見ているのかと聞いていくと、若い世代はスポーツ、年代が高くなると、政治・経済といったものを見ており、ケンジさんのように、外交問題などが気になると話す人も多くいます。

ゲームとともに、「ひきこもり」に対して、アニメや漫画を見ているというイメージを抱く人も多いように感じます。ただ、深夜放送されているアニメを見たり、漫画を読んだりするのは若い世代に多く、年代が高くなると少なくなります。漫画以外に雑誌や本に関しても、年代が高くなればなるほど、読んでいる人は少なくなります。年代の高い人からは、「活字を読むのが苦痛」との話を多く聞きます。

ゲーム、ネット、アニメ、漫画、見る人の見方によっては遊びに見えますが、それらもやろうと思えば、体力、気力を使います。一〇代、二〇代では一日ゲームは一〇時間以上という人にも出会いますが、年代が高くなればなるほど、体力、気力も衰え、それらを全くやらず、一日何もせず、時間だけが過ぎている人が多くいます。

象徴的な話として、若い世代は「一日が過ぎるのがゆっくり」と話し、上の世代は「一日が一瞬」と話します。若い世代は時間がゆっくりと流れることを苦痛に感じ、早く過ぎることを望み、体力、気力を使いますが、上の世代は一日が一瞬なので、何もしないことを苦痛に感じず、ある人は「一日が一時間に感じる」と話していました。

　では、年代が高くなると何も苦痛に感じないのかと言えば、年代の高い世代は身体や今後の生活について苦痛を感じます。当たり前ですが、若い時に比べ、身体は衰えます。顔の風貌も体型も中年になります。外に出て、運動ができないため、部屋で筋トレをする人がいます。ケンジさんのように、太ることを気にして、食事量を減らす人がいます。寝つきが悪くなることを気にして、カフェインが入っている珈琲、紅茶、炭酸飲料などを飲むのを控える人がいます。

　また、今後の生活を気にして、なるべく自分自身にかかる経済的な負担を減らそうとします。家族が用意したもののうち、下着などの最低限のものだけを取り、他のものは取らず、家族が、本人が食べるようにと買ったもの、例えば若い頃によく食べていた菓子などを食卓のテーブルに置いても、取らない人が多いように思います。私には、なるべく自分自身にかかる負担を抑え、どうにか今の生活を持続させようと頑張っているように見えます。「そんなに頑張らず、どうすれば良いか、相談すれば良いのに」と思ったりしますが、それが難しいのだと感じます。これまでの人生の中で他人に頼ることができず、一人で抱え込み、自分だけで解決しようと必死でもがいてきた本人との間で、大事になるのは他人への信頼感であり、それを本人との間で築けるか否かが肝になります。

提案する

本人のことを空気の読めない人だと言う人がいます。でも、本人と話をしていくと、前述のとおり空気を読めない人ではなく、空気を読み過ぎている人、読み過ぎて誤作動を起こしている人のように感じます。周りから自分自身がどのように見られているのかを過度に意識し、考えすぎてしまい、考えることに疲れ果て、何もできず、周りからは空気を読んで行動できない人のように捉えられてしまっているように思います。

例えば、ケンジさんは印鑑登録証の手続きについて、外出前にネットで検索し、調べています。調べることは良いことですが、当日はどこに行き、どんな行動を取れば良いのかを頭の中で何回もシュミレーションしています。それは携帯の解約も、診療内科の受診についても同じで、不安を少しでも無くそうと調べれば調べるほど、不安になってしまう悪循環にはまってしまいます。ケンジさんが携帯の解約ができず、時間が経過していましたが、どうにかしなくてはと本人は思うものの、決断ができず、結果として決断の先送りをしてしまう人は多くいます。

そのような状況を見た場合、本人に決断を促そうとしてしまうように思います。ケンジさんの例で言えば、印鑑登録証がなければ相続の手続きが取れないため印鑑登録証を取った方が良い。

携帯の解約も、携帯を使っていないのであれば、お金の無駄なので解約した方が良い。受診も体調が良くないのであればした方が良い。どれもした方が良いことであり、それを本人に言い、決断を迫ろうとします。でも、本人はした方が良いことが分かっていない訳ではありません。

分かっているけど、行動できないのであり、問題は行動できないことです。行動ができないのであれば、行動する際に本人の障害となると思われる部分を考え、それに対する対策、具体的には解約の手続きであれば、一緒に行く、受診であれば、私自身が本人に合うと思う先生にお願いし、受診も一緒に行くなどを本人に提案します。その上で、私は本人に決断を迫らず、その場は提案だけで終えることにしています。決断を迫らないと本人はまた決断をせずに、時間だけが流れるのではないかという意見もあるかもしれません。でも、経験上、何回か同じ話を繰り返す中で、動く人が多く、私は本人が決断するのを待つことにしています。

止まっていた時間が動き始めると不安が増す

なぜ、本人は決断ができないのか?行動するか、しないかの決断を迫られた時、行動した場合のメリット、デメリット、行動しなかった場合のメリット、デメリットを考えます。行動した場合のメリット、行動しなかった場合のデメリットが大きければ、行動します。逆に、行動した場合のメリット、行動しなかった場合のデメリットが小さければ、行動しません。本人の話を聞いていくと、それぞれのメリット、デメリットにあまり差がありません。

ケンジさんのように、ひきこもる前に契約した携帯を解約せずにそのままになっている人がいます。使っていないのであれば解約した方が、メリットが大きいと家族や私は感じます。でも、本人に話を聞くと、解約した場合、自分の携帯番号を知っている人からその後に連絡があった場合に困ると話したりします。ひきこもっている期間に携帯に連絡があったかを聞くと、誰からも連絡がなかったとしても、そう答えます。

それぞれのメリット、デメリットに差がないため、決断できません。では、改めて本人に行動した場合のメリット、行動しなかった場合のデメリットを伝えれば良いのかと言えば、それでは上手くいきません。なぜなら、こちらがメリットをいくら伝えても、本人はデメリットを言い続けます。例えば、先程の携帯の解約の例で言えば、「ここ何年も連絡がないのであれば、今後も連絡が来ない可能性が高い。使わない携帯を持ち続けても損であること」を伝えても、「これからあるかもしれない。同窓会の連絡があるかもしれない」と話したりします。ひきこもっている生活を考えると、同窓会の連絡が来ても、行かないのではないかとこちらが思っても、本人は「もしかしたら」を想像して、話したりします。

その状況を見ていると、本人は決断することを拒否しているように感じます。決断した場合、責任が問われます。決断した場合も、決断しなかった場合も、「自分で決めたのだから」と言われてしまいます。本人の話を聞いていくと、決断したことによる責任を回避しているように感じます。そんなことを言うと、「子どもではないのだから。大人は責任を持つべきだ」との意見が返ってきそうですが、正論を本人に振りかざしても話は前に進まないため、私は本人が決断したことで本人が背負う責任をなるべく小さくすることを考えます。例えば、診療内科への受診を例に取れば、心療内科への受診の目的を限定します。ケンジさんの場合は、本人が困っている動悸の解消。その目的のためだけに受診をし、受診をした上で嫌だと感じたら、継続しなくて良いことを伝えます。実際に受診をし、行動した後も、いつでも元の場所に戻れることを本人に伝えます。

本人が行動をし始めると、本人は大きな不安に襲われます。これまで自分自身の内側に溜めていた不安が行動することで一気に出てきます。本人が行動せず、部屋にこもっていた時、家族は今後の心配を本人に伝えます。本人が家族の話を受けて、動かないため、家族の心配を本人が分かっていないと家族は話します。でも、本人は分からないから動かないのではなく、分かっているから動けないのだと思います。動き始めることで、一気に押し寄せてくる不安について、本人との話の中で取り上げていく必要があります。

不安を取り上げると言った場合、本人の不安を聞く必要がありますが、聞き過ぎには注意が必要です。不安は聞いたから、解消される訳ではありません。不安は不安として残ります。こちらが解消させようと色々アドバイスをしても、別の不安が出てくるだけです。不安の話はある程度聞いたら、行動の話に移していく必要があります。「何をするか？」「それをするには何が必要か？」「してみたら、どうだったか？」漠然としたものを取り上げるのではなく、具体的なことを取り上げ、話を進めていく必要があります。

家族との和解

「ひきこもり」の問題は何か？　それは本人が誰とも話ができないこと。そもそも、同居の家族と話ができていれば、私のところに家族が相談に来ることはありません。家族以外に話ができる人がおり、本人が家族から離れれば、問題になることもありません。問題は同居している、本人をサポートしている家族と本人との間で話ができないことのように感じます。

これまでの経過などもあり、家族と関係を持たなくても、本人が生活を送ることができれば、無理に家族との関係を再構築する必要はないのかもしれません。ただ、本人の状況から家族と関係を持たなければ、生活の維持が難しい場合は、家族との関係の再構築を考えます。

令和二年一二月九日、ＮＨＫ「クローズアップ現代＋」で私の支援の様子が放送されました。[1]上手くいかない親子関係について、私は分かり合えないことが分かることが大事であることを話しました。私達はそれぞれ別々の考えを持ち、別々の感じ方をしています。自分と同じ人はいないと思いますが、家族、特に親子関係においては相手と同じになることを求めてしまいます。親子だから分かる。親子だから分かってほしい。そう思います。でも、親子だから分からない。親子だから分かりたくないということもあるように思います。親子の間で分かり合うことを諦め、新たな関係を築いていくことが和解に向けた一歩になります。

ケンジさんの場合、父が亡くなり、相続の手続きが必要になり、ケンジさんにも印鑑登録証の手続きが求められました。父とは関係が悪かったものの、母とはそれほど悪い訳ではなく、ケンジさんも母を心配していました。今後の生活を考えた場合、ケンジさんがすぐに単身生活を送ることは現実的ではなく、まずは自宅での生活が今よりも安心できるものにする必要があるため、私はケンジさんが家族に確認したかった三つのことのみを母に確認することを提案し、母と話をする機会を設けました。できるところから、できる範囲で進めていくことが大事になります。

■注

1　放送された内容については、番組のホームページより確認することができます。

「〝こもりびと〟の声をあなたに～親と子をつなぐ～」（https://www.nhk.or.jp/gendai/articles/4493/）

おわりに

本書では、ケンジさんの事例を通して、家族からの相談、自宅への訪問、本人との面談と続く過程で、私が何を考え、どのように対応したのかについて書いてきました。

私は家族からの相談を受ける時は、「家族が変われば、本人が変わる」との考えを持ち、対応をしてきました。ひきこもりの相談において、本人が自ら相談に訪れることは少なく、多くは家族が訪れます。①家族から話を聞き、本人の状況を把握する。②把握した情報をもとに、本人と家族との関係改善を目指し、本人への関わり方を家族にアドバイスする。③関わり方を変えることで、本人との関係が改善された状況を確認し、家族に相談機関への来所を本人に促すことを提案する。私は、家族からの相談をこのような流れで行ってきました。

本人が相談に来ない以上、家族を中心に話を進めていくしかありません。本人と関わることができる家族の関わりに変化を加えることで、本人の行動の変化を促す。家族支援がひきこもり支援の肝になりますが、私がひきこもり支援に取り組んできたこの七年間で、家族の状況は変わってきたように感じます。

七年前、相談に訪れる家族は二〇代～三〇代前半の子どもを持つ五〇～六〇代の親で、ひきこもり期間は一〇年未満が多くを占めていました。それが、四〇代～五〇代の子どもを持つ七〇～八〇代の親で、ひきこもりの期間が一〇年を超える事例が多くを占めるようになりました。高齢化を受け、親が子どもに関わる力は低下し、ひきこもり期間の長期化に伴い、親と子どもとの関係は固定化するようになりました。また、ケンジさんの事例のように子どもと同居しているものの、子どもと関わることがなく、何年も子どもの顔を見ていないという事例に多く出会うようになりました。親にいくら関わり方のアドバイスを行っても、子どもの来所に繋がらない事例が多くなってきました。

また、親の死亡に伴い、相談に訪れる家族も親から別居の兄弟姉妹という場合も多くなり、日頃の関わりのない兄弟姉妹に関わり方のアドバイスを行っても、実行に移せないという状況も多くなってきました。そのため、私は複数回の家族との面談を実施し、家族の状況を確認した上で、状況の改善が見られない場合は、自宅への訪問に切り換えることにしました（図8参照）。

訪問をするようになり、私が家族に行っていたアドバイスの通りに、私自身ができないことに気づきました。「私を主語にしたメッセージを伝える」など、家族に伝えていた本人との関わり

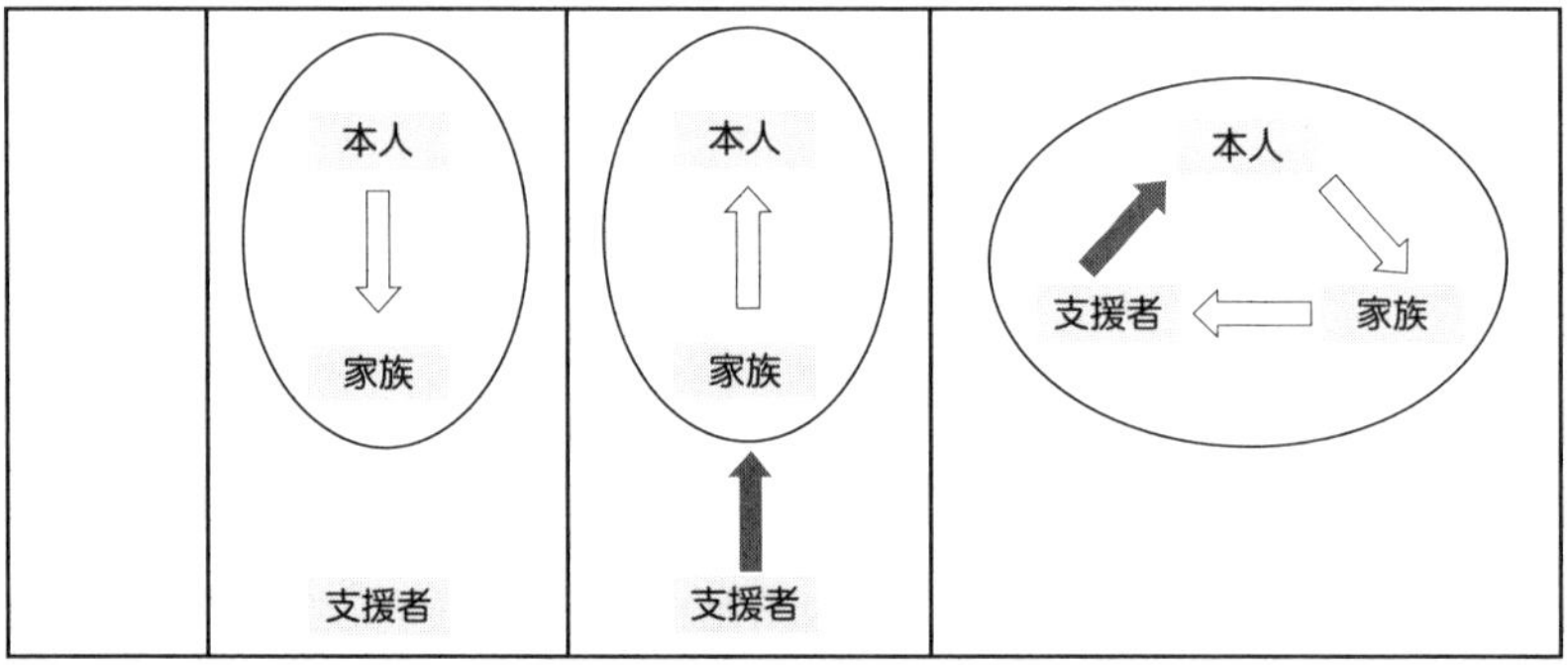

支援の主体	無	家族	支援者
支援者の役割	本人が動き始めるのを待つ	家族の本人への関わり方を変える	支援者の本人への関わり方を変える

図８
ひきこもり支援について（家族支援から訪問支援へ）

方を私が取ることができませんでした。「家族が……」、「社会が……」といったことは話すことができても、私を主語にした時点で何を話して良いか分からなくなりました。私は自分自身と向き合い、自分自身を変える必要に迫られるようになりました。私を主語に話をすることを意識するようになり、私は所属や肩書きを外し、自分自身が何を感じているのかを考えるようになりました。また、自分自身が感じたことを相手はどう感じるのかを考えるようになりました。答えのない答えを私なりに考えるようになりました。

ひきこもり支援として家族からの相談だけで終わっていた時、私は傍観者でした。私の役割は、本人との関係に困った家族にアドバイスを行うだけで、本人や家族の関係性に私が入ることはなく、私が困ることもありませんでした。それが訪問をするようになり、私は傍観者ではなく、関係性に困る当事者になりました。

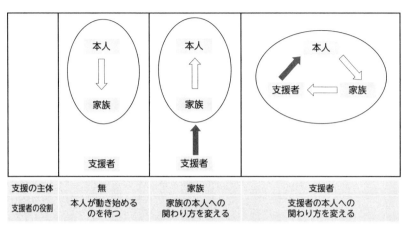

私も関係性を構成する一人の当事者であり、「私が変われば、本人が変わる」と考えるようになりました。結果として、家族との関係が途切れてしまった事例と私自身が関係を築けることが多くなっていきました。本人と関係が構築できるようになると、本人に変化が起こり、家族も変わるようになり、私は「本人が変われば、家族が変わる」と考えるようになりました。

私は、自分自身の立ち位置を大きく変えることになりました。これまでは、支援のスタートは家族の行動の変化であり、家族から支援が始めると考えていましたが、支援のスタートは私の行動の変化であり、私から支援が始まると考えるようになりました。

ひきこもり支援のゴールについて、私は前著で「ゴールを設定しない」と書きました。ひきこもり支援のゴールとして、一般的には就労が挙げられますが、私は就労という一つの物差しで人を評価し、評価が低ければ、本人の努力が足りないと指摘される状況には、違和感がありました。一つの物差しで人を評価することがそもそも無理なことであり、人それぞれ物差しは違っており、それぞれが人生の中で自分自身が置かれた現実と折り合っていくことが大事であると思いました。前著を書いた時は、それを上手く説明する言葉が見つからず、「ゴールを設定しない」と書くことしかできませんでしたが、本書を書いてみて、ひきこもり支援は和解に向けた営みであると思いました。

和解とは、まずは本人と家族、家族と私、私と本人との間で和解し、関係が構築できることを指します。そして、本人は本人、家族は家族、私は私で今、置かれているそれぞれの状況を認め、受け入れるという意味での和解をしていく必要があります。それらの和解が進んでいく中で、困っていた状況に変化が生じていくのであり、その和解のスタートは家族でも、本人でもなく、私からだと思いました。

あとがきにかえて――それでも、「ひきこもりでいいみたい」

前著『ひきこもりでいいみたい――私と彼らのものがたり』の発刊から三年が経過しました。「ひきこもりでいいみたい」、このタイトルに対して様々な指摘を頂きました。私は「ひきこもりがダメとは言いたくない。でも、社会的に良いとは言えない。ダメか、良いかの議論をしていると、話は止まってしまう。ダメか、良いかの判断は一旦棚上げにし、ひきこもる今の状態を認め、話を先に進めたい」、そのような意図からこのタイトルをつけました。私にとっては語尾につけた「みたい」が、考え方を示す肝になっているのですが、この「みたい」が周りから指摘を受ける元になりました。

「みたい」とついてはいるものの、「ひきこもりでいい」と言っている。また、「みたい」とつけたことで、ひきこもり支援のゴールが曖昧になり、何をすることなのかが見えにくいという指摘を頂きました。ひきこもり支援のゴールとして、親などからの支援から離れ、自分の力で生活を送れるようになる自立が挙げられ、そのためには就職を目指すとの考えが根強くあります。この考えからすれば、「ひきこもりでいいみたい」はひきこもりを肯定し、ひきこもりを固定化するものであると捉えられたのだと思います。このような指摘を受ける中で、この三年、自分自身の考えを今まで以上に形にするべく、さまざまな取り組みをしてきました。詳細については別の機会にまとめたいと思いますが、ここではその中でもいくつかのものを紹介したいと思います。

社会へ踏み出すはじめの一歩

二〇一八年九月、『ひきこもりでいいみたい――私と彼らのものがたり』が発刊されたことを伝える新聞記事が朝日新聞山梨版に掲載されました。それを見て、一人の男性が家族と一緒に私のところに来所されました。

マサヒロさん（仮名）。四〇代の男性。高校卒業後、ゲームデザイナーを志すものの、挫折。その後は書店などのアルバイトを転々とし、外出をほとんどせず、在家庭の生活を一〇年以上続けていました。来所した彼は私に「自分も本を作りたい。人が怖い。でも、認められたい。書店の本棚に自分の本が並ぶのを見るのが夢だった」と話しました。私は具体的にどうすれば良いのか、彼と面談を重ねることにしました。

彼にとって大事なことは、本として形になること。そして、それを多くの人に読んでもらい、良い評価を得ることでした。多くの人に読んでもらう本にするには出版社と連絡を取り、文章を見てもらう必要がある。でも、それが怖い。良い評価をしてもらえる保証がないと、行動できない。行動できなければ、話は進まない。定期的に設定した面談で繰り広げる私と彼との話は同じところをグルグル回る無限ループにはまっていました。

同じ話が繰り返されることから、彼が文章以外で表現したいと話していた絵を見てもらうことを提案し、彼より了解が得られたことから、一緒に絵画教室にも行きました。彼が書いた絵を見てもらい、アドバイスを受けましたが、彼の希望はあくまでも文章だったため、話は振り出しに戻り、そこから前に進めずにいました。

そんな中、ＮＨＫ甲府放送局より私のひきこもり支援の様子を取材したいとの依頼がきました。支援の様子を取材するということは、支援をしている相手も取材対象に入ることから、私は彼に相談してみました。彼は取材を受けても良いと返事をしました。取材当日、彼はペンネームとしての使用を考えていた「オサダロミオ」を名乗り、インタビューを受けました。令和元年六月二六日、私と彼との面談の様子とともに、彼へのインタビューの映像が山梨県内で放送されました。「いつか世に出て、認められるような人になりたいと思っています」、インタビューに彼はそう答えました。

彼は放送されたことを喜び、自分自身を知ってもらえたとの気持ちになれたと話しました。ですが、その後の行動として文章を書くことはできませんでした。文章がなければ出版の話はできない。でも、彼にとって出版の保証がなければ、文章を書く意味がない。文章がない中で、出版の話を進めるという難題に、私と彼は向き合う日々を過ごしました。

そのような時間が数か月過ぎた時、私に県の研修会の講師依頼が来ました。私は彼に、一緒に講師として登壇することを提案しました。人に伝えたい気持ちが強い彼が人前に出て、話をすることが、彼が無限ループの状況から抜け出すキッカケにならないかと私は思いました。研修会ではＮＨＫ甲府放送局で放送された映像を流し、それを受けて私が彼に質問し、彼がそれに答える時間を作ることを伝えると、彼は悩んでいましたが、一緒に登壇することを受け入れてくれました。私が質問する内容は彼にあらかじめ伝え、その回答を彼が当日までに用意し、当日はそれを見ながら答える形を取ることにしました。彼は緊張しながらも、堂々と話をしました。

研修会終了後、私は彼が質問への回答として用意した原稿はそのまま本のベースにできると思いました。私は、彼に追加で文章を書いてみたらどうかと提案しました。以前であれば、「出版される保証がなければ文章は書けない」と話していましたが、彼は文章を書き進めることを了承しました。彼と会うのは週に一回。彼が原稿用紙に手書きで文章を書き、私がそれを面談時に受け取り、パソコンに入力することにしました。毎週、彼は書き終えたばかりの原稿を持ってきました。

家にいる。何もすることがない。どうすれば良いか考える。いろいろなことが気になる。気になり始めると集中できない。落ち着かない。嫌な気持ちが増してくる。絶望感で一杯になる。これまで、そんな毎日が嫌で耐えることが辛いと話していましたが、文章を書くことに集中し始めると、辛いという気持ちを話すことは減っていきました。

　全ての原稿を書き終え、私の入力も終わり、彼に入力済みのデータを保存したＵＳＢを渡した翌月、日本ではコロナウイルスが発生しました。私の仕事にも制限がかかり、彼と会う間隔は週一回から二〜三週間に一回になりました。その後、緊急事態宣言が発令されるようになると、私との面談は自粛となり、自粛が解除となる三か月間は、彼と会うことができなくなりました。

　三か月後、訪問の自粛が解除になるタイミングで、ＮＨＫ「クローズアップ現代＋」より取材依頼が私のところに来ました。コロナ渦がひきこもり支援に与える影響を取材したいとの内容でした。電話で面談の再開を伝える時に、彼に取材について相談しました。彼は取材について同意しました。そして、「面談の時に見せたいものがある」と話していました。それが何なのか、私には分かりませんでした。

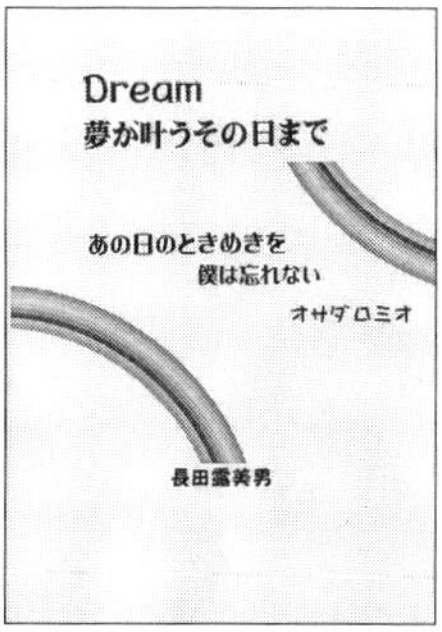

『Dream　夢が叶うその日まで　あの日のときめきを僕は忘れない』

　面談の時、自粛期間中の様子を彼に聞くと、彼は「出来上がりました」と話し、一冊の本を私に差し出しました。本の表紙には、「Dream　夢が叶うその日まで　あの日のときめきを僕は忘れない」のタイトルと、作者名「オサダロミオ」

と印字されていました。彼は私と会わない間に自ら自費出版の話を進め、本を製作していました。NHKのインタビューに「一生懸命書いて、みんなに読んでほしい気持ちがどうしてもあるので、それを知ってもらうために、講演会なり、何かやりたい」と話し、その映像が全国に放送されました。

「クローズアップ現代＋」の放送を受け、彼は地元紙である山梨日日新聞より取材を受けました。また、彼の「講演会をやりたい」との話を受け、私に依頼のあった研修会で二〇分ほど彼が話をする機会を設けました。事前に読む原稿を彼が用意し、登壇した彼が原稿を読み、彼の話を受け、私が質問する形を取りました。そして、研修会の最後に、何か言い残したことがあればどうぞと声をかけると、彼は「はじめの一歩。僕も前はいろいろと考えていました。人が怖い。だから、外に出られませんでした。でも、思い切って外に出てみようと思い、出てみたら、自分で思っていたよりも大丈夫でした。今は毎日、散歩に出ています。はじめの一歩が大事だと思います」と話していました。

出口の見えない「無限ループ」で考えても、浮かんでくるものはいつも同じ。そこから抜け出したいと思っても、なかなか抜け出すことはできない。分かっているのに、ループをグルグル回ってしまう。そこから抜け出すためには、考えるだけでなく、行動としての本人の一歩と、その一歩を応援する環境づくりが大事なのだと感じました。

はじめの一歩を応援する環境づくり

ひきこもる本人の一歩を応援する環境としては、家庭が大きな位置を占めます。家族との関係が変わることで、進み出す人達もいました。

ヒロアキさんは三〇代の男性。一〇年前、持病の薬の副作用で体調を崩し、ひきこもり生活。両親とは話をするものの、会って、話をすれば衝突。私への相談があった時、彼と両親は繰り返される衝突にともに疲れているものの、お互いに衝突を止めることができずにいました。自分の状況を分かってほしい彼。それを全て受け止めきれない状況を分かってほしい両親。お互いに相手に対して、分かってほしいと求め続け、衝突していました。NHK「クローズアップ現代＋」がひきこもりの本人と親との関係をテーマに特集を組んだ際に、取材を受けた彼は、その当時の親子関係を表わすエピソードを話していました。親に外で身体を動かし、体力をつけるために靴を一足買ってほしいと求め、約束してくれたのに、親が買ってくれなかったことがありました。インタビューに対して、彼は「僕は体力作りとか、社会に戻るために必ず必要だと思っていた。親も（社会に）戻ってほしいに決まっている。何でそれが分からない。目指すところは同じなのに。どうして」と話していました。靴の購入はエピソードとしては些細な内容かもしれません。でも、そのようなエピソードが積み重なってくると、相手には分かってほしいと思うものの、求める行動をしてくれない、してくれなかった相手への怒り、絶望といった感情が強くなり、話せば口論といったパターンに陥っていました。

私は自宅を訪問し、彼と両親の間でお互いに守るルールを提案しました。①今後のことを決めるなど、何かの決断をする時は彼と両親だけで決めない。②話をしていて、衝突しそうだと感じた時は、「芦沢さんと一緒に話をする」とどちらかが言い、話はそこで止める。そして、彼には両親から離れ、自分のしたいことをするように伝え、両親にはできる限りの応援を一緒にしましょうと伝えました。言葉にすれば簡単な提案ですが、彼と両親は提案を受け入れ、実行しました。実行すると、親子で衝突する回数は減少しました。

NHKのインタビューに、彼は「子どもから見たら、『親はこうあるべき』という形があって、親からしたら『子はこうあるべき』というものがあり、そこですれ違ったのかな」と話し、父は「家族の距離は剣道でいう、間合いだと思う。それ以上入り込んでしまうと、親子でもバランスを崩すし、離れすぎると、近づくのが大変」と話していました。

彼は自宅を離れ、一人暮らしを始めました。後述する空き家の清掃などのボランティアにも参加しました。親子で衝突する回数が減り、衝突で体力、気力を使う必要がなくなったことで、「支援を受ける立場から、支援をする立場になりたい」との想いを持つようになりました。これ

居場所（日中）

居場所（焚き火）

まで衝突していた両親にそのことを話し、両親の協力を得て、ひきこもり支援を掲げたNPO法人「永弘会」を設立しました。[1]

自分自身の経験を踏まえ、山梨県韮崎市のJR東日本穴山駅から徒歩五分の空き地を借り、生い茂る草木を伐採し、スペースを作り、ベンチを置き、時間を過ごせる居場所を設けました。ドラム缶を切り、手作りの焚き火台を作成し、夜は参加者が集い、焚き火を行う活動を始めました。また、日中に居場所で当事者、家族の相談に応じる相談室「ここね」、ひきこもる当事者の自宅に出向く訪問活動、先述のオサダロミオさんの本のネット販売なども始め、そのような活動が地元のテレビ、新聞に取り上げられるようになりました。両親から離れ、自分の目標を見つけ、動き始めることで、両親との衝突はなくなり、彼にとって両親は自分の邪魔をする存在から、応援してくれる存在へと変わっていきました。

はじめの一歩は田舎で一人暮らし

オサダさんやヒロアキさんのように、自ら行動を起こせる人がいる一方で、気持ちはあっても行動には移せない人もいます。そういう人はどうすれば良いのかと悩んでいたところ、ジュンさん（仮名）の両親より相談がありました。

ジュンさんは三〇代の男性。高校卒業後は週一回、特定の場所に外出するものの、その他の時間は自宅でネットをする生活を一〇年以上続けていました。一緒に暮らす両親は年を取り、身体も若い頃に比べ、不自由になってきたことから、高齢者住宅への転居を考えていました。ただ、彼を一人、自宅に置いておくことを心配した両親からどうしたら良いかとの相談を受けました。両親にお願いし、彼に会わせてもらうことにしました。

彼は物静かな男性。今の生活で困ることはない。今後についても何かしたいことはないと話しました。自ら動きそうもない彼が動くには、理由が必要になると私は思いました。

彼が動く理由を考えていた時、北杜市須玉町で自身が運営している農園でひきこもり当事者が訓練する場を提供してくれていた川田さんより、「空き家が借りられる」との連絡がありました。川田さんは県外から山梨県に就農を目的に移住し、借りている農園で野菜などを栽培していました。川田さんには兄がおり、兄はひきこもり経験者で、県外でひきこもり支援をしていました。兄弟で農園や地域の資源を活用し、ひきこもり支援がしたいとの話を以前から聞いていました。空き家は平屋の一軒屋。母屋の他に離れがあり、家の周りは自然に囲まれた人通りの少ない静かな環境。「ここをシェアハウスにし、活動の拠点にしようと思う。兄は県外におり、自分も農園があり、常駐することができない。管理人を探したい」との話が川田さんからありました。

静かな環境で管理人業務。管理人は施設の維持管理などの業務はあるものの、大事なことは何かをすることではなく、そこに居ること。居ることが得意な人には素敵な仕事だと思いました。そして、そう思った時、管理人候補としてジュンさんの顔が浮かびました。私は、川田さんに管理人候補として思い当たる人がいると伝えました。

彼と両親に連絡を入れ、一緒に話をしました。私は、彼に「北杜市須玉で空き家を借り、シェアハウスをする取り組みが始まります。場所は自然に囲まれ、車は一日に三台ほどしか通らない場所。ネット環境はこれから整えます。シェアハウスを始めるにあたり、管理人をしてくれる人を探しています。管理人はシェアハウスで暮らし、見学希望者や入居者の対応などをします。ジュンさんが今、住んでいるところに比べて田舎ですが、今の日常の生活を大きく変える必要はありません。空き家で困ることがあれば、この取り組みをしている川田さんや川田さんのお兄さんが対応してくれるので、一人で責任を負うことはありません。入居者が来るまでは、空き家で

空き家（入り口）

空き家（母屋）

の一人暮らしに慣れる時間になりますが、どうでしょう?」と話しました。話を聞いた彼は「考えてみます。その上で連絡します」と話しましたが、話をした翌日、私のところに彼から「やってみます」との連絡が入りました。

空き家の見学、川田さん兄弟との面会、空き家の清掃などを進め、話をしてから三か月後、彼は自宅を離れ、空き家での生活を始めました（注2）。新たな入居者がすぐに入る予定がなかったため、日中は空き家近くの川田さんの農園に行き、無理のない範囲で手伝うことになりました。そのような生活を始めて、一か月後、空き家の様子を見に行った私にジュンさんはこんな話をしてくれました。「DVDを借りにレンタルショップに行った。会員になるために申込書を書いた。これまで職業欄に何も書くことができなかった。何て書こうかと悩んだけど、農家と書いた。初めて書きました。これまで周りが自分のことをどう見ているのかが気になっていた。そればかりに囚われていた。ここの生活をしていて、そのことに改めて気づいた」と話していました。生活を変えなくて良いと始めた田舎での一人暮らしですが、それをする中で彼の気持ちや考えは大きく変わっていきました。

「僕のような人はいない」

私たちがひきこもりを良くないと捉えれば、ひきこもる当事者の生活を変えようと思います。当事者も変えたくない訳ではありません。でも、外から変えようとする動きがあると、それに抵抗してしまう。周りから変わるように言われると、理由は分からないけど、意地でも踏み止まろうとしてしまうということが起こります。彼らを変えようとするのではなく、彼らの置かれた環境を変えることで、ジュンさんのように結果的には変わっていくということが起こります。ヒロアキさんも、ジュンさんも自宅から離れ、一人暮らしを始めていますが、それ以外の環境の変化で彼らが変わることもあります。

ユウタさん（仮名）は二〇代の男性。中学時代に不登校となり、一度は全日制の高校に進学するものの、入学式と初日しか通学できず、通信制高校に転籍。高校卒業後、就職を考え、ハローワークにも行きましたが、対人緊張が強く、面接試験が受けられず、在家庭の生活。昼夜逆転の生活で、起きている間はコンビニにジュースを買いに行く以外は、部屋のベッドに横になり、スマホで動画を見て過ごしていました。そんな状況を心配した母より連絡を受け、彼から話を聞くことになりました。話を聞くと、彼は「僕のような人はいない」と話しました。どういうことかと話を聞いていくと、「僕は外に出ることができない。外に出ると周りの目が気になってしまう。家にいても、何もすることはない。動画を見ても、面白いわけではない。何かしないといけない。そう思っても、身体が動かない。体調が良くない。音が気になる。鼻の通りが悪く、それが気になる。僕の年齢でこんな生活を送っている人はいない」と彼は話しました。

ユウタさんの話を聞いた二日前に、私はケンさん（仮名）という二〇代の男性の話を聞きました。ケンさんは中学時代に不登校になり、高校は通信制高校に進学。入学したものの、課題に取り組むことができず、一年で退学。外には出ず、自宅でスマホをいじる生活を続けていました。音や匂い、気温に敏感で、周りから見れば些細な変化も彼にとっては辛く、それを両親に伝えていました。両親に伝えるものの、両親はその変化が分からず、彼は理解されていないと感じ、両親と口論となることを繰り返していました。私は彼と両親に話をし、彼はアパートで一人暮らしを始め、私は彼のところに定期的に訪問することになりました。訪問時に、最近の様子を聞くと、彼は「隣の工事の音が気になる。一人暮らしだから、買い物に行かないといけない。でも、人の目が気になる。だから、夜にコンビニに出かける。それ以外は出ない。出られない。家では起きている間はスマホをいじっている。何となく、いじっている。何かしないといけない。でも、何をして良いか分からない。気温の変化に敏感だから、エアコンをかけるけど、鼻の通りが悪くなるように感じ、エアコンを止める。そうすると、暑い。窓を開けると、隣の工事の音がする。こんな不自由な生活をしている人は僕以外にはいないと思う」と話しました。

同じ時期に、同じような話をする二人に出会いました。私はユウタさんに「二日前にユウタさんとは状況が違うところはあるけど、似たような話をしている人に会いました。同じように自分のような生活を送っている人はいないと話していました。相手の了解を得る必要はありますが、一緒に話をしてみませんか?」と聞くと、ユウタさんからは「話をしたい」との返事がありました。私はケンさんに連絡を入れ、同様の話をすると、ケンさんからも「会って話をしたい」との返事がありました。ユウタさん、ケンさん、私の三人で、ミーティングをすることになりました。

二人に話をした一週間後、公共施設の会議室を借り、ミーティングをしました。会議室に来た二人は席に座ると、黙って下を向いていました。

私　　:「こんにちは。二人にはこんな人がいるよとは伝えましたが、名前とかは伝えていませんでした。ますは自己紹介をして頂いても、良いですか?まずは、ユウタさんから」

ユウタ：「ユウタです」
私　：「どうぞ」
ケン　：「ケンです」
私　：「ありがとうございます。ユウタさんとケンさん。これから三〇分ほど、話ができれば良いかなと思います。私はそれぞれからお話を聞いていますが、ユウタさんもケンさんも相手のことは知らないので、まずは今、どんな生活をしているか、教えてもらえますか？　ユウタさんから」
ユウタ：「僕は親と住んでいます。外にはあまり出ません。スマホをいじっています。……あと何を話せば良いですか？」
私　：「そうだな。何か気になっていることはありますか？」
ユウタ：「周りの目が気になります。周りが自分のことをどう見ているのか、それが気になります。あと、音。車の音や工事の音」
私　：「ありがとうございます。ケンさん、いいですか？」
ケン　：「僕は一人暮らしをしています。僕も外にはあまり出ません。出るのは食料を買いにコンビニに行くぐらい。それも日中はいけない。僕も音が気になります。アパートの隣で道路工事をしていて、その音がうるさくて嫌です」

私　：「ありがとうございます。それぞれから話を伺いましたが、ユウタさんの方で他にも気になることはありますか？」
ユウタ：「体調が良くない。鼻の通りが悪い。耳鼻科に行き、手術を受けたこともあるけど、良くならない。今は手術を受けたところではない病院に行っているけど、変わらない。鼻の調子が悪いと、一日何もしたくなくなる」
私　：「ケンさんはどうですか？」
ケン　：「僕も鼻の調子が良くない。僕も手術を受けたけど、良くならなかった。調子が悪いとそのことばかりを考えてしまう。市販薬を飲んだりするけど、変わらない」
私　：「ありがとうございます。それぞれから話をしてもらいましたが、お互いの話を聞いて、何か聞いてみたいことはありますか？」
……（沈黙）……
ユウタ：「いいですか」
私　：「いいですよ」
ユウタ：「一人暮らしをしていると言っていましたが、いつからですか？」
ケン　：「去年の一二月から」
ユウタ：「どうしたら、一人暮らしができますか？」

ケン　：「僕は親と口論になってしまい、一緒にいるとダメだと思い、一人暮らしになりました」
ユウタ：「大変じゃないですか？」
ケン　：「大変です」
　……（沈黙）……
私　　：「ユウタさんは一人暮らしをしたいという希望がありますか？」
ユウタ：「あります。家にいると、家族が出す音が気になるから。でも、一人暮らしをする自信がない」
私　　：「そうですか。話をしていると時間が経つのは早いもので、予定の三〇分が過ぎました。このまま続けても良いと思いますが、今日で終わらせず、定期的に会えると良いかなと私は思いますが、二人のご意見はどうですか？　ユウタさん、教えてもらえますか？」
ユウタ：「定期的に続けたいです」
私　　：「ケンさんは？」
ケン　：「僕も」
私　　：「ありがとうございます。どのくらいの頻度にしますか？」
ユウタ：「週一回」

ケン　：「僕もそれで良いです」
私　　：「ありがとうございます。それでは週一回、場所はここで。時間は三〇分で始めていこうと思います。頻度と時間は二人の希望を伺いながら、やっていこうと思います。今日はありがとうございました」
ユウタ：「ありがとうございました」
ケン　：「ありがとうございました」

ミーティングはその後、二か月間、週一回の頻度で続けました。その後ケンさんが日中に週一回通うようになった場所に、ユウタさんも行くようになりました。また、ユウタさんも自宅から離れ、一人暮らしをするようになりました。

ひきこもりの問題はひきこもりではない。問題ではない以上、ひきこもりのゴールはひきこもりから脱すること、具体的に就労することでもない。何がひきこもりの問題かと言えば、本人の今の生活が本人を取り巻く周りの環境との間で折り合えなくなっていることだと思います。そう考えれば、私がすることは本人と環境との間で折り合える形を考えること、今の環境が折り合えないのであれば、折り合える環境を探し、提示していくことのように感じます。環境とはヒロアキさんやジュンさんのように住居の場合もあれば、ユウタさんのように人の場合もあります。私が何かをすることで、変化を起こすわけではなく、変化は本人が周りの環境と折り合う中で起こることのように感じます。そして、折り合った結果として、本書の本文で書いたように、和解が生まれるのだと思います。

前著を発刊後、さまざまな指摘を頂きましたが、「それでも、ひきこもりでいいみたい」、改めて私はそう感じます。

■注

1　永弘会については、法人のホームページ（https://www.eikokai.info/）を参照。

2　空き家はその後「丘の家」と名付けられ、川田兄弟により設立されたグッドライフジャパンにより運営されている。

文献

芦沢茂喜 2015「ひきこもり事例への社会参加支援――コンビニエンスストアを活用した取り組みを通じて」『山梨県立精神保健福祉センター研究紀要』1-5

芦沢茂喜 2016「集団支援段階以降のコンビニを活用したひきこもり事例への支援」『ソーシャルワーク研究』42（3）：50-55

芦沢茂喜 2017「集団支援段階以降のひきこもり事例への支援」『医療社会福祉研究』25：55-61

芦沢茂喜・小石誠二 2017「ひきこもりケースへの県立精神保健福祉センターにおける就労支援の取り組みの報告」『思春期青年期精神医学』27（1）：74-80

芦沢茂喜 2018『ひきこもりでいいみたい――私と彼らのものがたり』生活書院

芦沢茂喜 2019「今を見つめ、関わり続ける」『都市問題』110（4）：21-26

芦沢茂喜 2019「ひきこもる今と向き合う――精神保健福祉相談員の立場から」『保健師ジャーナル』75（7）：490-494

芦沢茂喜 2019「過去でも未来でもない「いま」と向き合うーソーシャルワークの現場から」『月刊自治研』1911：32-43

芦沢茂喜 2019「ひきこもり支援に関わる――「ひきこもりでいいみたい」に至る、心の軌跡」金早雪編著『生活現場の活動者たち　地域をつなぐ10の物語』木犀社：85-108

芦沢茂喜　2020「「働かなくても良い」から始まる就労支援」『臨床心理学』20（6）：723-727

芦沢茂喜 2021「コロナにひきこもごも――ひきこもり支援の現場から」『支援』11：16-22

芦沢茂喜・小石誠二 2017「ひきこもりケースへの県立精神保健福祉センターにおける就労支援の取り組みの報告」『思春期青年期精神医学』27（1）：74-80

第30年度 厚生労働省社会福祉推進事業『保健所等における「ひきこもり相談支援の現状」調査の結果概要』
池上正樹 2019『ルポ「8050問題」』河出書房新社
池上正樹 2019「ひきこもり8050問題を生み出す社会構造」『月刊自治研』1911：22-28
池上正樹 2020「コロナウイルスとひきこもり」『臨床心理学』20（6）：679-682
川北稔 2019『8050問題の深層――「限界家族」をどう救うか』NHK出版
川北稔 2020「長期化するひきこもり事例の親のメンタルヘルスと支援」『精神科治療学』35（4）：19-23
KHJ全国ひきこもり家族連合会 2019「ひきこもりの実態に関するアンケート調査報告書――本人調査・家族調査・連携調査」
久世芽亜里 2020『コンビニは通える引きこもりたち』新潮社
共同通信ひきこもり取材班 2019『扉を開けて』かもがわ出版
黒川祥子 2019『8050問題――中高年ひきこもり、7つの家族の再生物語』集英社
松本俊彦 2021『誰がために医師はいる――クスリとヒトの現代論』みすず書房
宮地尚子 2021『環状島へようこそ――トラウマのポリフォニー』日本評論社
森川すいめい 2021『感じるオープンダイアローグ』講談社
内閣府 2016「若者の生活に関する調査報告書」（https://www8.cao.go.jp/youth/kenkyu/hikikomori/h27/pdf-index.html）
内閣府 2019「生活状況に関する調査」（https://www8.cao.go.jp/youth/kenkyu/life/h30/pdf-index.html）
日本ブリーフサイコセラピー学会 2020『ブリーフセラピー入門――柔軟で効果的なアプローチに向けて』遠見書房
信田さよ子 2021『家族と国家は共謀する――サバイバルからレジスタンスへ』株式会社KADOKAWA
齊藤暢一朗 2020「訪問支援」『臨床心理学』20（6）：728-732
齊藤万比古他 2010「ひきこもりの評価・支援に関するガイドライン」厚生労働科学研究費補助金こころの健康科学

研究事業「思春期のひきこもりをもたらす精神科疾患の実態把握と精神医学的治療・援助システムの構築に関する研究.https://www.mhlw.go.jp/stf/houdou/2r98520000006i6f.html)
斎藤環 2019『オープンダイアローグがひらく精神医療』日本評論社
斎藤環 2020a『中高年ひきこもり』幻冬舎
斎藤環 2020b「中高年のひきこもりに対する精神医学的支援について」『精神科治療学』35（4）：5-10
斎藤環 2020c「ひきこもりの理解と対応」斎藤環・畠中雅子『新版　ひきこもりのライフプラン――「親亡き後」をどうするか』岩波書店：3-40
斎藤環・水谷緑 2021a『まんが　やってみたくなるオープンダイアローグ』医学書院
斎藤環・東畑開人 2021b「セルフケア時代の精神医療と臨床心理」『現代思想』49（2）：8-29.
内田樹 2020『日本習合論』ミシマ社
山梨県 2015「ひきこもり等に関する調査結果」(file:///C:/Users/Owner/AppData/Local/Microsoft/Windows/INetCache/IE/OH0UHVR7/hikikomoritou_tyousa.pdf)
山梨県 2021「ひきこもりに関する調査結果」(https://www.pref.yamanashi.jp/seishin-hk/documents/r2_tyousakekka.pdf)
山登敬之 2019『わからなくても、こころはある』日本評論社

本書のテキストデータを提供いたします

本書をご購入いただいた方のうち、視覚障害、肢体不自由などの理由で書字へのアクセスが困難な方に本書のテキストデータを提供いたします。希望される方は、以下の方法にしたがってお申し込みください。

◎データの提供形式＝CD-R、フロッピーディスク、メールによるファイル添付（メールアドレスをお知らせください）。

◎データの提供形式・お名前・ご住所を明記した用紙、返信用封筒、下の引換券（コピー不可）および200円切手（メールによるファイル添付をご希望の場合不要）を同封のうえ弊社までお送りください。

●本書内容の複製は点訳・音訳データなど視覚障害の方のための利用に限り認めます。内容の改変や流用、転載、その他営利を目的とした利用はお断りします。

◎あて先
〒160-0008
東京都新宿区四谷三栄町6-5 木原ビル303
生活書院編集部　テキストデータ係

キリトリ線

【引換券】
ふすまのむこうがわ

著者略歴

芦沢茂喜

（あしざわ・しげき）

ソーシャルワーカー（精神保健福祉士、社会福祉士）
第1号職場適応援助者（ジョブコーチ）
国際医療福祉大学医療福祉学部医療福祉学科卒業
東京都立大学大学院社会科学研究科修士課程（社会福祉学）修了
信州大学大学院経済・社会政策科学研究科修士課程（経済学）修了
山梨県内の民間精神科病院等での勤務を経て、山梨県庁に入庁（福祉職）
中北保健所峡北支所、精神保健福祉センター等を経て、現在は峡東保健福祉事務所に勤務

［主な著書］
『ひきこもりでいいみたい――私と彼らのものがたり』生活書院、2018年
『ソーシャルワーカーになりたい――自己との対話を通した支援の解体新書』共著、生活書院、2020年

ふすまのむこうがわ

――ひきこもる彼と私のものがたり

発　行―――― 2021 年 11 月 15 日　初版第 1 刷発行

著　者―――― 芦沢茂喜

発行者―――― 髙橋　淳

発行所―――― 株式会社　生活書院

〒 160-0008

東京都新宿区四谷三栄町 6-5 木原ビル 303

ＴＥＬ 03-3226-1203

ＦＡＸ 03-3226-1204

振替 00170-0-649766

http://www.seikatsushoin.com

印刷・製本―― 株式会社シナノ

Printed in Japan

ISBN 978-4-86500-132-7

生活書院　出版案内

（価格には別途消費税がかかります）

ひきこもりでいいみたい

私と彼らのものがたり

芦沢茂喜【著】　　A5判並製　本体2,000円

戻ってこない過去でも、分からない未来でもなく「ひきこもっている今」を認めること。原因探しや変化を求めることから降りて、本人、家族が周りとの関係に悩みながら折り合っていく過程に伴走すること。家族相談、個人支援、集団支援、就労支援、10代のひきこもり、高年齢のひきこもり……。「ひきこもり」を解決し関係を終結させることを目的化するのではなく、なによりも関係の継続を目指し大事にするソーシャルワーカーの実践の記録。

［主な目次］

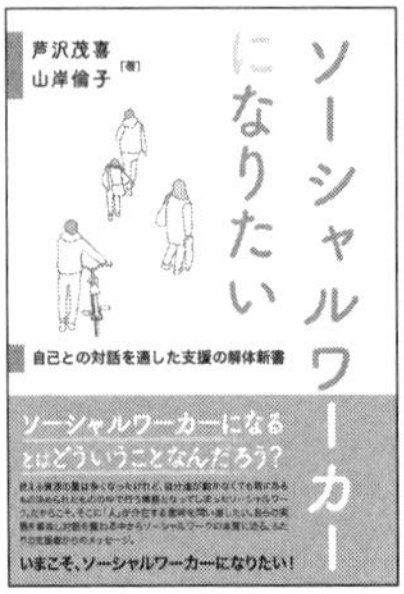

ソーシャルワーカーになりたい

自己との対話を通した支援の解体新書

芦沢茂喜・山岸倫子【著】　　A5判並製　本体2,000円

ソーシャルワーカーになるとはどういうことなんだろう？　使える資源の量は多くなったけれど、自分達が動かなくても既にあるもの決められたものの中で行う業務となってしまったソーシャルワーク。だからこそ、そこに「人」が介在する意味を問い直したい。自らの実践を解体し対話を重ねる中からソーシャルワークの本質に迫る、ふたりの支援者からのメッセージ。いまこそ、ソーシャルワーカーになりたい！

［主な目次］